Tod eines Traders

Derrick Niederman ist Mathematiker. In den letzten Jahren hat er sich der Wertpapieranalyse sowie dem Schreiben von Investment-Büchern und Krimis zugewandt. Außerdem war er beitragender Herausgeber des Magazins *Worth* und ist der Autor des Bestsellers *The Inner Game of Inveshing*.

Derrick Niederman

Tod eines Traders

Ein Investment-Krimi

Aus dem Englischen von Petra Pyka

Campus Verlag
Frankfurt/New York

Die Originalausgabe erschien 2000 unter dem Titel *A Killing on Wall Street. An Investment Mystery* bei John Wiley & Sons, Inc.

Deutsche Bearbeitung: Jan W. Haas, Berlin

Bibliografische Information der Deutschen Bibliothek

Die Deutsche Bibliothek verzeichnet diese Publikation in der Deutschen Nationalbibliografie. Detaillierte bibliografische Daten sind im Internet über http://dnb.ddb.de abrufbar.
ISBN 3-593-36779-3

Umschlaggestaltung: mancini design, Frankfurt/Main
Umschlagmotiv: © Getty Images Deutschland, München
Satz: TypoForum GmbH, Seelbach
Druck und Bindung: Wiener Verlag, Himberg
Gedruckt auf säurefreiem und chlorfrei gebleichtem Papier.
Printed in Austria

Für Rocket und Sam,
mein getreues Schlittengespann

Kapitel 1

Soll man wirklich 59,98 Dollar im Monat zahlen für ein Telefon, das nie klingelt? Diese Frage stellte sich Cliff Cavanaugh. Da half es auch nicht, dass sein Zweitanschluss auf die Titelmelodie von *Hawaii Fünf-Null* programmiert war. Alles, was er zu hören bekam, war ja doch nur Schweigen – schlecht für Cliff, gut für die Menschen an der Wall Street.

Cliff Cavanaughs Investment-Karriere ging bereits ins fünfzehnte Jahr. Doch immer wieder lagen ihm Knüppel im Weg. In den achtziger Jahren hatte er zu den wenigen wirklich unglücklichen Wertpapiermaklern gehört, nur weil er drei solcher Knüppel, drei berufsbedingte Fallstricke, übersehen hatte. Knüppel eins: einen Kundenstamm aufzubauen, indem man Leuten mit Geld in den Hintern kriecht. Knüppel zwei: die Erkenntnis, dass die Leute, deren Geld man verwaltet, keinen Money-Manager brauchen, sondern einen Seelentröster. Knüppel drei: die Feststellung, dass kein anderer in der Branche sich um Knüppel eins oder zwei Gedanken macht.

Mitte der neunziger Jahre schließlich hatte Cliff gedacht, nun sei er soweit, sein Geschick bei der Aktienauswahl als Online-Trader auf die Probe zu stellen. Keinen Ärger mehr im Büro. Nie mehr verstellte Blicke auf Manhattan im Gedränge des Sieben-Uhr-Zugs. Nur noch Mensch und Maschine sollten es jetzt sein, und er lag nicht schlecht im Rennen, wenn man traditionell in Dollar und Cent maß. Sein eigenes Geld hatte er in einem Jahr um 40 Prozent vermehrt – bei Maklergebühren, die kaum der Rede wert waren.

Doch genau hier lag das Problem. Stülpen Sie dem Tagesplan eines Daytraders die Mentalität eines konservativen Anlegers über, und Sie erhalten eine Kreuzung von der Funktionalität eines Zentauren. Eines schrecklich gelangweilten Zentauren. Andere Trader vertrieben sich die Zeit mit Leerverkäufen von Microsoft-Aktien oder dem Erwerb von Terminkontrakten auf den Thailändischen Baht. Ein schneller Verlust führt nun mal zu heftigeren Adrenalinstößen als stetig tröpfelnder Gewinn. Doch Cliff war klar, dass er sich anderweitig Abwechslung verschaffen musste. Er hatte schon an einen Limonadenstand an der Autobahn gedacht, aber das war wohl doch nicht ganz das Richtige.

Die schicksalhafte Wendung kam für Cliff im Herbst 1998 bei einem Arbeitsessen mit Investment-Analysten im Waldorf. Er war am selben Tisch gelandet wie August (»Augie«) Beauchamp. Beauchamp arbeitete bei Frontier Associates, einem Laden im Zentrum, der Beteiligungs-Portfolios für Schulstiftungen und ähnliche Institutionen betreute. Dort war er nebenbei Portfolio-Manager, hauptsächlich aber damit beschäftigt, beiläufig allerhand illustre Namen ins Gespräch einfließen zu lassen. Frontier hatte vor kurzem Schlagzeilen gemacht, doch nicht aufgrund seiner Leistungen bei der Verwaltung von 401(k)-Programmen zur Altersvorsorge. Knapp eine Woche zuvor war Frontiers Medienanalyst Schuyler Dutton in seiner Wohnung in der East Side erschlagen worden. Ja, ganz recht, er war ermordet worden. Kaltblütig umgebracht. Die *New York Post* hatte dem unbekannten Täter den Spitznamen »Bamm-Bamm« gegeben. Das Verbrechen erregte zum einen deshalb besonderes Aufsehen, weil der Tatort – ein nobler Bungalow

Ecke 89. und Madison – aus dem Rahmen fiel, zum anderen, weil es am frühen Morgen verübt worden war – eine eher ungewöhnliche Tageszeit für Totschläger.

Jedenfalls formulierte Cliff ein paar persönliche Beileidsbezeugungen, woraufhin Beauchamp sich beeilte zu erwähnen, dass er am bewussten Morgen George Soros beim Rockefeller Center begegnet sei. Erstaunlich. Da wurde ein Kollege umgebracht, und dieser Mensch hatte nichts anderes im Kopf, als damit zu prahlen, dass er denselben Gehweg benutzt hatte wie sein großes Idol, Mister Quantum Fund höchstpersönlich. Offensichtlich hatte Soros in der Fernsehsendung *Today* gerade sein neues Buch *The Crisis of Global Capitalism* vorgestellt, während 50 Blocks weiter Dutton ermordet wurde. Das behauptete zumindest Beauchamp, und Cliff brach prompt der kalte Schweiß aus, wie es ihm seit seiner Hepatitis-Infektion nicht mehr passiert war.

Dabei war Cliff keineswegs in Ehrfurcht erstarrt, weil Beauchamp Soros begegnet war. Nein, das war es nicht. Cliff wusste aber – ganz im Gegensatz zu Augie offensichtlich –, dass George Soros trotz all seiner Aktivitäten auf den Devisenmärkten kein Frühaufsteher war. Er stand nicht einmal auf, um seinen Hund rauszulassen oder nachzusehen, was in Zürich los war, geschweige denn, um in *Today* oder irgendeiner anderen Sendung zu erscheinen.

Ein kurzer Anruf bei NBC bestätigte Cliffs Verdacht. Ja, doch, die Sendung mit Soros sei an jenem Morgen ausgestrahlt worden, doch der Beitrag über Soros sei am Nachmittag zuvor aufgenommen worden, darauf habe der große alte Mann bestanden. So viel zu Augies Alibi. Zu dumm, dass die Polizei Schuyler Duttons Fernseher eingeschaltet vorgefunden hatte, auf Kanal 4, NBC – genau wie Augie ihn hinterlassen hatte. Damit war der Fall gelöst.

Die Aufklärung des Dutton-Mordes trug Cliff viel Anerkennung ein. Er schaffte es damit auf die Titelseite der *New York Post* (»Der neue Sherlock Holmes!«) und hatte sogar einen Auftritt in der Sendung *Today.* (Er hatte angefragt, ob man seinen Beitrag nicht am Vortag aufnehmen könne, doch es war abgelehnt worden.) Die Krönung war jedoch eine durchaus erkleckliche Summe Geld, die Frontier Associates als Belohnung ausgesetzt hatte. Cliff betrachtete sie als eine Art Rückerstattung für all die Jahre fruchtloser Einzahlungen in die Cavanaugh'sche Bank der Belanglosigkeiten. Ein Gedanke ließ ihn nach dieser Geschichte nicht mehr los: »Ob ich das noch einmal könnte?« Diesmal allerdings etwas planvoller.

Vom Kopf her hätte Cliff eher dagegen gewettet, doch ganz sicher war er sich nicht. Die schlichte, aber weithin unbekannte Wahrheit war, dass die nachhaltige Hausse Reichtum gebracht hatte, der Reichtum Gier und die Gier Neid. Die Folge war, dass die Zahl der Mordopfer in den Kreisen der Hochfinanz deutlich angestiegen war. Natürlich war der gewaltsame Tod eines Börsianers dennoch die große Ausnahme, doch wenn es vorkam, fürchteten die betroffenen Firmen nichts mehr als die schlechte Presse. Glücklicherweise verfügten sie über das nötige Kleingeld, um eigene Detektive auf solche Fälle anzusetzen – obwohl die New Yorker Polizei dem Vernehmen nach rund um die Uhr ihr Bestes tat. Wenn jedoch schnelle Aufklärung gewünscht wurde, so dachte Cliff, wieso sollte er nicht der Mann der Stunde sein? Es sprach nichts dagegen. Also gründete er ein neues Unternehmen und dachte sich einen klangvollen Namen dafür aus: Moribund Stanley.

Womit wir wieder beim Telefon angekommen wären. Schneller Sprung zum Februar 2000, denn da ertönte doch tatsächlich *Hawaii Fünf-Null.* Und der Anrufer war weder falsch verbunden noch ein übereifriger Telefonverkäufer. Er berichtete vielmehr von einem neuen Mord, der ein prominentes Opfer gefordert hatte. Der Verschiedene war niemand anderer als Kyle Hooperman, erfolgsverwöhnter Portfolio-Manager, Philanthrop und Bergsteiger, auch auf der sozialen Leiter, sowie eingetragenes Mitglied des Westchester Hunting Club.

Außerdem war er Cliff Cavanaughs ehemaliger Chef.

Der Fall Kyle Hooperman hatte nur eine Gemeinsamkeit mit dem Dutton-Mord: Das Opfer war zu Hause gefunden worden. Zu Hause, dass hieß bei Hooperman außerhalb. Er lebte allein in einem herrlichen alten Steinhaus an der Oneida Road in Rye im Bundesstaat New York, in einer exklusiven Wohngegend. Seine Nachbarn waren mehrheitlich Ärzte, Anwälte und Indianerhäuptlinge. Die umliegenden Straßen trugen Namen wie Seneca, Cayuga und Onondaga. In der Nähe gab es einen traditionsreichen Country Club, den Apawamis Club. Ein paar hundert Meter in der entgegengesetzten Richtung lagen die Hauptfernstraße der Ostküste, besser bekannt als Route 95, und der Bahnhof von Rye.

Es gab keine Hinweise auf ein gewaltsames Eindringen, sodass man davon ausging, dass Hooperman den Täter gekannt hatte. Doch während Dutton von hinten erschlagen worden war, hatte Hooperman seine letzten Sekunden bewusst miterlebt. Todesursache war eine einzige Kugel aus einem Colt Government .380 gewesen. Das Geschoss war knapp unter dem Herzen in Hoopermans Körper eingedrungen, was möglicherweise erklärte, weshalb der Mörder nur ein einziges Mal abgedrückt hatte. Einundzwanzig, zweiundzwanzig – aus und vorbei.

Dem Tatort nach zu urteilen, hatte der Tod Hooperman bei

der Arbeit ereilt, was durchaus zu ihm passte. Auf dem Computerbildschirm vor der Leiche war Hoovers Research Report über ein Unternehmen zu sehen, das makabererweise den lebendigen Namen 3-D Live trug. Hooperman hatte noch keine Aktien geordert, sondern allem Anschein nach in eine Zukunft geblickt, die er nicht mehr hatte. Der Bericht aus der Gerichtsmedizin besagte, dass er kurz nach 20 Uhr gestorben sein musste, am Donnerstag, dem 24. Februar 2000.

Wer war zu einem solch hinterhältigen Verbrechen fähig? Die Liste der Tatverdächtigen war erfreulich lang. Hooperman hatte sich im Laufe der Jahre so manchen Rivalen in der Investment-Branche geschaffen. Er war nicht nur gut gewesen, sondern hatte auch gern darüber gesprochen. Arrogant sei er gewesen und habe über den Charme eines Gürteltiers verfügt, gepaart mit der Selbstgefälligkeit eines CNBC-Moderators. So hieß es jedenfalls bei seinem langjährigen Arbeitgeber Rutherford & Hayes. Die Firma war nach dem Börsengang von Goldman Sachs der letzte Wall-Street-Gigant in privater Hand. Hooperman hatte das Maklergeschäft im Privatkundenbereich geleitet und dabei rund hundert Klienten persönlich betreut.

Die schlechte Nachricht war, dass seine Kunden wohl recht zufrieden waren. Bei Rutherford & Hayes war Hooperman die Antwort auf König Midas gewesen. Er hatte das Klischee entkräftet, dass die besten Portfolio-Manager früher oder später für Institutionen arbeiteten, nicht für Einzelanleger. Immerhin gab es das eine oder andere leise Indiz dafür, dass auch Hooperman hier und da falsch gelegen hatte. Ein Hoffnungsschimmer für Cliff. Außerdem musste er ja nur eine Person ausfindig machen, die ein einziges Mal abgedrückt hatte. Doch wenn er alle Kunden, Broker, Portfolio-Manager oder einfach sämtliche Tunichtgute überprüfen musste, um die sprichwörtliche Nadel im Heuhaufen zu finden, dann brauchte er Hilfe.

Kapitel 2

Harrington's war ein Zwei-Sterne-Restaurant und würde es wohl auch bleiben, falls sich nicht ein Kritiker fand, für den eine gute Bratwurst alle übrigen Mängel aufwog. Dennoch herrschte reger Betrieb. Das Lokal lag zwei Blocks nördlich vom Dekanat der New Yorker Universität, kurz NYU genannt. Die Gäste gehörten größtenteils zum Typus junger Student, trugen übergroße graue Pullis und metallene Brillengestelle mit viel zu kleinen Gläsern. Als Cliff sich von seinem Ecktisch aus umsah, kam er sich unwillkürlich alt vor. Ein solches Publikum hätte er noch nicht einmal durch die Bekanntschaft mit der Fernsehikone Eddie Haskell beeindrucken können. Ignoranten, allesamt.

Als Cliff seinen visuellen Rundgang beendet hatte und sich wieder dem Glas vor ihm auf dem Tisch zuwandte, war ihm klar geworden, dass der Generationsunterschied drastischer war, als er befürchtet hatte. Möglicherweise hatte sich der eine oder andere angehende Daytrader hierher verirrt, doch ganz sicher gab es außer ihm niemanden mit so viel Lebenserfahrung, niemanden, der Black Sabbath live erlebt oder Spiro Agnew gesehen hatte. *Seufz*. Cliff saß da und schlürfte den dritten Eistee ohne Eis, der, in einem kleinen Glas serviert, aussah wie Jack Daniels pur. Niemand belästigte notorische Alkoholiker.

»Hi, Cliffie!«

Niemand außer Trace.

Trace hieß mit vollem Namen Tracy de Grandpre. Sie war so pünktlich wie Godot, doch davon abgesehen die ideale Partnerin zur Aufklärung von Verbrechen. Tagsüber war sie damit beschäftigt, ihr Studium der darstellenden Kunst an der Tisch School der NYU zu Ende zu bringen. Langfristig plante sie eine Theaterkarriere am Broadway. Die Natur hatte es gut mit ihr gemeint. Sie hatte nicht nur einen Namen, den man unwillkürlich wiederholte – wie Roseanne Roseanadanna oder Hohokus, New Jersey –, sie war darüber hinaus mit einem Erscheinungsbild gesegnet, bei dem jeder Mann einen zweiten Blick riskieren musste. Ihr zartgrüner Pulli unterstrich vorteilhaft den lebhaften Haselnussschimmer ihrer Augen. Die volle, rötlich braune Mähne fiel ihr gepflegt bis auf die Schultern. Als Cliff sie zuletzt gesehen hatte, hatte sie das Haar ein wenig kürzer getragen. Es hatte toll ausgesehen, doch die neue Länge stand ihr mindestens ebenso gut. Als er ihr aus dem Mantel half, nahm er einen Hauch von Parfum wahr. Er kannte den Duft, nur der Name wollte ihm nicht einfallen. Auf jeden Fall war es ihr Duft. Was die übrige Kundschaft von Harrington's anging, so machte er jede Wette, dass hier sonst niemand Parfum trug.

Die beiden hatten sich ziemlich genau vor einem Jahr kennen gelernt, auf dem Wege einer fünfzeiligen Stellenanzeige in *The New York Review of Books*. Cliff hatte damals eine Assistentin gesucht. Sich bei Harrington's zu verabreden war Trace' Idee gewesen. Mit seiner aufdringlichen Beleuchtung und der Masse an Studenten wurde es im Studentenratgeber sicherlich als die Kneipe Manhattans geführt, wo man sich bedenkenlos mit einem Wildfremden verabreden konnte.

Für das Vorstellungsgespräch hatte sich Cliff von Admiral Hyman Rickover inspirieren lassen. Der empfing angeblich jeden Stellenanwärter zunächst mit einem Kompliment zu seiner Krawatte – ob sie nun breit, schmal, getupft oder im Paisleymuster gehalten war. Dann ging Rickover zum Frontalangriff über: »Sagen Sie, würden Sie mir die Krawatte überlassen?« Wer mit »ja« antwortete, büßte nicht nur seinen Halsschmuck ein, sondern auch jede Aussicht auf eine Anstellung. Doch Trace trug keine Krawatte, und Cliff bezweifelte, ob ihr in Silber gefasster Jadearmreif den gewünschten Effekt erzielen würde. Also stellte er ihr ein paar einfache Fragen, und sie gab ihm ein paar einfache Antworten.

Frage 1:	»Was verstehen Sie unter dem Begriff KGV?«
Antwort 1:	»Kaninchen- und Geflügelzüchterverein?«
Frage 2:	»Wenn Sie sich selbst mit einem Eigenschaftswort beschreiben sollten, welches würden Sie wählen?«
Antwort 2:	»*Enttäuscht*. Ich hatte auf eine bessere Frage gehofft.«

Cliff engagierte sie vom Fleck weg, verschwieg jedoch geflissentlich, dass sie die Einzige gewesen war, die sich auf sein Inserat gemeldet hatte.

Trace' Aufgabe war, in persönlichen Gesprächen Informationen zu beschaffen, wenn Cliff zu schüchtern oder zu plump dafür war oder einfach nicht wusste, wie er es anpacken sollte. Ihre Abmachung war denkbar einfach: Er übernahm alle Spesen und zahlte ihr einen Stundensatz, nach dem sich jede Kellnerin die Finger geleckt hätte. Die vertraglichen Vereinbarungen unterlagen jedoch stetiger Veränderung. Zunächst legte Trace, die nun offiziell als »Juniorpartnerin« geführt wurde, diverse Spielregeln fest:

1. Die Juniorpartnerin kann nicht gezwungen werden, freitagabends zu arbeiten.
2. Die Juniorpartnerin darf dem Seniorpartner mindestens einmal pro Fall ins Handwerk pfuschen.
3. Sollte der Seniorpartner zur Juniorpartnerin jemals »Übernimm du das, Kleine« sagen, so gilt das Vertragsverhältnis mit sofortiger Wirkung als beendet.

Nach ihrem ersten gemeinsamen Fall fand Cliff, er sollte vielleicht auch ein paar Klauseln einbringen:

1a. Der Seniorpartner behält sich vor, während der Ermittlungen Anlage-Research zu betreiben, ohne sich deshalb als zweitklassiger Nichtstuer hinstellen lassen zu müssen.
2a. Die Juniorpartnerin ist gehalten, sich bei schriftlichen Mitteilungen auf sachdienliche Fakten zu beschränken. E-Mails im Stil von Emily Brontë sind in jedem Falle unangebracht und werden vom Seniorpartner schärfstens missbilligt.
3a. Die Juniorpartnerin sollte zur Kontaktaufnahme tunlichst andere Wege finden, als ihren gemieteten Pontiac Grand Am in den ungemieteten Lincoln Town Car des potenziellen Gesprächspartners zu rammen.

Ein Anwalt der Starkanzlei Cravath, Swaine & Moore hätte den Vertrag sicher als höchst unprofessionell bezeichnet.

Die einzig verbindliche Klausel war das »Fehlerkonto«, ein Mechanismus, der es Cliff erlaubte, Trace' Bezüge zu kürzen, wenn ihre Berichte nicht korrekt waren. Bislang war das nie vorgekommen, und die Zusammenarbeit funktionierte gut. Doch der Fall Hooperman hatte ein ganz anderes Kaliber als ihre bisherigen Aufträge.

»Ich glaube, Sie haben noch niemals ›Portfolio-Manager‹ und das Wort ›einfallsreich‹ in einem Atemzug genannt«, lachte Trace.

»Ja, aber Hooperman war anders. Sein Investitionsgrundsatz war, auf die Aktien zu setzen, bei denen alle anderen im Büro kalte Füße bekamen. Wissen Sie, was K-I-S-S bedeutet?«

»K-I-S-S für ›Keep it simple, Stupid‹?« fragte Trace, und ihre Augenbrauen sagten: »Uuund«?

»Na ja, Hooperman war wohl kein Meister im Buchstabieren. Seine Vorstellung von K-I-S-S war ›Kompanies in Serious Shit‹ – Unternehmen, die tief in der Scheiße sitzen. In den achtziger Jahren hat er Texaco gekauft, als das Konkursverfahren anstand, und Johnson & Johnson nach dem Tylenol-Skandal – solche Sachen. Und er hatte jedes Mal Erfolg damit. Ich glaube, er hat sogar Union Carbide gekauft nach der Katastrophe von Bhopal. Am beeindruckendsten aber fand ich, was er Anfang der neunziger Jahre schaukelte, als er das Vermögen der Calabreses betreute – Sie wissen schon, die Familie, die Philip Morris verklagt hat, weil der alte Vater abgekratzt war, nachdem er vierzig Jahre lang Chesterfields gequalmt hatte. Na ja, Hooperman hielt die Klage für aussichtslos. Eine Woche vor der Urteilsverkündung steckte er jede Menge Calabrese-Geld in Aus-dem-Geld-Optionen auf Philip-Morris-Aktien. Echte Wettscheine, bei denen man jeden eingesetzten Cent verliert, wenn der Kurs sich nicht ordentlich bewegt. Wie nicht anders zu erwarten, gewann die Firma den Prozess, und das Papier legte sechs Punkte zu.«

»Ist ja allerhand«, meinte Trace.

»Ja, das war schon ein brillantes Manöver. Problematisch wurde es erst, als die Calabreses spitzkriegten, woher der warme Regen stammte. Die waren zu dämlich, um zu kapieren, dass die Kaufoptionen dem Unternehmen überhaupt nicht zugute kamen. Sie haben Hooperman hochkant rausgeworfen. Danach konnte er sich drei Wochen lang nur verkleidet im Büro blicken lassen.«

»Nein, ich meine, ist ja allerhand, dass Sie mir zutrauen, ich wüsste, was eine Aus-dem-Geld-Option ist.«*

»Ach, das? Nun, das ist schnell erklärt …«

Cliff senkte die Stimme und ließ einen Monolog vom Stapel. Freud wäre stolz auf ihn gewesen. Was für ein Mann, würde jeder denken, der mitbekam, dass er hier mit einer rothaarigen Schönheit saß und ausgerechnet über Aktienoptionen sprach. Und dabei nicht einmal über die Aktienoptionen, die man bekam, wenn man sich in der Start-up-Phase einer Internetfirma engagierte. Nein, er sprach über Optionen auf Stammaktien, und das war so ziemlich das Trockenste vom Trockenen. Einen Moment lang fühlte sich Cliff durch all die winzigen, drahtgefassten Brillengläser im Raum angestarrt, als wäre er ein abgedrehter Professor für Finanzwirtschaft. Doch so lange Trace zuhörte, sprach er weiter. Er zog den Bierdeckel unter seinem Eistee vor und kritzelte eifrig auf die Rückseite:

* Würde es Trace interessieren, so könnte sie am Ende dieses Buches ein Glossar der wichtigsten Begriffe finden. Wahrscheinlich interessiert es Trace nicht, aber vielleicht möchten Sie als Leserin oder Leser gern das eine oder andere Wort nachschlagen.

Philip	Morris	März	Juni	September
26	20	6 1/2	7 1/2	8 3/4
26	25	1 1/2	3 1/4	4
26	30	1/2	1	1 1/2

»Sehen Sie mal, Trace, das hier ist das typische Optionsschema. Die Zahl unter dem Firmennamen ist der aktuelle Aktienkurs, meinetwegen 26. Die nächste Zahlenreihe enthält, was wir als Ausübungspreis der Option bezeichnen – der Preis, für den Sie als Optionsinhaber die Aktie kaufen können. Die Zahlen weiter rechts sind die Preise der verschiedenen Optionen, und die Monate sagen Ihnen, wann die Optionen verfallen.«

»Verfallen? Die Dinger geben einfach so den Geist auf?«

»Schneller als ein Schwarm Guppys«, meinte Cliff. »Das ist eben die Eigenart einer Option. Aber haben Sie mitgekriegt, dass eine Option auf die verdammte Aktie umso mehr kostet, je weiter der Verfalltermin entfernt ist? Anders gesagt, Sie müssten jetzt einen halben Dollar zahlen für das Recht, von heute bis zur dritten Märzwoche eine Philip-Morris-Aktie zu 30 Dollar zu kaufen. Damit befindet sich die Option ›aus dem Geld‹.

»Habe ich Sie richtig verstanden? Wenn ich Philip Morris direkt kaufe, zahle ich 26 Dollar je Aktie. Und da soll ich 50 Cent ausgeben für das Recht, die Aktie zu 30 Dollar zu kaufen? Was hätte ich davon?« warf Trace ein.

»Nun, Sie könnten es tun, weil Sie glauben, dass Philip Morris bald 35 Dollar je Aktie kosten wird«, erklärte Cliff. »Geschieht das vor dem Verfalltermin Ihrer Option, dann ist das Recht, die Aktie zu 30 Dollar zu erwerben, mindestens 5 Dollar wert. Damit hat sich der Wert Ihrer Option verzehnfacht, während die Aktie nicht einmal um 40 Prozent gestiegen ist. Sie wäre dann ›im Geld‹. Das Ganze wird als Kauf einer ungedeckten Kaufoption bezeichnet. Und dass sich der Wert einer Option viel stärker verändert als derjenige der Aktie, nennt man Hebelwirkung. Nicht übel, was?«

»Doch wenn die Aktie stattdessen auf 20 Dollar fällt?« fragte Trace.

»Dann ist der Wert Ihrer Option dahin«, stellte Cliff fest. »Sie verfällt ohne Gegenwert. Dabei ist die Aktie nur um 20 Prozent gefallen. Die Hebelwirkung arbeitet hier gegen Sie. Doch genau das war das Geniale an Hoopermans Schachzug. In seinem Fall hätten die Optionen nur dann wertlos verfallen können, wenn die Calabreses ihren Prozess gewonnen hätten. Doch in dem Fall hätten sie sowieso ausgesorgt. Es war eins der besten Absicherungsmanöver, die ich je gesehen habe. Er stand vor einer Alles-oder-Nichts-Situation und hat es so hingedreht, dass er nur gewinnen konnte. Ein perfekter Hedge.«

»Okay, das leuchtet mir ein, aber kommen wir noch einmal auf diese Verfallsgeschichte zurück«, meinte Trace. »Hooperman konnte aus den Philip-Morris-Optionen doch nur deshalb so viel herausholen, weil er wusste, wann im Fall Calabrese das Urteil gesprochen würde, richtig?«

»Genau«, bestätigte Cliff. »Auf ein paar Tage hin oder her, jedenfalls.«

»Aber es gibt doch noch jede Menge Optionen auf alle möglichen anderen Aktien, oder?«

»Sie haben es erfasst. Ein wenig mehr Ausdruck in der Stimme, und Sie könnten sich glatt als Kommentatorin an der CBOE* bewerben.«

»Nein, im Ernst jetzt. Was ich sagen will, ist Folgendes: Wenn ich eine Option auf, sagen wir, Exxon kaufe – vielleicht weil ich glaube, dass die Ölpreise steigen werden –, wer garan-

* Steht für Chicago Board Options Exchange, die größte Terminbörse der Welt – nicht, dass es Trace interessiert hätte.

tiert mir denn, dass sie das noch vor dem Verfalltermin meiner Option tun werden? Wie soll ich wissen, ob meine Option nicht ohne jeden Wert verfällt? Vier Monate später steigen die Ölpreise dann womöglich wirklich, und die Aktien klettern hinterher. Dann hätte ich zwar den richtigen Riecher gehabt, wäre aber trotzdem aus dem Rennen und stünde ohne einen Cent da?«

»Das passiert laufend«, meinte Cliff. »Der Fachmann sagt zu dem Phänomen, das Sie da gerade beschrieben haben, dass man eben einfach ein verdammter Glückspilz sein muss, um mit ungedeckten Kaufoptionen Gewinn zu machen. Wie damals, als Hooperman McDonnell-Douglas-Kaufoptionen gekauft hat, nur, weil er von der Kostendämpfungspolitik des Unternehmens so begeistert war oder aus einem ähnlich albernen Grund. Zwei Wochen später wurde das Unternehmen übernommen. Ich sage es Ihnen ja, der Junge hatte ein goldenes Händchen.«

»Haben Sie nicht erwähnt, dass ihn sein Glück auch mal im Stich gelassen hat?«

»Vielleicht. Sehr viel weiß ich darüber nicht. Erinnern Sie sich an das Essen, bei dem ich Augie Beauchamps falsches Alibi aufgedeckt habe?«

»Wie könnte ich das vergessen. Sie haben es ja höchstens hundert Mal erzählt«, meinte Trace mit einem verschmitzten Schulmädchenlachen, mit dem sie es im Leben sicher noch weit bringen würde.

»Aber Trace, ich habe Sie doch bis jetzt höchstens viermal getroffen«, protestierte Cliff.

»Na gut, ich hab ein bisschen übertrieben. Dann haben Sie mir eben nur viermal davon erzählt.«

»Sehr komisch. Jedenfalls habe ich Kyle Hooperman bei einer ähnlichen Gelegenheit zum letzten Mal gesehen.«

»Und was sagt uns das?« fragte Trace. »Dass Männer mittags hungrig sind?«

»Nein, das Interessante daran ist, dass dieses Essen im Rahmen einer Präsentation stattfand für diesen müden Abklatsch einer Internet-Firma namens URLybirds, die Rutherford & Hayes letzten Herbst an die Börse bringen wollte. Ich bin damals nur hingegangen, weil mich Linda Greer gebeten hatte. Sie ist eine alte Freundin, die bei Hooperman im Büro gearbeitet hat. Die Konsortialabteilung hatte ihr aufgetragen, Leute wie mich einzuladen, um die leeren Stühle zu füllen.«

»Das Gleiche machen sie auch bei der Oscar-Verleihung«, erzählte Trace. »Wenn James Coburn aufs Klo geht, dann nimmt für die Fernsehkameras jemand seinen Platz ein.«

Eine Klausel, die unpassende Einwürfe untersagte, fehlte noch in Traces Vertrag.

Cliff fuhr unbeirrt fort: »Tatsache ist aber, dass Hooperman prompt zugeschlagen und Aktien gekauft hat, wie Linda berichtet.«

»Und das überrascht Sie?«

»Das haut mich vom Hocker«, verbesserte Cliff. »URLybirds tat nichts anderes, als URLs zu sammeln – Sie wissen schon, Uniform Resource Locators. Domain-Namen für Websites, meine ich.«

»Ich habe immer gedacht, dass man mit den Rechten an solchen Namen reich werden kann«, meinte Trace.

»Oh ja, manche haben das geschafft. Aber an sich ist das kein Geschäft, jedenfalls kein Geschäft in dem Sinne, wie man es von einer Aktiengesellschaft erwarten würde. Ich meine, auf der Präsentation haben sie großspurig verkündet, dass sie für viel Geld Namen wie *Wall Street* und *Beastieboys* verkaufen, doch der Nachschub ist schließlich nicht unbegrenzt. Die einzige Möglichkeit, Gewinn zu machen, besteht für sie darin zu verkaufen, was sie haben, doch das ist ja keine regelmäßige Einnahmequelle. Da muss auch dem Dümmsten klar sein, dass die Gewinnzahlen von vorn bis hinten manipuliert werden, denn sie hängen ja davon ab, was das Unternehmen in einem bestimmten Quartal auf den Markt wirft. Irgendwann ist dann nichts mehr übrig, und deshalb ist die Aktie prompt von 20 auf 5 Dollar gefallen.«

»Aber warum macht sich jemand die Mühe, die Gewinnzahlen zu frisieren, wenn es sowieso früher oder später herauskommt?« fragte Trace.

Plötzlich fiel es Cliff ein: Traces Parfum – es war *Naiveté* von Charles Jourdan.

»Warum manipuliert ein Unternehmen seine Gewinnzahlen? Weil es *geht*, darum. Die meisten Menschen unterschätzen die Buchhaltungstricks, die einem Unternehmen möglich sind. Der bevorstehende Börsengang und der damit verbundene Geldregen sind wie ein Rausch. Probleme werden entweder schlichtweg geleugnet, oder man redet sich ein, man würde sie schon lösen, bevor jemand draufkommt.«

»Aber sie brauchen doch Anleger, die ihre Aktien kaufen, oder nicht?« meinte Trace. »Was war denn mit denen los? Waren die ebenfalls im Rauschzustand?«

Faszinierende Idee, fand Cliff. Kunden nett zu bewirten, war ein alter Hut, doch es war ihm nie in den Sinn gekommen, jemanden erst vollkommen zuzudröhnen und dann Papiere zeichnen zu lassen. Doch vielleicht führten die Kontrolleure der Börsenaufsicht ja auch Alkoholtests durch.

»Trace, wir sprechen über das Jahr 1998. Rutherford & Hayes hätte damals selbst 15 Millionen Aktien von Dildos.com untergebracht, wenn sie gewollt hätten. Alles, was mit Internet zu tun hatte, galt als Geldmaschine.« Cliff schüttelte langsam den Kopf. »Trotzdem kann ich mir nicht vorstellen, dass Kyle Hooperman URLybirds auf den Leim gegangen ist.«

Cliff zog einen Zettel aus der Manteltasche. »Apropos, bevor ich vergesse, wieso wir eigentlich hier sind – Linda Greer hat mir die Namen und Telefonnummern der unglücklichen Hooperman-Kunden gegeben, die auf ihren URLybird-Aktien sitzen geblieben sind. Viele sind es nicht. Doch für den Fall, dass ein nachtragender Mensch darunter ist, möchte ich, dass Sie sie überprüfen.«

»Und wenn ich gefangen genommen oder getötet werde, wird der Sekretär des IWF jede Kenntnis meiner Mission abstreiten?«

»So ungefähr«, meinte Cliff. »Viel Glück.«

Kapitel 3

Tief in Gedanken versunken saß Cliff am Schreibtisch. Das war nicht weiter ungewöhnlich. Er erzählte gern, die große Tragödie seines Lebens sei gewesen, dass er es ausgerechnet 1980 ins olympische Grübelteam geschafft habe, als die USA die Sommerolympiade boykottierte. Was blieb ihm noch, als dem verlorenen Ruhm hinterherzulaufen?

Diesmal ging ihm etwas im Kopf herum, das er von Linda Greer erfahren hatte, und zwar nicht bei ihrem jüngsten Gespräch über URLybirds, sondern bereits 1997. Sie hatte ihn damals angerufen, weil sie es kaum erwarten konnte, ihm den neuesten Leckerbissen aus der Gerüchteküche von R&H zu servieren: Kyle Hooperman war zur Entziehungskur in die Betty-Ford-Klinik geschickt worden. Seinerzeit war das ein ausgewachsener Skandal.

Dabei kam es nicht überraschend, jedenfalls nicht für diejenigen, die gewusst hatten, dass die Bars von Manhattan Hoopermans zweites Zuhause waren. In seiner besten Zeit hatte er den persönlichen Ehrgeiz verfolgt, die großen Gin-Destillen der East Side trockenzulegen. Erstaunlich war, dass sich seine Exzesse nie negativ auf seine Arbeit auswirkten. Doch in der Chefetage betrachtete man die Entwicklung mit Sorge und verordnete ihm daher eine zweimonatige Auszeit. Kurz darauf zog er aus der Stadt weg. Lindas Aussage zufolge war er danach wie ausgewechselt. Damit war Hooperman für Cliff der einzige Mensch auf Erden, der es zum Abstinenzler gebracht hatte, indem er in eine Whiskygegend umgesiedelt war.

Von derlei Gedankenspielen abgesehen, kam Cliff mit dem Fall nicht voran. Einziger Trost war, dass er seine Investitionen gut im Griff hatte. Aus seiner Sicht jedenfalls.

Am Mittwoch zum Beispiel war es Cliffs größte Leistung gewesen, *nicht* Eastman Kodak zu kaufen. An sich war die Aktie keine schlechte Wahl, zumindest theoretisch und nach langfristigen Gesichtspunkten. Die Bilanz sah gut aus und die Gewinnprognosen für die nähere Zukunft ebenfalls. Kodak war ein durch und durch solides Unternehmen. Als einer der 30 im Dow Jones Industrial Average enthaltenen Namen war Kodak ein echter »Blue Chip« – ein erstklassiger Standardwert. Diese Position hatte Kodak dem Umstand zu verdanken, dass ein findiger Unternehmer namens George Eastman die erste Kamera für die breite Masse auf den Markt gebracht hatte. Der Name Kodak stand für hochwertige Filmentwicklung, ein Ruf, von dem das Unternehmen über hundert Jahre lang profitiert hatte. Insgesamt betrachtet also ein ansprechendes Bild.

Doch die Fotolabors des 21. Jahrhunderts würden ganz anders aussehen. Was nutzte es, die Nummer eins in der Filmentwicklung zu sein, wenn bald niemand mehr Filme benutzte? »Sprich mir nach«, sagte Cliff zu sich selbst: »Den Markt juckt es nicht, ob *ich* eine Digitalkamera habe oder nicht.« So oder so war die Digitaltechnik auf dem Vormarsch, und ob Kodak dann immer noch die erste Geige spielen würde, war fraglich. Schließlich konnte sich ein Unternehmen nicht von heute auf morgen zum Marktführer in der digitalen Bildbearbeitung mausern. So leicht wirft man Traditionen nicht über Bord, schon gar nicht, wenn diese gutes Geld gebracht haben. Kodak hatte bereits Millionen in die Digitaltechnik investiert, ohne auf eine Goldader zu stoßen. Und wie würde die Umsatzrendite aussehen, wenn Canon, Sony und eine ganze Reihe weiterer Konkurrenten mit im Spiel waren? Sicher nicht annähernd so, wie man es bei Kodak gewohnt war. Es war durchaus im Bereich des Möglichen, dass Kodak im 21. Jahrhundert eine kalte Dusche nach der anderen bevorstand.

Natürlich konnte man das nicht mit Sicherheit sagen. Entscheidungen über Aktieninvestitionen liefen manchmal auf kluges Raten hinaus, wobei die Schwierigkeit darin bestand, zu entscheiden, was nun klug und was geraten war. Langte man ein paar Mal daneben, war das noch kein Drama. Ein cleverer junger Haussier hat einmal gesagt, um auf dem Aktienmarkt Gewinn zu machen, müsse man nur bei 60 Prozent aller Entscheidungen richtig liegen. An sich hatte Cliff damit kein Problem, doch bei der Berechnung hatte er so seine Schwierigkeiten. Zählte die Entscheidung, auf Kodak zu verzichten, nur einmal? Und wenn er nun morgen und am Tag darauf wieder keine Kodak-Aktien kaufte? Wären das dann drei Entscheidungen?

Wie Cliff die 60-Prozent-Regel auch drehte und wendete, er wusste doch, dass noch niemand Geld damit verdient hatte, untätig herumzusitzen. Er erinnerte sich an einen Ausspruch von Dash Quillen, einem leitenden Mitarbeiter bei Rutherford & Hayes, dem er viel verdankte. Er hatte sinngemäß gesagt: »Wenn es Risiken mit sich bringt, stillzustehen, und wenn es Risiken mit sich bringt, vorwärts zu gehen, so sollte man den Weg einschlagen, der in letztere Richtung führt.« Das Zitat stammte nicht von Dash. Er schrieb es einem Kerl mit Namen Castlereagh zu, der Großbritannien bei einer Veranstaltung, die gemeinhin als Wiener Kongress bezeichnet wird, vertreten haben soll. Ein Lord Castlereagh. Der Name hatte einen schönen Klang, und das Zitat nicht minder.

Cliff betrachtete seine Kodak-Akte. Sollte er die verdammte Aktie vielleicht leerverkaufen, statt die Finger ganz davon zu lassen? Doch auch das war eine knifflige Geschichte. Ein Leerverkauf oder Short war soviel wie eine Wette auf fallende Kurse. Man verkaufte dabei eine Aktie, die man gar nicht besaß, und stellte seine Position später durch den Kauf derselben Aktie wieder glatt. Cliff ging eigentlich nur dann short, wenn das fragliche Unternehmen drückende Finanzprobleme hatte oder einer Betriebsprüfung durch Price Waterhouse und Konsorten nicht standhielt. Das traf auf Kodak ganz und gar nicht zu. Und so konnte es noch auf Jahre hinaus bleiben. Außerdem bedeutete der Umstand, dass dem Unternehmen die Marktführerposition im 21. Jahrhundert nicht sicher war, keinesfalls, dass sie unerreichbar war. Und wenn man leerverkaufte, blieb man normalerweise nicht gern lang in Short-Position. Schon gar nicht, wenn man gegen einen Blue Chip agierte. Ein Leerverkauf ist etwas ganz anderes als der Erwerb einer Aktie, und Cliff verstieg sich dazu nur, wenn alle Faktoren eindeutig für ihn sprachen.

Verdammt! So betrachtet musste sich Cliff eingestehen, dass seine Entscheidung, Kodak nicht zu kaufen, vom professionellen Standpunkt aus durch die Entscheidung, die Aktie auch nicht leerzuverkaufen, aufgewogen wurde. Damit war seine Erfolgsquote wieder bei 50 Prozent, ohne dass irgendetwas passiert war. Das war nicht gut genug. Man musste kein Mathematikgenie wie Professor Lester Thurow sein, um zu erkennen, dass Cliff hier ein Nullsummenspiel spielte.

Doch Nullsummenspiele bereiteten Cliff dieser Tage wenig Kopfschmerzen. Viel mehr beschäftigte ihn der Umstand, dass der große Kyle Hooperman angeblich URLybirds-Aktien gekauft hatte. War er wirklich so tief gesunken? Trace hatte ihn darum gebeten, ihr kurz und knapp schriftlich darzulegen, weshalb die Aktie so ein schlechter Kauf war. Und das hatte er getan.

1. Die Gewinne waren ein Witz

Die Broschüre zur Emission von URLybirds wies für 1998 einen Gewinn je Aktie von 1 Dollar aus. Bei der Börseneinführung war von 3 Dollar je Aktie für 1999 die Rede und damit von einer Verdreifachung des Gewinns. Nicht schlecht, was? Aber glauben Sie mir, Trace, das war reine Augenwischerei. Oder rechnet eine Drillingsmutter bei der nächsten Schwangerschaft mit Neunlingen? Eher doch damit, dass sie überhaupt keine Kinder mehr bekommt, und so war es auch bei URLybirds. Sie erreichten tatsächlich 3 Dollar je Aktie durch den Verkauf von Rechten an Namen wie olympicgames.com und ähnlichen aus dem Bestand, und das nur, damit rechtzeitig zum Börsengang die Zahlen stimmten. Beim Essen damals waren alle hin und weg, weil man im Internet endlich auf Gold gestoßen war. Die Leute verglichen URLybirds mit Network Solutions – nur, weil beide Unternehmen mit Internetadressen zu tun hatten. Dabei befasst sich Network Solutions mit der *Registrierung* von Domain-Namen und zehrt dabei nicht vom Bestand. Die Firma hat gerade ein Übernahmeangebot von Verisign bekommen – in der Größenordnung von 20 Milliarden Dollar. Der Gewinn von URLybirds dagegen war eine Eintagsfliege.

2. Der Nachschub an Namen ist begrenzt

Hat es wirklich Anleger gegeben, die geglaubt haben, mit URLybirds würde es immer so weitergehen? Das erinnert mich an die Patten Corporation, eine Erschließungsgesellschaft, deren Aktien Mitte der achtziger Jahre heiß begehrt waren. Sie verkaufte Land in New Hampshire und Vermont an leichtgläubige, neureiche Großgrundbesitzer. Das Geschäftsmodell war jedoch nicht sehr

langlebig. Will Rogers mag gesagt haben, »Land ist die beste Geldanlage. Davon kann nicht mehr produziert werden.«, doch über Immobilienfirmen hat er sich ausgeschwiegen. Bei Patten haben die goldenen Zeiten gerade mal zwei Jahre gedauert.
Selbst Disney musste seine Erfahrungen sammeln mit der Endlichkeit. Anfang der neunziger Jahre trugen Trickfilmerfolge wie *Der König der Löwen* und *Aladdin* maßgeblich zur Wachstumsrate des Disney-Konzerns bei. Die Anleger trieben den Kurs nach oben, obwohl die Qualität der Gewinne zu wünschen übrig ließ. Man konnte schließlich nicht jedes Jahr einen solchen Hit landen. *Pocahontas* war nicht *Der König der Löwen.* 1996 ging es abwärts mit der Gewinnbilanz, und die Aktie dümpelte drei Jahre lang vor sich hin.
Für URLybirds sah die Zukunft noch düsterer aus. In zehn Jahren würde nur mehr der Bodensatz des Internetadressen-Universums übrig sein – Namen wie chickenliver.com und hoedown.com, die man für einen Dollar das Stück über eBay verschleudern würde.

3. Prozesse gewinnt man, Prozesse verliert man

Das müssen Sie sich mal richtig vergegenwärtigen: In zehn Jahren steht URLybirds womöglich vor dem Aus. Die Brüder haben sich weit aus dem Fenster gelehnt und auch Personennamen wie kimbasinger.com und sogar newtgingrich.com gekauft. Ausgerechnet Newt Gingrich, der schon verblasste Star der Neuen Rechten. Was müssen die verzweifelt gewesen sein! Dann haben sie den armen Teufeln, deren Namen sie sich gesichert hatten, große Summen aus der Tasche gezogen – so groß, dass es fast schon an Erpressung grenzte und sich sogar die Behörden dafür interessierten. Schon ein paar Wochen nach der IPO von URLybirds verabschiedete die Regierung Gesetze gegen das so genannte »Cybersquatting«, die virtuelle Hausbesetzung, die URLybirds mitten ins Herz trafen. Ihr Geschäftszweig *war* damit faktisch Erpressung. Kurz darauf strengten humorlose Aktionäre eine Gruppenklage an. Sie waren mit dem sinkenden Schiff untergegangen und gar nicht glücklich über den Zeitpunkt des Börsengangs. Allein die Prozesskosten, die das Unternehmen zu tragen hatte, beliefen sich auf 50 Cent je Aktie – mindestens. Gelinde gesagt, befand sich die Aktie damals auf dem absteigenden Ast. Die Analysten errechneten bereits eifrig den Konkurswert des Unternehmens; möglicherweise war URLybirds tot mehr wert als lebendig. Dabei traf durchaus zu, dass im Falle einer Beilegung der Streitigkeiten ein großer Kostenfaktor plötzlich wegfallen würde. Und vielleicht gab es sogar einen Anwärter für eine Übernahme? Doch der Konkurswert konnte nur deshalb zum Thema werden, weil die Aktie seit der Börseneinführung um 75 Prozent gefallen war. Der Weg von der Wachstumsaktie zur Wertaktie führt immer durch ein wüstes Gemetzel. Kyle Hooperman war schon lange genug im Geschäft, um das zu wissen. Und er hatte es nicht durch Spekulation nach ganz oben geschafft. Dazu war er zu clever.

Was hat er also mit dieser Aktie vorgehabt? Irgendetwas passt da nicht zusammen.

Mittlerweile war es 23.26 Uhr, eine Tageszeit, die Cliff besonders mochte. Seine erklärte Lieblingsuhrzeit war 11.11 Uhr, der digitalen Schlichtheit wegen. Dann kam 12.36 Uhr. Ob man die ersten drei Stellen addierte oder multiplizierte, es kam stets die vierte heraus. Und 23.26 – in Amerika 11.26 p. m. – hatte es aus persönlichen Gründen in die Favoritenliste gebracht, denn der 26. 11. war sein Geburtstag.

Manchmal lag er um diese Zeit bereits im Bett, doch nachdem heute sein Tagespensum in der Hauptsache darin bestanden hatte, Kodak weder zu kaufen noch leerzuverkaufen, hatte er noch ein paar Energiereserven. Er zog den Bademantel über und ging in sein Arbeitszimmer, wo sein 486 AST Advantage Computer stand – voll ausgerüstet mit Windows 3.1 und einem 28,8-Modem. Vorbesitzer: Karl der Große. Doch die verdammte Kiste funktionierte noch, wenn auch das Tempo lange nicht den Standards entsprach, die seine Daytrader-Kollegen verlangten. Noch ahnte Cliff nicht, dass in seiner Mailbox eine kleine Überraschung wartete.

Kapitel 4

An: CliffCav@shamus.net
Von: DickTracy77@mindspring.com
Betreff: Ungewöhnliche Verdächtige

Cliff, anbei, was ich bisher herausgefunden habe. Ich glaube, Sie werden es nützlich finden.
Trace

Ich habe heute mit Lila Fitzpatrick gesprochen, einem der Opfer von URLybirds. Ich stellte ihr alle möglichen Fragen über die Firma und ihre Erfahrungen mit ihr. Offensichtlich hatte sie nicht die geringste Ahnung, was mich vermuten lässt, dass sie sich voll auf Hooperman verlassen hat. Doch – obwohl sie 25 000 Dollar verloren hat – hatte ich den Eindruck, es sei ihrer Einschätzung nach einen Versuch wert gewesen, habe nur leider nicht geklappt.
Im Laufe des Gesprächs habe ich allerdings etwas herausgefunden, das Sie vielleicht interessieren wird: Sie war doch sauer auf Hooperman, aber aus ganz anderen Gründen. Das Ganze geht zurück auf die Zeit, bevor er die Betreuung ihrer Anlagen übernahm. Sie hat mir erzählt, sie habe seinerzeit 1 000 Pepsi-

Cola-Aktien zu 5 Dollar je Aktie gekauft, als Teil des harten Kerns ihres Depots. Sie träumte davon, eines Tages von den Dividenden leben zu können, und dachte, Hooperman bei der Übernahme ihres Portfolios klar gemacht zu haben, dass er diese Aktien nicht antasten solle. Und doch hat er 500 Stück verkauft, zur selben Zeit, als er sich aus der URLybirds-Affäre zu ziehen versuchte. Sie schäumte vor Wut. Ob sie ihn deshalb auch umgebracht hätte, kann ich nicht sagen. Er hat sich über 15 Jahre lang um ihre Geldgeschäfte gekümmert. Sie hat aber betont, dass sie ihrem neuen Portfolio-Manager als Allererstes eingeschärft habe, er solle die Finger von Pepsi-Cola lassen.

Cliff blätterte weiter in der Hoffnung, sie habe noch mehr geschrieben, doch da war nichts. So viel dazu. Eine Sackgasse.

Er musste unwillkürlich darüber lachen, was er sich da eingebrockt hatte. Anfangs hatten Trace' E-Mails immer gestrotzt vor Details wie der Uhrzeit des Gesprächs, der Kleidung des Gesprächspartners und dem Sonneneinfall auf alle Beteiligten. Blumiges Zeug, komplett überflüssig. In Anhang 2a zu Traces Vertrag hatte er deutlich gemacht, dass er nur Fakten wollte, aus denen er Schlussfolgerungen ziehen könnte. Das hatte er nun davon. *Tiefer Seufzer.*

Da er nun schon einmal online war, konnte er auch schnell feststellen, dass PepsiCo sich um 30 Dollar je Aktie bewegte – wie Cliff erwartet hatte. Doch als er ein langfristiges Chart herunterlud, entdeckte er etwas Eigenartiges. Diesem Chart zufolge hatte die Aktie nur einmal Tiefstwerte von 5 Dollar je Aktie erreicht, und zwar zur Zeit des Crashs von 1987 – als Hooperman Lila Fitzpatricks Depot bereits betreute. Hatte

Trace nicht berichtet, Lila habe die Papiere selbst gekauft, bevor Hooperman auf der Bildfläche erschien?

Die zeitlichen Unstimmigkeiten schlugen nicht gerade ein wie Zapruders Aufnahmen vom Kennedy-Attentat, doch sie genügten, um Cliff ins Grübeln zu bringen. Er wusste, dass Trace' Berichterstattung zwar stilistisch daneben liegen, zu blumig oder zu knapp ausfallen mochte, doch sie war stets absolut korrekt. Es war kein Zufall, dass ihr bislang nie ein Irrtum unterlaufen war. Warum also erwähnte sie die blödsinnige Geschichte mit den 5 Dollar, wenn sie sich damit am Ende höchstens selbst widersprechen würde? Darauf gab es nur eine Antwort, und Cliff war nicht sicher, ob sie ihm gefiel.

Das Problem war nämlich, dass PepsiCo 1987 nie zu 5 Dollar gehandelt worden war und auch zu keinem anderen Zeitpunkt, selbst wenn das auf den ersten Blick so schien. Der Kurs hatte damals, 1987, in Wirklichkeit 5 × 2 × 3 oder 30 Dollar je Aktie betragen. Wieso? Nun, wenn man näher hinschaute, bemerkte man, dass es 1990 einen Aktiensplitt im Verhältnis 3 zu 1 und 1996 einen weiteren im Verhältnis 2 zu 1 gegeben hatte. Bei einem solchen Splitt erhöhte sich die Zahl der Aktien im Depot der Aktionäre entsprechend dem Splittverhältnis. Da der Kurs jeder Aktie aber im gleichen Verhältnis sank, war diese Maßnahme rein kosmetischer Natur.

Ach, Aktiensplitts. Diese so unverzichtbaren Auswüchse des Marktes, die nebenbei so ärgerlich waren und so grässlich überschätzt wurden. Unverzichtbar waren sie, weil man ohne sie für eine einzige Aktie von IBM, American Express oder jedem anderen Unternehmen mit längerer Marktgeschichte 100 000 Dollar hinblättern müsste. Splitts bringen die Kurse wieder auf ein erträgliches Niveau und werden daher von den Kleinanlegern freudig begrüßt.

Ärgerlich waren sie, weil sich doch jeder nach dem ursprünglich für das Papier gezahlten Preis richtet und man diesen Preis nur noch zum aktuellen Kurs in Bezug setzen kann, wenn man weiß, wie viele Splitts es in der Zwischenzeit gegeben hat. Zum Glück gibt es Maklerbelege, die hier durch die Berechnung »splittbereinigter« Kurse Abhilfe schaffen. Kurscharts machen das ähnlich.

Überschätzt werden sie, weil viele glauben, durch einen Aktiensplitt entstünden neue Reichtümer. Dem ist nicht so. Es stimmt zwar, dass viele Aktien auf die Ankündigung eines Splitts mit einem Kurssprung reagieren, weil niedrigere Kurse für Einzelanleger besonders attraktiv sind. Doch Splitts werden häufig im Rahmen anderer, positiver Unternehmensentwicklungen bekannt gegeben, sodass es möglicherweise gar nicht der Splitt ist, der den Kursen Auftrieb gibt, sondern die anderen guten Nachrichten. Vielleicht sollte man unverhofften Gewinn nicht zu kleinlich betrachten, doch es schadet nichts, wenn man sich einmal bewusst macht, dass 100 Aktien zu 60 Dollar das Stück genauso viel Wert darstellen wie die alten 50 Aktien zu 120 Dollar das Stück.

Doch zurück zum Thema. Hatte Lila wirklich 5 Dollar gemeint, als sie vom Kaufpreis ihrer Aktien sprach? Offensichtlich. Wann in aller Welt war PepsiCo je für 5 Dollar zu haben?

Cliff glaubte die Antwort zu kennen: 1974. Damals brachen so gut wie alle der so genannten »Nifty-Fifty«-Werte ein – Aktien mit Rang und Namen, die zehn Jahre lang in einer Tour gestiegen waren. Es waren verschiedene Faktoren, die den Markt damals in die Knie zwangen: lächerlich hohe Bewertungen, die Ölkrise, der Rücktritt des Präsidenten und dergleichen mehr. Als Cliff sich den ellenlangen Kurschart auf den Bildschirm holte, stellte er fest, dass PepsiCo in jenem Jahr sogar bis auf 18 Cent je Aktie abgestürzt war.

Splittbereinigt, selbstredend. Seit 1974 hatte es drei Splits im

Verhältnis 3 zu 1 und einen im Verhältnis 2 zu 1 gegeben. Der tatsächliche Kurs damals hatte also 3 × 3 × 3 × 2 oder 54mal so hoch gelegen wie auf dem Chart angegeben. Das 54fache von 18 Cent betrug jedoch leider etwa 10 Dollar je Aktie. Zu hoch.

Da fiel Cliff etwas auf, das er bislang nicht beachtet hatte. Nach Aussage von Trace hatte Lila von Pepsi-Cola-Aktien gesprochen, nicht von PepsiCo. Wann, zum Teufel, war der Name geändert worden?

Cliff warf einen Blick auf die Uhr. Es war 23.30 Uhr, nicht gerade die ideale Tageszeit, um die Aktionärsbetreuung von Pepsi zu erreichen. Der Zufall wollte es, dass er einen Trader in der Merrill-Lynch-Niederlassung in Hongkong kannte, der clever war, Zugriff auf enorme Datenbanken hatte und zu allem Überfluss noch wach war.

»Deng, hier ist Cliff Cavanaugh. Hab gerade mein Nachtgebet aufgesagt und an dich gedacht.«

»So, so«, meinte Deng. »Was liegt an? Kriegst du die Eröffnung des Nikkei nicht durch die Leitung?«

»Doch, schon«, entgegnete Cliff. »Scheint tatsächlich 150 Punkte zugelegt zu haben. Aber mich drückt ein ganz anderer Schuh.«

Deng stellte Cliff überraschend wenig dumme Fragen, obwohl kaum ein normaler Mensch um die halbe Welt telefonieren würde, um sich über die Namensgeschichte und die Kursentwicklung von PepsiCo zu informieren. Die Namensänderung war schnell geklärt – Deng wühlte bereitwillig in seinen Datenbanken und fand heraus, dass Pepsi seinen Namen 1965 von Pepsi-Cola in PepsiCo geändert hatte. Keine gute Idee, wie sich herausstellen sollte, denn »Pepsi-Cola« war eines der großen Unternehmensanagramme seiner Zeit gewesen – eine Umstellung von »Episcopal«. Die Frage nach dem Kurs war nicht so leicht zu beantworten.

»*Was* willst du?«

»Du hast schon richtig gehört, Deng. Ich will wissen, ob Pepsi-Cola jemals real-time zu 5 Dollar die Aktie gehandelt wurde.«

»Das ist gar nicht so einfach, fürchte ich«, meinte Deng. »Die Daten in unseren Datenbanken sind alle splittbereinigt. Ich bin nicht sicher, ob man unbereinigte Kurse überhaupt ermitteln kann.«

»Hast du denn keins von diesen alten SRC-Chartbooks?« fragte Cliff. Als das Internet noch Zukunftsmusik war, wurden institutionelle Kunden von der Securities Research Corporation pünktlich jeden Monat mit dicken Kursbüchern beliefert.

»Die haben wir schon, glaube ich«, meinte Deng. Dann folgte eine bedeutungsschwangere Pause. »Erwartest du wirklich von mir, dass ich mich durch diese Wälzer wühle?«

»Wir sind schließlich in der Dienstleistungsbranche«, sagte Cliff. »Außerdem schließt dich ja nicht jeder in sein Nachtgebet ein.«

Deng entgegnete: »Das Beten kannst du dir sparen, aber wenn du deine Wette gewinnst, will ich meinen Anteil. Sekunde.«

Deng schleppte einen Stapel Bücher an, die selbst die Kongressbibliothek mittlerweile auf den Müll geworfen hatte. Durch das Internet waren die meisten Chartdienste überholt – ausgenommen, wenn es um Kurse ging, die aus einer Zeit stammten, als es noch keine Datenbanken gab. Wie in diesem Fall.

»Gut, ich bin soweit. Ich soll also suchen, bis ich einen Kurs von 5 Dollar die Aktie finde, richtig?«

»Du hast es erfasst«, meinte Cliff.

Cliff ging davon aus, dass das nicht lange dauern konnte. Immerhin hatten sie eine feste Vorgabe, und jedes der Chartbücher deckte ganze 12 Jahre ab. Deng musste lediglich die Kurse verfolgen und auf Splitts achten, doch Cliff bezweifelte, dass es damals viele Splitts gegeben hatte. Die Suche zog sich unerwartet in die Länge. Jedes Mal wenn Deng einen neuen Band zur Hand nahm, wuchs Cliffs Telefonrechnung um eine Null.

»Bis du noch dran, Deng?«

»Ja, ja.«

Dann herrschte wieder Stille in der Leitung. Der Aufschlag der Bücher auf den Boden hörte sich zunehmend dumpfer an. Doch Geduld ist eine Tugend, und Tugend zahlt sich aus.

»Ich hab's!« rief Deng triumphierend.

»Im Ernst?«

»Mir ist nicht nach Scherzen zumute, dass kannst du mir glauben, Cliff, alter Junge. Ich blicke hier auf 5 Dollar je Aktie, ganz ohne Zweifel. Und, gewinnst du damit deine Wette?«

»Nicht direkt«, entgegnete Cliff. »Was ich wissen will, ist, wann das war.«

»Soviel ich sehe, war das im Mai 1939«, sagte Deng.

1939 hatte er gesagt. Das hieß, er würde noch einen weiteren Anruf tätigen müssen.

»Hallo«, murmelte es leise.

»Trace, sind Sie das?«

»Nein, hier ist Madame Bovary. Klar bin ich es.« Trace lebte in einer Dachwohnung in Soho, die sie mit vier anderen aufstrebenden Schauspielerinnen teilte, doch Cliff hatte die Nummer ihres Mobiltelefons gewählt.

»Tut mir leid. Ich habe ganz vergessen, dass die Lennon-Schwestern diesen Anschluss nicht teilen.« Pause. »Trace, ich habe da gerade etwas sehr Unangenehmes festgestellt.«

»Haben Sie heute Abend Spargel gegessen?«

»Das nicht, und Ihr komödiantisches Talent sparen Sie sich besser für die Bühne auf«, meinte Cliff. »Können Sie mir stattdessen bitte einmal genauer schildern, wie Lila Fitzpatrick es angestellt haben soll, vom Pflegeheim aus Kyle Hooperman zu erschießen?«

»Oh, oh«, sagte Trace.

»Ganz genau, oh, oh. Ich habe die Hälfte meines Schönheitsschlafs geopfert, um das herauszufinden.«

Trace meinte: »Oh je. Ich habe nur versucht, meine Berichte wie gewünscht möglichst ökonomisch abzufassen. Ich habe aber nie daran gezweifelt, dass Sie trotzdem die richtigen Schlüsse ziehen würden.«

Cliff gefiel die Vorstellung gar nicht, dass Trace ihm schmeichelte, um seinen Zorn zu besänftigen. Das Schlimmste daran war, dass es meistens klappte, doch diesmal war sie ein bisschen zu weit gegangen. Wenn sie in einem Altenheim mit Lila Fitzpatrick gesprochen hatte, dann war es Zeit für ein ernstes Wörtchen.

»Trace, damit das ein für allemal klar ist: 85-jährige Damen sind nicht gerade die idealen Tatverdächtigen in diesem Fall«, erklärte Cliff.

»Sie haben Recht, Sie haben ja Recht. Tut mir leid«, sagte Trace. »Ich kann dazu nur sagen, dass sie sich am Telefon nicht so alt angehört hat. Nur für die Zukunft – wo ist denn die Grenze? Ich meine, wie jung muss eine Frau sein, damit wir sie als Täterin in Betracht ziehen?«

»Um ganz ehrlich zu sein, würde es mich sehr überraschen, wenn es überhaupt eine Frau war.«

»Wirklich?«

»Trace, 99 Prozent aller derartigen Verbrechen werden von Männern verübt. Haben Sie das nicht gewusst?«

»Ich habe wohl nie darüber nachgedacht. Ich habe angenommen, dass es jeder gewesen sein könnte.«

Seltsamerweise fühlte sich Trace auf den Schlips getreten. Wäre es ihr denn lieber, wenn eine Frau den Mord begangen hätte? Und was war mit der Waffe? Das Colt-Covernment-Modell war ein winziges Ding, das in dieselbe Kategorie gehörte wie Nancy Reagans berühmte »itty-bitty gun«. Sprach das nicht für einen weiblichen Täter? Oder es lag vielleicht gerade darin das Sexistische, und ein Mann hatte eine Frauenwaffe benutzt, um den Verdacht von sich abzulenken?

Zeit, das Thema zu wechseln.

»Trotzdem, Sie wären stolz auf mich gewesen«, sagte sie. »Ich habe ausgerechnet, wie viel Lila Fitzpatrick im Jahr mit ihren Aktien verdient hat. Ich habe Ihre Methode angewendet. Wollen Sie wissen, wie viel?«

Cliff fragte sich, was in aller Welt weniger sachdienlich wäre als Lila Fitzpatricks Erträge auf dem Aktienmarkt, doch er war zu müde, um zu protestieren. Vielleicht war er auch neugierig. Hatte Trace tatsächlich kapiert, wie man Renditen berechnete? Er hörte also wohlwollend zu, während Trace erklärte, wie Lila ihr Geld um 108 mal 6, also ums 648fache vermehrt hatte. Die Zahl 108 ergab sich aus den Splitts, die 6 war der absolute Kursanstieg von 5 auf 30 Dollar. Die ursprüngliche Investition von 5 000 Dollar hatte sich in über drei Millionen verwandelt.

Jedes Börsenhandbuch wird Ihnen verraten, dass das Geheimnis langfristiger Reichtümer in der Ansammlung von Erträgen liegt. Selbst vergleichsweise unspektakuläre Erträge wachsen an, wenn man ihnen nur genug Zeit lässt. Auf den ersten Blick könnte man meinen, dass man sicherlich astronomische 30 Prozent im Jahr oder ähnliche Werte erreichen muss, um seinen Ertrag aufs 648fache zu steigern – immerhin um 64 700 Prozent. Doch Trace war eine gelehrige Schülerin und wusste es besser.

»Haben Sie gewusst, dass die 61. Wurzel aus 648 1,112 ist?« fragte sie.

Der Taschenrechner auf Cliffs Computer verfügte nicht über Wurzelfunktionen. Dazu hätte er zu DOS wechseln und in den Rechnermodus gehen müssen. Ein jüngerer Mann hätte das vielleicht noch fertiggebracht – so jung etwa, wie er zu Beginn des Gesprächs noch gewesen war.

»Die Wurzeln des Geldes sind stets von Übel«, sagte er.

Doch ohne die 61. Wurzel konnte man sich die ganze Rechnerei sparen. Die Wurzel war so bedeutsam, weil die Investition in die Pepsi-Aktien im Durchschnitt in jedem der insgesamt 61 Jahre mit dem Faktor 1,112 im Wert gestiegen war, was einem jährlichen Zuwachs von 11,2 Prozent entsprach. Selbst Bob Barker hätte gemerkt, dass hier eine höhere Zahl erforderlich war. In den 11,2 Prozent waren außerdem die Dividenden nicht berücksichtigt, die Lila ausbezahlt bekommen hatte. Im laufenden Jahr zahlte Pepsi 52 Cent je Aktie, sodass Lila Fitzpatrick 56 000 Dollar erhielt – vor Steuern –, und nur, weil sie 1939 5 000 Dollar in Pepsi-Cola-Aktien angelegt hatte.

Während Cliff bedauerte, dieses Verfahren je zur Sprache gebracht zu haben, wurde ihm plötzlich klar, dass ihn die Maklerhandbücher hier sauber hinters Licht geführt hatten. Zeit seines Lebens hatte er zu Recht geglaubt, dass auch ein bescheidener Ertrag am Ende eine große Summe ergeben würde, wenn man ihn nur lang genug liegen ließe. Nur darum ging es doch bei der langfristigen Geldanlage. Und genau das schienen Trace' Rechnungen für den Fall der märchenhaft reichen Lila Fitzpatrick zu beweisen.

Doch 61 Jahre? Wenn nun ein Ertrag von 11,2 Prozent das Kapital in 61 Jahren ums 648fache vermehrte? Dann wäre man doch viel zu alt, um es noch zu genießen. Da war Lila, die über den Verkauf von 500 lächerlichen Aktien jammerte, nicht 500 von 1000, sondern 500 von – wie viel waren es eigentlich? – 1000 mal drei mal drei mal drei mal zwei mal zwei – von 108000 gottverdammten Aktien! Je länger Cliff darüber nachdachte, desto hanebüchener erschien ihm auch Lilas Gemecker über die Kapitalertragssteuern. Sicher war es Hoopermans Absicht gewesen, ein paar Anteile an PepsiCo genau zu der Zeit abzustoßen, als er mit URLybirds Verlust machte, um den Finanzbehörden Sand in die Augen zu streuen. Na gut, er hätte seine Klientin vielleicht besser informieren können. Doch einfache, zwischenmenschliche Kommunikation war anscheinend nicht gerade Hoopermans Stärke gewesen. So oder so, die alte Schnepfe hatte wohl kaum ernsthaften Grund zur Klage.

»Trace, ich kann Ihnen gar nicht sagen, wie stolz ich auf Sie bin, aber wenn ich jetzt nicht auflege, fange ich womöglich mitten im Gespräch an zu schnarchen. Sie denken daran, dass wir uns morgen früh im Büro von Rutherford & Hayes treffen? Punkt 10 Uhr?« sagte Cliff.

»Nicht um alles in der Welt würde ich das verpassen«, kam es von Trace.

Kapitel 5

Wenn man bei Rutherford & Hayes jemals wirklich erschüttert war über den Verlust von Kyle Hooperman, so hatte das nicht sehr lange angehalten. Als die Nachricht bekannt wurde, hatte es entsetzte Schnaufer und Getuschel an den Kaffeeautomaten gegeben, und auch eine kleine Armada von Fernsehteams war aufmarschiert. Doch eine Woche später erinnerte nur noch die unheimliche Leere in Hoopermans luxuriösem Büro im 21. Stock daran, dass nicht alles seinen gewohnten Gang ging. Dabei standen bereits eine ganze Reihe potenzieller Nachfolger aus den unteren Rängen Schlange, die die Lücke nur allzu gern gefüllt hätten. In der Zwischenzeit hatte sich irgendein Witzbold an Hoopermans Telefonapparat zu schaffen gemacht und ein dünnes Scheibchen Räucherlachs in den Hörer eingeschraubt. Wer auch immer das Büro als Nächster beziehen sollte, seine erste Kauforder würde ihm stets im Gedächtnis bleiben. Das war Trauer an der Wall Street.

Wortreiche Entschuldigungen waren nicht Trace' Stil, doch immerhin setzte sie Himmel und Hölle in Bewegung, um auf jeden Fall pünktlich um 10 Uhr am Empfang von R&H bereitzustehen. Als sie eintraf, bemerkte sie einen Mann in einem blauen Nadelstreifenanzug, der im Wartebereich auf einem Sofa saß. Er blätterte im aktuellen *Wall Street Journal* und machte einen recht nervösen Eindruck. Er hatte mittellanges braunes Haar, das sich allmählich lichtete, doch noch nicht die Bezeichnung Halbglatze verdiente. Sein drahtiges Gesicht kam ihr in der ungewohnten Umgebung erstaunlich vertraut vor.

Es war Cliff Cavanaugh.

»Achdumeinegüte«, sagte Trace. »Ich hab Sie gar nicht erkannt. Sie sehen ...« Der Rest des Satzes ging in Kopfschütteln über, doch Cliff war ganz sicher, dass sie »phantastisch aus« hatte sagen wollen.

»Ich habe zwar den Job gewechselt, aber die Klamotten hab ich noch«, sagte er. »Nun kriegen Sie sich mal wieder ein, denn Sie werden gleich noch ein paar Anzügen begegnen.«

»Schon gut. Nur zu.«

Cliff bestand darauf, zuerst einen Abstecher in den Handelssaal zu machen. Wie viele große Maklerhäuser hatte auch Rutherford & Hayes einen eigenen Trading-Bereich, der wie eine kleinere Ausgabe des Parketts der New York Stock Exchange wirkte. Einziger Unterschied: Statt der adretten Tradersjacketts der NYSE sah man hier weiße Hemden. Wenn das ein normaler Tag war, so gingen die Geschäfte offensichtlich gut. Es war gerade mal ein paar Minuten nach zehn, die Börse hatte vor kaum mehr als einer halben Stunde eröffnet, und doch hatten auf dem Parkett bereits 100 Millionen Aktien den Besitzer gewechselt. Ein Broker schrie triumphierend auf, als ein Trade über ein Paket von 50000 DuPont-Aktien über den Ticker lief. Wie ein Konzertgeiger oder ein Glasbläsermeister war er stolz auf seine Leistung.

Cliff zeigte mehr als nur flüchtiges Interesse am Ticker. Schließlich schnalzte er mit der Zunge, als habe er es mit einem Bichon Frisé aus Westminster zu tun.

»Oh je«, sagte er.

»Was ist denn?«

»Ach, nichts. Ich habe nur gerade ein bisschen Geld verloren, das ist alles«, meinte Cliff. »Ich habe gewettet, dass Kodak heute niedriger eröffnet, und die Aktie ist stattdessen um eindreiviertel Zähler gestiegen.«

»Ich dachte, solche Sachen machen Sie nicht«, sagte Trace. »Oder haben Sie Ihre Meinung plötzlich geändert?«

»Nein, es war nur eine private Wette mit meinem Freund Deng in Hongkong. Bestimmt hatte er ein paar brandheiße Informationen, die er mir unterschlagen hat, aber das ist schon in Ordnung. Ich war ihm was schuldig. Das läuft nicht unter Spielschulden, sondern unter Werbungskosten. Das kann ich von der Steuer absetzen.«

Cliffs Blick glitt vom Ticker weg und blieb an einem älteren Mann hängen, der ein rotweiß gestreiftes Hemd und eine marineblaue Fliege trug. Das konnte nur einer sein.

»Dash!« rief Cliff.

Der Mann sah sich um und grinste breit. »Na, wenn das nicht Cliff Cavanaugh ist, mein erklärter Favorit unter allen Aussteigern. Hab ich mir doch gedacht, dass du vorbeischauen würdest.«

Cliff ging hinüber und schüttelte dem Mann mit beiden Händen herzlich und ausgiebig die Hand. Trace konnte sehen, dass er ihn am liebsten umarmt hätte, in dieser Umgebung aber davor zurückschreckte.

»Trace, darf ich Ihnen den unvergleichlichen Dash Quillen vorstellen.«

»Enchanté«, sagte Dash und bot ihr seine riesige Pranke. Dabei deutete er eine leichte Verbeugung an. Er war mindestens 75, doch man sah es ihm nicht an. Sein weißes Haar war immer noch voll. Die kahle Stelle am Hinterkopf konnte nur entdekken, wer über 1,85 Meter groß war. Seine buschigen Augenbrauen wirkten wie zwei flaumige Schäfchenwolken, die ein wenig Regen versprachen. Selbst jetzt im Februar war er leicht gebräunt – ein weiteres Indiz dafür, dass das Schicksal es gut mit ihm meinte.

»Dash leitet die Rentenabteilung«, sagte Cliff.

Dash korrigierte rasch: »Das war einmal. Jetzt komme ich nur noch zweimal die Woche, hauptsächlich, um Neulinge anzulernen. Damit ich von der Straße weg bin.«

»Also gut, Leiter der Rentenabteilung im Ruhestand«, führte Cliff aus. »Dash war mein Mentor. Er hat mir so ungefähr alles beigebracht, was ich über Menschen und Geld weiß.«

»Nun ja, irgendjemand musste das ja tun, Cliff, mein Junge«, meinte Dash. »Ich hoffe, es hilft dir auch jetzt noch weiter, in deiner Zweitkarriere.«

»Aber sicher«, sagte Cliff. »Nur nicht in diesem Fall – bis jetzt noch nicht, jedenfalls. Es ginge mir aber schon viel besser, wenn du mir sagen könntest, wer innerhalb der Firma von Hoopermans Tod profitiert.«

Dash lächelte breit und strahlend, sodass man glatt vergessen konnte, dass zu seiner Zeit Fluorid noch kein Thema war. »Aber ich dachte, genau deshalb hätten wir dich angeheuert – um im Dreck zu schnüffeln.«

»Naja, was soll ich dazu sagen?« konterte Cliff. »Zwei Seelen ruhen in meiner Brust.«

»Hoopermans Kunden wurden zwischen Dave Lenci und Ginny Truesdale aufgeteilt. Dave dürfte dir bekannt sein. Ginny ist vor ein paar Jahren von PaineWebber zu uns gekommen.«

»Wieso haben ausgerechnet die beiden Hoopermans Erbe angetreten?« fragte Trace.

Dash und Cliff sahen sich an und sagten wie aus einem Munde: »Cummings.«

Dash beugte sich zu Trace. »Sean Cummings. Er ist hier der Geschäftsführer. Und Cliff hat ihn nicht sonderlich ins Herz geschlossen.«

»Das kann man so sagen«, bestätigte Cliff. »Für mich ist Cummings die perfekte Kreuzung aus Erbsenzähler und Neonazi. Der hat hier immer noch das Sagen?«

»Auf jeden Fall. Zumindest, wenn es um heikle Dinge geht wie Personalentscheidungen, Zuteilungen, Prüfungen und dergleichen. Ein paar Bereiche gibt es aber noch, die er nicht unter seiner Fuchtel hat.« Dash schmunzelte. »Du hättest sein Gesicht sehen sollen, als er erfahren hat, dass du der Privatdetektiv bist, den wir engagiert haben.«

Cliff erzählte Dash von URLybirds und seiner Liste mit verärgerten oder möglicherweise verärgerten Kunden. Dash hörte aufmerksam zu, schüttelte dann aber den Kopf. »Cliff, ich ahne, worauf du hinaus willst, aber die Kunden reagieren nicht immer, wie man es erwarten würde«, meinte er. »Ich will dir mal eine Geschichte erzählen. In den achtziger Jahren haben wir das Portfolio einer Dame namens Beatrice Honeycutt betreut, Gott hab sie selig. Sie hatte jede Menge Festverzinsliche im Depot – Industrieanleihen, Ginnie Maes, Schatzwechsel, die ganze Palette. Nun, der Rentenmarkt erlebte einen Höhenflug und irgendwann 1984 tauchte sie auf, um sich mit ihrem Portfolio-Manager zu unterhalten – Bob Hoogstratten, weißt du noch?«

»Na klar«, sagte Cliff. »Wie könnte ich den alten Bondo Bob vergessen?«

»Jedenfalls war sich Hoogstratten seiner Sache sehr sicher. Er konnte auf dem Rentenmarkt Rekorderträge vorweisen, und die alte Dame Honeycutt verdiente dabei nicht schlecht. Er hatte ihr Geld größtenteils in Papiere mit längeren Laufzeiten gesteckt, was ideal ist, wenn die Zinsen sinken. Daher nahm er an, sie sei gekommen, um ihm zu dem Wunder zu gratulieren, das er vollbracht hatte. Doch sie hatte kaum sein Zimmer betreten, da fing sie schon an, ihn anzuschreien. Sie hatte da eine

Staatsanleihe im Bestand und lamentierte: ›Dieses Papier bringt nur 8 Prozent Rendite. Vor zwei Jahren hat es noch 14 Prozent gebracht!‹ Nun, Hoogstratten versuchte ihr zu erklären, dass der Rückgang der Rendite auf den Kursanstieg zurückzuführen war, doch sie begriff es nicht. Sie sah nur die niedrige Rendite, obwohl ihr Portfolio stetig angewachsen war und sie gut daran verdiente.«

Cliff prustete. »Wie gut, dass sie nicht mehr erleben musste, wie die Staatsanleihen auf 5 Prozent absackten«, meinte er.

»Was ich eigentlich sagen will, ist, dass man niemals wissen kann, was einem Kunden gegen den Strich geht«, sagte Dash.

»Hört, hört!« mokierte sich Cliff.

»Und wie ist es Bondo Bob ergangen?« fragte Trace.

»Nun, nicht gut, fürchte ich«, fuhr Dash fort. »Ein paar Jahre später wagte er mit ein paar anderen einen Vorstoß ins institutionelle Geschäft. Sie legten der Pensionskasse des Staates Georgia eine Präsentation vor, soweit ich weiß. Es lief wohl alles ganz gut, bis eines der Ausschussmitglieder fragte, ob Rutherford & Hayes auch Durationsanalyse betriebe.«

»Aber natürlich betreiben wir Durationsanalyse«, warf Cliff ein.

»Sicher, du und ich, wir wissen das«, sagte Dash. »Aber dieses Ausschussmitglied wollte nur zeigen, dass er wusste, was Duration war, nichts weiter.«

»Was ist denn Duration?« fragte Trace.

»Möchten Sie die Algebra I-Version oder die Infinitesimalvariante?« fragte Cliff.

»Algebra I, Sie Angeber«, entgegnete Trace. »Noch lieber wäre mir aber ein Punktbildchen.«

»Also gut«, setzte Cliff an. »Die Duration einer Anleihe ist ein gewichteter Durchschnitt, der die Dauer der Kapitalbindung anzeigt. Der Zeitraum bis zu jeder Zahlung wird gewichtet anhand des auszuzahlenden Betrages, wobei die Kapitalrückzahlung am Ende der Laufzeit mit berücksichtigt wird. Wenn es sich also um eine Nullkuponanleihe handelt, einen so genannten Zero-Bond, dann entspricht die Duration der gesamten Laufzeit. Haben wir es dagegen mit einer herkömmlichen Anleihe mit halbjährlicher Zinsauszahlung zu tun, ist die Duration weitaus kürzer als die Laufzeit – bei 30 Jahren Laufzeit vielleicht 10 Jahre. Je höher der Anleihezins, desto kürzer die Duration, was bedeutet, dass man eher an sein Geld kommt.«*

»Danke für die idiotensichere Erklärung«, sagte Trace.

»Wie dem auch sei«, fügte Dash hinzu. »Hoogstratten hätte die Frage einfach mit ja oder nein beantworten können, doch stattdessen sagte er: ›Ja, wir haben da im New Yorker Büro ein Mädel sitzen, die kümmert sich um sowas.‹ Und da lehnte sich eines der weiblichen Ausschussmitglieder in ihrem Stuhl zurück und fragte mit diesem gedehnten Südstaatenakzent: ›Und dieses *Mädel*, hat das wohl auch einen Namen?‹«

»Damit war die Sitzung gelaufen«, fuhr Dash fort. »Danach hat es nicht mehr lange gedauert, bis Cummings Hoogstratten den Laufpass gegeben hat.«

»Das war ja zu erwarten«, sagte Cliff. »Bei Cummings kommt der Kunde stets an erster Stelle, der Mitarbeiter vielleicht an zweihundertster.«

»Und das ist immer noch so, wie man sieht«, meinte Dash.

»Was willst du damit sagen?« fragte Cliff.

* Hätte Trace auf die Infinitesimalvariante bestanden, so hätte ihr Cliff prompt erzählt, dass die Duration dem negativen Wert der Ableitung der Kurs-Rendite-Funktion entsprach. Die Duration einer Anleihe verrät also, wie sehr sich der Kurs einer Anleihe in Reaktion auf Veränderungen der Zinssätze verändert, ein Grundpfeiler des Anleihemanagements. Doch er wollte Dash nicht zu lange unterbrechen.

»Du weißt es noch nicht?«

»Was soll ich wissen?«

»Hughie Szabo ist entlassen worden«, berichtete Dash.

»Wer zum Teufel ist Hughie Szabo?« fragte Cliff.

»Ja, hab mir fast gedacht, dass du ihn nicht kennst«, sagte Dash. »Er war nur neun Monate hier. Er hat mit Kommunalobligationen gehandelt, du weißt schon, mit Triborough Bridge & Tunnel, MTA Bonds und solchen Sachen. Offensichtlich hatten sich ein paar Kunden über die Kurse beschwert, die sie bekamen, und da hat man von ganz oben einen Blick in seine Unterlagen geworfen. Das war's dann.«

»Aber unser Problem ist ganz anders gelagert«, warf Trace ein. »Ich habe erst gestern eine Kundin kennen gelernt, die nicht einmal mit der Wimper gezuckt hat, als Hooperman ihr mit URLybirds mehrere tausend Dollar in den Sand setzte.«

Als Cliff URLybirds zum ersten Mal erwähnt hatte, hatte er schon gedacht, dass Dash seine gute Laune verlieren könnte. Doch diesmal reagierte er kaum. »Nicht gerade einer der großen Erfolge von Rutherford & Hayes«, meinte er. »Wenn Hooperman deshalb ermordet wurde, dann wird's hier wohl bald noch ein paar Leichen geben.«

Weder Trace noch Cliff konnten sagen, ob er das ernst meinte.

Kapitel 6

Sean Cummings gehörte zu den Männern, die früh eine Glatze bekommen und dann 25 Jahre lang gleich aussehen. Genauso war es mit seiner Karriere. Wenn man von seinem Ferienjob als Trainer für Bogenschießen auf einer Jugendfreizeit einmal absah, war Rutherford & Hayes sein erster und einziger Arbeitgeber.

Er hatte als Portfolio-Assistent angefangen, als man noch für jeden Kauf oder Verkauf vielfarbige Formulare mit vier Durchschlägen ausfüllen musste. Seine Vorgesetzten waren beeindruckt von seiner Liebe zum Detail. Man übertrug ihm die Verantwortung für die Materialversorgung. Das hieß im Grunde, er musste sich darum kümmern, dass überall genügend Glühbirnen und Klebezettel zur Verfügung standen, um einen reibungslosen Arbeitsablauf zu gewährleisten. Doch Cummings hatte es weit gebracht. Als geschäftsführender Direktor des Unternehmens saß er nun in einem Eckbüro im 22. Stock. Seit über zehn Jahren war er Teilhaber bei R&H.

Hinter seinem Rücken wurde Cummings »Flauschi« genannt, doch nicht etwa, weil er etwas Kuschliges, Weiches an sich hatte. Die Leute bei R&H dachten nur, sein Hang zur Pedanterie hinge womöglich damit zusammen, dass er die Firma für einen potenziellen Verkauf aufrüschen wollte. Cliff hielt diese Theorie für ausgemachten Blödsinn. Es stimmte schon, sollte R&H jemals aufgekauft werden, dann konnte Cummings sich den Rest seines Lebens seinen Hobbys widmen. Doch für jemanden, der erst richtig auflebte, wenn er Firmenintrigen spinnen konnte, musste das eine entsetzliche Perspektive sein. Schließlich verschaffte ihm sein Beruf die Möglichkeit, jeden Tag mit echten Menschen *Stratego* zu spielen.

»So, so, Cliff Cavanaugh. Der neue Sherlock Holmes höchstpersönlich. Darf ich fragen, welcher Wind Sie hierher geweht hat?«

»Ich wollte nur mal vorbeischauen«, sagte Cliff und steckte den Kopf durch die Tür. Eine der von Cummings eingeführten Neuerungen bei der Büroeinrichtung war, dass alle Wände durch Glasscheiben ersetzt worden waren, damit keiner sich einem anderen unbemerkt nähern konnte.

»Schon komisch, dass Sie sich gerade jetzt hier blicken lassen, wo Hooperman tot ist«, bemerkte Cummings.

»Sie sind ja bestens informiert, Sean«, sagte Cliff. Cummings wurde nicht gern beim Vornamen genannt. Für seinen Geschmack klang das zu weich. Allerdings war es immer noch besser als »Flauschi«.

»Darf ich Ihnen meine Mitarbeiterin vorstellen, Tracy de Grandpre?«

Cummings kam ihnen entgegen. Seine charakteristisch großen Schritte wollten nicht recht zu seinen engen Hosen passen. Er wirkte beinah O-beinig. Er setzte sein freundlichstes Lächeln auf und streckte die rechte Hand aus. »Sean Cummings, sehr erfreut.«

»Ich habe schon viel von Ihnen gehört«, sagte Trace.

Cummings warf Cliff einen kurzen Blick zu und bat sie dann herein. Platz war genug, so viel stand fest. Cummings Schreibtisch stand am anderen Ende des Raumes. Dahinter eröffnete sich im 220-Grad-Winkel eine Aussicht über das untere Manhattan und Staten Island. Nur vom Cockpit einer DC-9 aus hätte man einen schöneren Blick gehabt. Zwischen der Tür und dem Schreibtisch befand sich eine Sitzecke mit vier schwarzen Ledersesseln, einem rotblauen Karastan und einem Tisch, der aus einer zweieinhalb Zentimeter dicken massiven Glasplatte gefertigt war, gestützt von zwei kupfernen Replikaten der *Vertebrae* von Henry Moore.

»Heißt ›vorbeischauen‹ in diesem Fall, dass Sie mich verhören möchten?« witzelte Cummings. »Soll ich vielleicht lieber meinen Anwalt rufen?«

»Bisher stehen Sie nicht unter Verdacht«, sagte Cliff. »Eigentlich habe ich nur eine einzige Frage.«

»Schießen Sie los«, entgegnete Cummings. »Oder sollte ich auf diese Formulierung lieber verzichten, wo es sich doch um Ermittlungen im einem Mordfall handelt?«

»Sehr witzig«, meinte Cliff. »Aber Sie dürfen sich ruhig weiter lustig machen, solange Sie mir verraten, warum Hoopermans Kunden ausgerechnet an Dave Lenci und Ginny Truesdale gingen.«

Der versteckte Seitenhieb war Cummings nicht entgangen. Er behauptete in der Öffentlichkeit immer gerne, dass jeder Mitarbeiter von Rutherford & Hayes mindestens so sauber sei wie Warren Buffett kreditwürdig. »Das klingt, als seien Sie recht verzweifelt, Cavanaugh.«

»Verzweifelt? Kaum. In sechs Monaten können Sie mich vielleicht verzweifelt nennen. Für den Moment bin ich nur neugierig.«

»Nun, ich stelle höchst ungern Ihren kriminalistischen Spürsinn in Frage,« erklärte Cummings, »doch es gibt einen ganz einfachen Grund dafür, dass Lenci und Truesdale Hoopermans Kunden übernommen haben: Sie haben die besten Leistungen gezeigt. Und das ist alles.«

Mit »Leistungen« meinte Cummings, dass Lenci und Truesdale zuverlässig hohe Provisionen erwirtschaftet hatten, weshalb sie bei gefragten Neuemissionen vorrangig bedient wurden und naturgemäß auch bei der Verteilung der Konten eines ermordeten Kollegen. Das war eine der vielen Ausprägungen des »Geld-kommt-zu-Geld«-Stücks, das in der Welt der Börsenmakler inszeniert wurde.

»Arbeitet ihr hier immer noch mit festen Provisionen?« fragte Cliff.

»Nicht mehr so viel wie damals, nein. Drei Viertel unserer Portfolio-Manager berechnen stattdessen einen Prozentsatz des verwalteten Betrages. Das war vermutlich die nachhaltigste der jüngsten Veränderungen in unserem Geschäftsgebaren. So oder so, die beiden waren die erfolgreichsten Manager und haben Hoopermans Kunden verdient.«

»Ich habe nie etwas anderes behauptet«, betonte Cliff. »Ich versuche nur, Informationen zu bekommen. Ich will niemanden verdächtigen. Ginny Truesdale kenne ich ja nicht einmal.«

»Truesdale? Sie ist Engländerin, etwas älter als Sie und ich. Eher stämmig, mit grauen Schläfen. Ein wenig steif und sehr korrekt – typisch britisch eben.«

Trace bemerkte, sie habe vor ein paar Minuten im Börsensaal eine Frau gesehen, auf die diese Beschreibung passe. Cliff fühlte sich eher an Stonehenge erinnert.

»Ich will nicht unhöflich sein, Cavanaugh, doch ich bezweifle, dass einer von den beiden Hooperman getötet hat, nur um an seinen Kundenstamm zu kommen.«

Cliff spürte, wenn jemand log. Möglicherweise hatten Lenci und Truesdale wirklich nichts mit dem Fall zu tun, doch ganz sicher fiel es Cummings nicht schwer, unhöflich zu werden.

»Nun ja, ich habe da so eine vage Theorie«, sagte er.

»Zu der Sie mich gerne befragen möchten?«

»Genau«, sagte Cliff. »Wenn jemand ermordet wird, sucht man nach einem Motiv, richtig?«

Cummings nickte.

»Das Schwierige dabei ist aber, dass die Menschen, die nach Motiven suchen, keine Mörder sind. Was ich sagen will, ist, dass wir jede winzige Facette der zwischenmenschlichen Beziehungen eines Menschen beleuchten könnten und zu dem Schluss kämen, dass es durch nichts gerechtfertigt war, ihn zu töten. Dabei vergessen wir, dass *wir* überhaupt niemanden töten würden, aus *keinem* Grund der Welt. Trotzdem ist und bleibt das Opfer tot. Jemand hat es getötet, das steht fest – ob wir die Gründe dafür verstehen oder nicht. Bis wir bei jemandem im Schreibtisch die Mordwaffe entdecken, gilt also, dass es einfach jeder gewesen sein könnte, der auf Hooperman sauer war, als er noch lebte, oder der davon profitiert, dass er jetzt tot ist.«

»Mag sein, Cavanaugh«, entgegnete Cummings. »Aber ich möchte Sie warnen. Irgendwelche falsche Anschuldigungen gegen einen unserer Portfolio-Manager oder einen anderen Mitarbeiter, und Ihr Vorschuss wandert für ewige Zeiten auf ein Treuhandkonto. Haben wir uns verstanden?«

»Bezieht sich das auch auf Hughie Szabo?«

»Woher wissen Sie von Szabo?«

»Dash Quillen hat es mir gerade erzählt. Gibt es da vielleicht noch mehr, was ich wissen sollte?«

»Nur, dass er durch jemanden ersetzt wurde, der weiß, was er tut.«

»Das ging ja flott«, meinte Cliff.

»Das geht es immer«, stellte Cummings fest. »Die Leute hier wissen sehr genau, dass sie ganz schnell weg vom Fenster sind, wenn sie nicht funktionieren.«

Cliff konnte sich einer gewissen Bewunderung für Cummings nicht erwehren. Er war ein Mann, der kein Fünkchen

Moral im Körper hatte und doch einen völlig korrekten Eindruck erweckte, wenn man die Resultate seiner Tätigkeit bei Rutherford & Hayes betrachtete. Vor seiner Zeit hatte man noch eher einen Schwarzen auf einem Neil-Diamond-Konzert getroffen als im Handelssaal von R&H. Doch Cummings hatte erkannt, dass der konservative, weiße Klüngel seiner Vorgänger schlecht fürs Geschäft war. Also zeigte er sich reformbereit. Oder Bondo Bob Hoogstratten. Hätte er seiner Sekretärin nachgestellt, sie angegafft oder sonstwie belästigt, es hätte Cummings völlig kalt gelassen. Doch weil er durch seinen Ausrutscher R&H einen wichtigen institutionellen Kunden vergrault hatte, musste Bondo gehen, und Cummings stand gut da, scheinheilig ins Mäntelchen des Progressiven gehüllt. Von seiner Machtposition gar nicht zu reden.

»Ich verstehe«, sagte Cliff.

»Was für eine Führungspersönlichkeit«, meinte Trace, als sie mit Cliff in den Aufzug stieg, um hinunter zu fahren. Sie fragte sich beiläufig, ob Jason Alexander* vielleicht an der Hauptrolle in der *Sean Cummings Story* interessiert wäre, falls es überhaupt einen Markt gab für einen solchen Film. 15 Minuten Small Talk hatten ihr, dem Publikum, vollauf genügt.

»Cummings ist ein Spieler, so viel ist sicher«, sagte Cliff.

»Haben Sie gesehen, was er mit seiner Nase gemacht hat?«

»Was meinen Sie?«

»Na, so«, sagte Trace und spannte die Muskeln auf der Oberlippe an. Durch den Druck nach unten bildeten sich auf ihrem

* Amerikanischer Filmschauspieler (Anm. d. Red.).

Nasenrücken zwei weißliche Flecken. Gleichzeitig stülpten sich ihre Lippen auf und eine schreckliche Sekunde lang sah die unvergleichliche Tracy de Grandpre aus, als stamme sie direkt vom Cro-Magnon-Menschen ab.

Einen Augenblick war Cliff versucht, sein Jackett über die Überwachungskamera zu werfen. Sollte Trace einmal groß herauskommen, wären diese Aufnahmen ideales Material für einen Erpresser. Und man wollte doch den Wachmann Nicky nicht in Versuchung und so auf den Pfad des Verbrechens führen. Doch da hielt der Aufzug und mehrere R&H-Leute traten ein. Trace und Cliff standen zusammengedrängt in einer Ecke.

Cliff fragte leise: »Und das hat Cummings wirklich gemacht?«

»Hundert Pro«, flüsterte Trace zurück.

»Wäre mir nie aufgefallen«, sagte Cliff. »Vermutlich habe ich mich zu sehr darauf konzentriert, unverfänglich zu wirken. Ich war heute richtig gut, finden Sie nicht?«

»Ja, Sie waren gut in Form. Aber die Nase hat er nicht Ihretwegen verzogen«, sagte Trace.

»Weshalb dann?« fragte Cliff.

»Oh, einfach so«, erklärte Trace.

»Einfach so? Nein, Trace, ich fürchte, da haben Sie sich geirrt. Wir sprechen hier von einer der ganz großen passiv-aggressiven Figuren unserer Zeit. Bei ihm ist alles Berechnung. Da passiert nichts zufällig, niemals.«

Trace war offensichtlich verwirrt. »Aber er hat doch auch einfach so mit uns gesprochen, oder?« fragte sie.

»Ganz so war das nicht«, widersprach Cliff. »Sobald er mich sah, ist sein Ego mit ihm durchgegangen. Er hat sicher angenommen, dass es mir maßlos stinken muss zu sehen, wie erfolgreich er ist. Und das wollte er auskosten.«

»Und, hatte er Recht?«

»Ist nicht wichtig. Wann hat er denn nun seine Nase gerümpft?«

»Ich sage Ihnen doch, dass es einfach so passiert ist. Das erste Mal – oh, nein, das ist wirklich zu blöd.«

»Wann?«

»Es war, als ich mein albernes Fehlerkonto erwähnte.«

»Sie haben Ihr Fehlerkonto erwähnt, und Cummings Nase fing an zu arbeiten?«

»Genau.«

Cliff begann zu strahlen wie der Reaktor von Tschernobyl. »Trace, Sie sind ein Genie.«

»Bin ich das?«

Der Aufzug hatte die Eingangshalle erreicht, einen großzügigen, offenen Raum aus glänzendem, orangefarbenen Marmor. Sie drängten sich durch die Menschenmenge und setzten ihre Unterhaltung fort, als sie neben den von R&H dominierten Firmenwegweisern angekommen waren. Cliff grinste immer noch.

»Ganz sicher sind Sie das. Was glauben Sie wohl, woher der Begriff Fehlerkonto kommt?«

»Ehrlich gesagt habe ich nicht gewusst, dass es diesen Begriff überhaupt gibt.«

»Ist aber so. Ich will es Ihnen an einem Beispiel erklären«, sagte Cliff. »Nehmen wir an, ein Kunde ruft an und ordert eine gefragte Neuemission, doch dann stürzt die Aktie gleich nach der Börseneinführung ab. Persönliches Pech, nicht wahr?«

»Vermutlich«, meinte Trace. »Was sonst?«

»Und genau das ist der Haken. Jeder Broker kann Ihnen von Leuten erzählen, die hinterher ankommen und erzählen, dass sie die Aktie ja eigentlich gar nicht wollten. Selbst wenn das alles ausgemachter Unsinn ist, findet so eine Beschwerde manchmal ihren Weg bis auf Cummings' Schreibtisch. Und für ihn ist es auf jeden Fall einfacher, das Fehlerkonto des Brokers zu belasten, als die Glaubwürdigkeit eines Kunden in Frage zu stellen. Für einen Broker geht das rasch in die Tausende.«

»Ist Ihnen das auch passiert?«

»Kurz bevor ich R&H 1995 verlassen habe, hat mich ein Klient angerufen und Aktien der Catering-Firma Sysco geordert. Ich habe ihn missverstanden und habe stattdessen Aktien von Cisco Systems gekauft. Der Kunde hat offensichtlich keinen Blick auf die Bestätigung geworfen, die wir ihm geschickt haben, sodass der Fehler erst bemerkt wurde, als ich bereits weg war. Ein echtes Problem war das nicht, denn meine Cisco waren weit höher geklettert als seine, doch durch die Mechanismen des Fehlerkontos konnte er sich gratis noch ein paar der besten Cisco-Aktien am Markt sichern. Seither richtet man sich bei R&H immer auch nach Tickersymbolen, nicht nur nach dem Namen, denn SYY und CSCO kann man kaum verwechseln.«

»Verstehe«, sagte Trace. »Ich habe aber von meinem Fehlerkonto gesprochen, nicht von dem eines Maklers.«

»Klar, aber das konnte Cummings nicht wissen.«

»Wollen Sie damit andeuten, dass er dachte, ich redete von einem Fehlerkonto, um ihn damit aus der Reserve zu locken? Ist er wirklich dermaßen paranoid?«

Aus Cliffs Blick sprach die blanke Verachtung.

»Ich ziehe die Frage zurück, Euer Ehren.«

»Schon besser«, meinte Cliff. »Denken Sie immer an die wichtigste Regel im Umgang mit unheilbar Passiv-Aggressiven: Sie werden *nie* davon ausgehen, dass irgendetwas von dem, was Sie sagen, zufällig ist, denn sie selbst würden nie etwas zufällig erwähnen. Cummings musste annehmen, Sie wüssten etwas über irgendein Fehlerkonto, denn weshalb hätten Sie sonst davon sprechen sollen?«

»Aber was war das andere Mal der Auslöser? Da habe ich nur

erzählt, dass ich Ginny Truesdale kurz vorher gesehen hatte. Weshalb sollte Cummings denn darüber die Nase hochziehen?«

»Keine Ahnung. Aber wie ich schon sagte, er hat es ganz bestimmt nicht ohne Grund getan.«

Kapitel 7

Wenn man einen echten Künstler suchte, dann war Edgar Piello erste Wahl, keine Frage. Er strebte nach Perfektion, und er ließ nicht locker, bis er sein Ziel erreicht hatte. Zum Investor war er deshalb denkbar ungeeignet, denn er würde sicher nie etwas finden, das gut genug für ihn war, um es zu kaufen. Er wäre sicher dann obenauf, wenn die Kurse schwächelten, und stets in bester Position für den Fall eines Crashs, doch in der übrigen Zeit würde er außen vor bleiben wie ein unschlüssiger Kunde beim Räumungsverkauf. Immerhin wusste Edgar um seine Stärken und Schwächen und verlegte sich auf das, was er am besten konnte. Er war dabei sogar gelegentlich zu Zugeständnissen bereit, wenn er einen besonders eiligen Kunden hatte.

Er strahlte, während er seinem Meisterwerk den letzten Schliff verlieh. »*Voilà*!« rief er. »Sie sind nicht wiederzuerkennen.«

Trace blickte in den Spiegel und musste ihm Recht geben. Ihre blonde Perücke sah original aus wie die der berühmten Schauspielerin Mamie van Doren in *High School Confidential*. Der Lidschatten schimmerte im selben Türkisblau wie das Meer um die Bermudas. Sie trug falsche Wimpern, die sich wölbten wie eine Reihe übergroßer Gänsefüßchen. Und was das Tollste war, sie hatte keine Sommersprossen mehr. Nicht eine einzige. Dafür hatte Edgars House-of-Pancake-Makeup gesorgt.

Dave Lenci hatte keine Chance.

»Sehr erfreut, Miss Steinbach.«

»Oh, bitte, nennen Sie mich doch Sandy«, sagte Trace. »Und das Vergnügen ist ganz auf meiner Seite, Mr. Lenci. Verzeihen Sie, dass ich mich verspätet habe.«

»Aber das macht ganz und gar nichts, Sandy. Bitte nehmen Sie doch Platz. Darf ich Ihnen einen Kaffee bestellen? Oder Tee? Perrier?«

Trace dachte an das, was Cliff erzählt hatte – dass bei R&H der Kunde stets König war. Offensichtlich hatte er nicht übertrieben. Und die Moral: Wenn man 3 Millionen Dollar auf der Bank hatte und einen professionellen Vermögensverwalter einstellen wollte, wurde man auch dann noch überschwänglich willkommen geheißen, wenn man sich 20 Minuten verspätete. Das musste man sich merken. Dabei genügte es, wenn die andere Seite lediglich *annahm*, dass man 3 Millionen auf dem Konto hatte.

Sie sah sich in Lencis Büro um. Es war zwar nichts daran auszusetzen, doch an das von Sean Cummings reichte es lange nicht heran. Der Schreibtisch war ein herkömmliches Modell aus Kirschholz und bedeckt mit einer bunten Mischung aus Unternehmensberichten und Schnellheftern. Rechts davon befand sich ein Bücherregal mit Titeln wie *Standard & Poor's Dividend Records, Moody's Credit Reports, Value Line Investment Survey* und *Nelson's Guide to Institutional Research.* Also alles Trockene und Langweilige, was der Markt hergab.

Vorne auf dem Schreibtisch stand ein Schild mit der Aufschrift: »Theodore D. Lenci, Anlageberater.«

Lenci war groß, dunkelhaarig und in den Fünfzigern – oder anders gesagt, wie es in der Reklamebroschüre von Rutherford & Hayes heißen mochte, er verfügte über 25 Jahre Investment-Erfahrung. Er hatte kein Gramm Speck auf den Rippen, doch sah nicht eben aus wie das blühende Leben. Sein Gesicht hatte einen austernfarbenen Grauton, als hätten seine Kapillargefäße im Zuge der Midlife-Crisis die Arbeit eingestellt. Zu viele Stunden am Schreibtisch und zu wenige Tae-Bo-Fitnesskassetten. Böse Zungen sagten, seine körperliche Betätigung beschränke sich darauf, dass er alle Geldautomaten südlich der Fulton Street ablaufe, um das Rascheln der Scheine zu hören.

Jetzt, wo Kyle Hooperman nicht mehr da war, stand Lenci als bester Mann an der Front. Niemand ging so weit zu behaupten, dass er Hooperman das Wasser reichen konnte, doch er war ein begnadeter Verkäufer und verstand es meisterlich, sich auf seine Kunden einzustellen. Wollte ein Kunde wertorientiert investieren, war Lenci der Fachmann für konservative Geldanlage. Suchte der Kunde dagegen moralische Unterstützung, konnte Lenci hingebungsvoll Händchen halten. Im Laufe der Zeit legte sich Lenci weitaus mehr verwandte Geister zu als das Netzwerk der Freunde der Parapsychologie, nur dass es sich in seinem Fall durchweg um zahlende Kunden handelte. Er lebte das ganze Jahr über in einem atemberaubenden Haus am Wasser in Sands Point, das er mit seiner freigeistigen Frau, zwei unerzogenen Kindern und zahllosen Anrufen nervöser Klienten teilte. Lenci galt als der Einzige, der es zu Porträts in so verschiedenartigen Publikationen wie dem *Architectural Digest, Smart Money* und *Negligent Fathers* gebracht hatte.

»Ging ganz schön zur Sache an der Börse heute, aber ich habe nicht schlecht abgeschnitten«, sagte er lächelnd. »Mein Bildschirm mag dunkel sein, meine Stimmung ist es nicht.« Er deutete betont auf den Quotron hinter sich. Auf dem Schirm wurden steigende Aktien blau, fallende rot dargestellt. Trace konnte zwei rote und 30 bis 40 blaue Symbole erkennen. Gar kein schlechtes Ergebnis, insbesondere an einem mauen Tag wie diesem. Es war kurz nach vier, und der Dow hatte mit 200 Punkten Verlust geschlossen.

»Die Federal Reserve spricht von einer Zinserhöhung, was den Finanzwerten ganz schön zugesetzt hat«, fuhr er fort. »Wir waren bereits vor Wochen ausgestiegen, sodass wir kaum betroffen waren. Das ist die Maxime von Rutherford & Hayes – immer einen Schritt voraus zu sein.«

»Nun«, sagte Trace, »wie ich schon am Telefon gesagt habe, möchte ich mein Geld gerne langfristig wachstumsorientiert anlegen. Ein gewisses Maß an Risiken will ich dabei gerne eingehen. Es macht mir auch nichts, wenn es zwischendurch mal nicht so läuft.«

»Das ist eine ausgezeichnete Einstellung, die ich absolut teile«, sagte Lenci. »Ihr Onkel hätte das sicher gutgeheißen.«

»Mein Onkel? Oh, ja natürlich. Er war einer der klassischen langfristigen Investoren der alten Schule«, sagte Trace. Einen Augenblick lang hatte sie ganz vergessen, dass sie ihren plötzlichen Reichtum ihrem Onkel Harold verdankte, der bei einem tragischen Ballonunfall in Feuerland umgekommen war.

»Ich habe da aber ein paar Fragen, die ich gerne beantwortet hätte. Ich hoffe, sie sind nicht allzu dumm«, sagte Trace.

»Ein Kunde kann gar keine dummen Fragen stellen«, antwortete Lenci.

»Warten Sie, bis Sie meine gehört haben«, entgegnete Trace. Sie zog ein lavendelfarbenes Notizbüchlein aus der Handtasche. Darin hatte sie sich handschriftlich notiert, was sie mit Cliff abgesprochen hatte. »Also gut, zuerst hätte ich gern gewusst, wo das Geld eigentlich hinkommt, wenn Sie eine Aktie kaufen.«

»Das Geld? Wo es hinkommt?«

»Genau. Wer bekommt es?«

»Nun ja, es geht an die Person, von der Sie die Aktien kaufen«, sagte Lenci. »Das ist die Aufgabe der Börse. Sie bringt Käufer und Verkäufer zusammen.«

»Und wenn nun ein Unternehmen erstmals Aktien emittiert?« fragte Trace. »Dann kaufe ich sie doch nicht von einem Verkäufer, oder?«

»Nein, in diesem Fall nicht. Ihr Geld geht dann direkt an das Unternehmen. Interessieren Sie sich für IPOs?«

»IPOs?« wiederholte Trace.

»Initial Public Offerings – das erste öffentliche Zeichnungsangebot für eine Aktie«, erklärte Lenci.

Lencis stoischer Gesichtsausdruck wirkte auf Trace wie Sekt. Wirklich, man konnte seinen Nachmittag kaum angenehmer verbringen, als inkognito 3 Millionen Dollar auszugeben. Für 20 Millionen Dollar würde sie vermutlich sogar auf die Frage, wer den amerikanischen Bürgerkrieg gewonnen habe, eine ernsthafte Antwort bekommen.

»Oh ja, ich interessiere mich ganz bestimmt für IPOs«, sagte Trace.

»Die damit verbundenen Risiken machen Ihnen keine Sorgen?«

»Überhaupt nicht. Sehen Sie, ich stelle mir das so vor. Wenn eine Firma an die Börse geht, dann wird sie bewertet, nicht wahr? Vielleicht mit 10 Dollar je Aktie bei 15 Millionen Aktien, richtig?«

»Das ist durchaus möglich, ja.«

»Das bedeutet also, der Markt schätzt den Wert des Unternehmens auf 150 Millionen Dollar, nicht wahr?«

»Da kann ich nicht widersprechen.«

»Aber da hat das Unternehmen das Geld doch noch gar nicht. Für mich heißt das, dass die Aktie doch nur steigen kann, wenn der Börsengang gelaufen ist, denn dann hat die Firma 150 Millionen Dollar auf der Bank, die sie vorher nicht hatte.«

Lenci wusste, dass Trace hier nicht ganz richtig rechnete. Zum einen erhielten die Mitglieder des Bankenkonsortiums, das den Börsengang vorbereitete und begleitete, üblicherweise eine Provision in Höhe von 7 Prozent der Gesamtsumme. Manchmal stießen dann noch Firmenangehörige Aktienpakete ab, um etwas von dem Geld in die eigene Tasche zu stecken, das an sich für die Firma bestimmt war. Was Trace hier ansprach, war die Differenz zwischen der Bewertung »vor« und »nach dem Geld«, die der Markt normalerweise einräumt. Ganz Unrecht hatte sie damit nicht. Mit dem Börsengang gewinnt ein Unternehmen nicht nur an Geld, sondern auch an Schwung, und wenn das Geld richtig verwendet wird, um so besser.

»Gut beobachtet. Ich muss Sie jedoch darauf hinweisen, dass es nicht immer ganz so funktioniert«, sagte Lenci.

»Aber es hat doch schon so viele IPOs gegeben, die wahre Höhenflüge zur Folge hatten!« wandte Trace ein. »Ich habe von Leuten gehört, die ihr Geld über Nacht verdreifacht haben, nur weil sie rechtzeitig eingestiegen sind. Wollen Sie mir etwa sagen, dass das für mich nicht möglich wäre?«

»Nein, nein, ich möchte Sie lediglich darauf aufmerksam machen, dass es hier auch einmal die eine oder andere Enttäuschung geben kann.«

»Wie bei URLybirds?«

»Ja, genau. Das ist ein Paradebeispiel für einen Börsengang, der nicht den gewünschten Verlauf genommen hat.«

Trace lauerte auf ein verräterisches Zucken, konnte jedoch nichts dergleichen entdecken. Entweder hatte er nie URLybirds-Aktien gekauft oder seine schauspielerische Leistung war oscarverdächtig.

Lenci fuhr fort: »Sie sollten sich aber darüber im Klaren sein, dass auch bei den vielversprechendsten Neuemissionen nur eine begrenzte Zahl von Anlegern ganz zu Anfang mit dabei ist. Die meisten neuen Aktien gehen an Institutionen und an Geschäftsfreunde. Für den Kleinanleger bleibt da nicht viel.«

»Wer spricht denn hier von Kleinanlegern?« fragte Trace.

»Nun«, setzte Lenci an und sah hilfesuchend auf seinen Schreibtisch hinab, als könne er hier die richtigen Worte finden. »Sehen Sie, Sie sind ein Kleinanleger – ein Einzelanleger.«

»Bin ich das?« fragte Trace. »Oh je, das war mir gar nicht bewusst. Na ja, man hat mir schon schlimmere Dinge gesagt.«

Lenci lachte. »Wie ich sehe, haben Sie Sinn für Humor. Bitte verstehen Sie mich nicht falsch, Ihr Anlagekapital ist durchaus beträchtlich, doch wir haben Kunden mit weitaus größeren Konten, die sich bei jeder Neuemission wieder fragen, warum sie nichts abbekommen haben. Glauben Sie mir, wenn es nach mir ginge, wären sie immer mit von der Partie, aber die fundamentalen Gesetze von Angebot und Nachfrage kann ich nun mal nicht beeinflussen. – Hatten Sie daran gedacht, uns Ihr Konto zu treuen Händen zu übertragen, oder möchten Sie in die Anlageentscheidungen einbezogen werden?« fragte er.

»Oh, ich möchte gerne einbezogen werden«, entgegnete Trace. Lencis Schultern sackten unmerklich ab. Trace schloss daraus, dass ihm die erste Variante lieber gewesen wäre. »Der Kontakt ist mir wichtig. Wenn ich das direkte Gespräch mit meinem Anlageberater scheuen würde, würde ich mir einfach Fondsanteile kaufen, und damit gut.«

Lenci nickte.

Trace setzte hinzu: »Ich will Ihnen ein Beispiel geben. Erst diesen Monat ist ein Freund von mir in Panik geraten, als eine

Firma namens 3-D Live Schlagzeilen machte. Kennen Sie die Aktie?«

Wieder keine Reaktion. »Oh ja. Ich habe damals deshalb mit verschiedenen Kunden telefoniert. Sie befürchteten, das Unternehmen wäre möglicherweise kein lohnendes Investitionsobjekt mehr. Und um die Wahrheit zu sagen, ich musste ihnen beipflichten.«

»Sie meinen, Sie sind nach der Arbeit noch hier geblieben, nur um Ihre Klienten auf dem Laufenden zu halten?« fragte Trace. Ihre Wimpern klapperten wie die Schnäbel eines Schwarms hungriger Kolibris, damit er auch ja merkte, wie beeindruckt sie war.

Lencis Körpersprache nach zu urteilen, war ihm das nicht unangenehm. »Das ist richtig«, sagte er. »Ich habe bis 9 Uhr abends noch mit Kunden telefoniert.«

Lenci befand sich in einer Zwickmühle. Er konnte nicht auf seine aufmerksame Betreuung hinweisen, ohne zugeben zu müssen, dass seine Kunden Geld verloren hatten. Er ging vielleicht nicht davon aus, dass Sandy Steinbach ihm hier absichtlich eine Falle stellte, doch immerhin hatte sie ihn schon einmal überrascht. Trace fragte sich, wann Lenci wohl neue Anlagestrategien entwickeln mochte, wenn er sich so ausgiebig als Seelentröster betätigte. Bei den vielen Kunden, die er zu betreuen hatte, kam es sicher an jedem Trading-Tag einmal vor, dass eine Aktie einen großen Knall verursachte.

»Natürlich waren nur wenige Kunden betroffen«, schob er nach.

»Natürlich«, sagte Trace.

»Und was hatte Linda Greer dazu zu sagen?« fragte Trace.

»Nun, sie hat mir erzählt, dass Cummings das Trading-Procedere der Firma unter die Lupe genommen hat«, sagte Cliff. »Er hat darauf bestanden, dass kein Portfolio-Manager selbst Trades in Auftrag geben darf.«

»Aber ich dachte, das wäre die Aufgabe eines Portfolio-Managers.«

»Nein, nein, was ich sagen will ist, dass alle Transaktionen über die eigenen Trader abgewickelt werden mussten, nicht über Händler am Freiverkehrsmarkt oder selbstständige Käufe.«

»Wieso?«

»Wenn die Manager selbst Trades veranlassen, dann können sie sie – zumindest theoretisch – geheim halten. Cummings wollte verhindern, dass es Rutherford & Hayes so ergehen könnte wie der Barings Bank.* Also führte er ein Verfahren ein, das den einheitlichen, nachvollziehbaren Ablauf eines jeden Geschäfts gewährleistete.«

»Willst du mir vielleicht sagen, dass Ginny Truesdale im Trading-Saal nichts zu suchen hatte?«

»So sieht es aus.«

»Mann, kein Wunder, dass das Cummings in die Nase gestiegen ist.«

»Eben«, bestätigte Cliff. »Doch eins nach dem anderen. Wie lief es mit Lenci?«

»Nicht schlecht«, meinte Trace. »Einen Hauch von dem glitzerblauen Lidschatten habe ich drauf gelassen – obwohl er streng genommen nicht zu meiner natürlichen Augenfarbe passt.«

* Der Börsenmakler Nick Leeson brach 1995 durch hochriskante Spekulationen der britischen Baring Bank in Singapur das Genick.

»Tragen Sie ihn, so lange Sie wollen«, sagte Cliff. »Nur nicht, wenn Sie bei Ginny Truesdale auftauchen, ja?«

»Keine Sorge«, sagte Trace. »Doch, ehrlich gestanden, Lenci hat eine so gute Vorstellung hingelegt, dass es kaum gerechtfertigt wäre, sich noch woanders umzuschauen. Wenn ich das Geld wirklich hätte, meine ich. Cliff, ich habe mir alle Mühe gegeben, es mir nicht anmerken zu lassen, aber der Typ hat mich beeindruckt – er hatte heute 38 steigende und nur zwei fallende Titel aufzuweisen. Ich frage mich, wie seine Bilanz an einem guten Tag aussieht.«

Cliff lachte laut auf. »Vermutlich genauso«, sagte er.

»Wie meinen Sie das?«

»Hört sich ganz nach dem alten Bobby-Vinton-Trick an«, meinte Cliff. »Blau zu blau – blue on blue.«

Trace versäumte es, die passende Zeile beizusteuern – »heartache on heartache«. Doch Cliff ging darüber hinweg.

»Ich habe keine Ahnung, wovon Sie sprechen«, sagte Trace. »Aber der Ausdruck auf Ihrem Gesicht gefällt mir überhaupt nicht.«

»Trace, wir telefonieren.«

»Na und? Ihr selbstgefälliges Grinsen kann ich bis hierher sehen. Und das Wort ›Trick‹ gefällt mir auch nicht. Wollen Sie mir etwa erzählen, dass ich hereingelegt wurde?«

»Nein, Sandy Steinbach wurde hereingelegt.«

»Richtig. Wie dumm von mir. Ich bin wohl eine bessere Schauspielerin, als ich dachte.«

»Sehen Sie, das funktioniert folgendermaßen«, sagte Cliff. »Lenci hat gesehen, dass der Markt nachgab, und das wiederum hätte den Gesprächsverlauf entscheidend beeinflussen können. So etwas konnte er doch nicht zulassen, oder? Nun, er hat gewusst, dass Sie um 16 Uhr kommen würden. Also hat er um 15.30 Uhr angefangen, Aktien herauszusuchen, die gestiegen waren. Selbst an einem schlechten Tag wie heute gab es 1 100 Gewinner und 1 800 Verlierer. Er hatte also genug blaue Aktien zur Auswahl. Ein paar davon hat er sich auf den Bildschirm geholt, selbst wenn er von manchen vorher noch nie gehört hatte. Und so hat er dafür gesorgt, dass Sie ihn für den genialen Stockpicker halten mussten.«

Trace war nachgerade verblüfft darüber, wie besessen man in der Investment-Branche versuchte, Unvermeidliches zu vertuschen. Das ganze Theater war für Lenci ebenso zweckdienlich wie das Frisieren der Gewinne für den Klüngel von URLybirds, ja, vielleicht sogar noch mehr. Bis die Kunden merkten, dass Lenci in Wirklichkeit kein Genie bei der Auswahl von Aktien war, hatte der schon drei Jahre lang die Managementgebühren kassiert.

»Hat er Ihnen verraten, was er an dem Abend getrieben hat, als 3-D Live abgestürzt ist?« fragte Cliff.

»Aber sicher, und Sie haben richtig vermutet. Angeblich hat Lenci bis gegen 21 Uhr mit Kunden telefoniert.«

»War ihm klar, dass Sie von dem Abend gesprochen haben, an dem Hooperman ermordet wurde?«

»Nein, ich glaube, er hatte keine Ahnung.«

Kapitel 8

An: CliffCav@shamus.net
Von: DickTracy77@mindspring.com
Betreff: Noch mehr Verdächtige

Cliff, drei sind abgehakt, einer steht noch aus. Hier ein paar Hintergrundinformationen über zwei weitere URLybirds-Opfer. – T.

Der Erste, mit dem ich gesprochen habe, war ein Mann namens Milton Koenig. Er lebt in der Upper West Side – ganz in Ihrer Nähe übrigens –, aber ich musste gar nicht hinfahren, weil er bereit war, mir am Telefon Auskunft zu geben. Viel mehr weiß ich allerdings auch jetzt nicht über ihn. Klingt, als wäre er Ende 50, vielleicht 60. Er ist Berufsmusiker und spielt schon seit einer Ewigkeit bei den New Yorker Philharmonikern. Und zwar Kontrafagott!
Koenig hat sich zwar als Börsenlaien bezeichnet, doch das habe ich ihm nicht abgenommen. Während wir sprachen, hörte ich im Hintergrund eine Stimme, die allerhand Aktientipps von sich gab. Erst dachte ich, der Fernseher läuft, doch er erzählte mir, es sei eines dieser Bücher auf Kassette, eine Aufnahme mit dem

Titel *This Is Not Your Father's Stockpicking Book*, angeblich 1995 erschienen. In dem Kapitel, das er gerade hörte, ging es um Aktienauswahl nach Witterungsbedingungen oder etwas ähnlich Abstruses. Jedenfalls interessierte er sich offensichtlich mehr für die Kassette als für das, was ich ihm zu sagen hatte. Ich hatte nicht den Eindruck, dass er bereit sein würde, die Kiste abzuschalten, also habe ich mich kurz gefasst.

Ich habe ihm erzählt, ich sei die Interessenvertreterin einer Gruppe von Aktionären für eine Sammelklage gegen URLybirds. Er sagte, er habe an die 40 000 Dollar mit URLybirds verloren. Er sagte weiter, dass er den Namen des Unternehmens noch nie gehört hatte, als es an die Börse ging, doch sein Konto bei Rutherford & Hayes war ein Treuhandkonto, sodass Hooperman nach Belieben schalten und walten konnte. An einer Klage wollte sich Koenig dennoch nicht beteiligen. Er erklärte, das habe er bereits einmal durchexerziert und es bringe nur Ärger.

»Hmmm«, sagte ich mir da. Ich habe noch nicht weiter nachgedacht über den Eindruck, den er auf mich gemacht hat, aber es fällt mir bestimmt noch etwas dazu ein, bevor ich diese Nachricht abschicke.

Der andere URLybird-Aktionär, mit dem ich gesprochen habe, war eine Frau namens Shari Beck, die in leitender Funktion in einem Logistikunternehmen arbeitet oder so. Sie hat einen vollen Terminkalender und ihre Sekretärin schirmt sie ab, als sei sie Mona Lisa höchstpersönlich. Aber gestern Nachmittag konnte ich ein paar Worte mit ihr wechseln. Auch sie war nicht besonders an einer Klage interessiert. Der Spaß mit URLybirds hat sie 15 000 Dollar gekostet, doch sie betonte sofort, dass sie mit einer ganzen Reihe anderer IPOs parallel dazu extrem gut gefahren sei, darunter Priceline und TheStreet.com. Sie hat mir bestätigt, dass ihr 25-jähriger Sohn Eric ebenfalls ein Konto bei Hooperman unterhielt, das allerdings nicht ganz so gut bestückt war. Er investierte mehr oder weniger in dieselben Werte wie sie. Mit diesem Eric habe ich noch nicht gesprochen, habe es aber vor. (Ups. Drei abgehakt, zwei übrig.) Aber dafür muss ich mir was anderes einfallen lassen. Sie hat mir ziemlich deutlich gesagt, dass er an einer Klage bestimmt nicht interessiert sein werde.

Das Bemerkenswerte an diesen beiden Kunden ist, wie viel ich dann noch im Gespräch mit Linda Greer über sie erfahren habe. Aber vorweg: Mit Linda hatten Sie ganz Recht. Sie weiß tatsächlich alles und erzählt es auch. Ich bin wirklich froh, dass sie auf unserer Seite ist. Sie hat mir erzählt, dass Shari Beck eine angesehene Geschäftsfrau ist und bei mehreren Fortune-500-Unternehmen leitende Positionen bekleidet. Und IPOs sind für sie kein Fremdwort. Ihr Vermögen verdankt sie größtenteils ihrer allerersten Anlageentscheidung: Im ersten Jahr nach dem College hat sie 10 000 Dollar in die Neuemission eines Unternehmens namens Intel investiert, das wohl Halbleiter herstellt. (Das war natürlich ein Witz. Ich habe zwar URLybirds nicht gekannt, aber Intel sagt mir schon etwas.)

Linda zufolge hat Shari Beck Hooperman speziell mit der Verwaltung ihres übrigen Portfolios betraut. Sie wollte die Intel-Aktien nicht verkaufen, es gefiel ihr aber auch nicht, dass so viel Kapital in dieser einen Aktie steckte. Nebenbei: Ihr Sohn Eric ist ein Einzelkind (die Becks sind geschieden). Sein Vermögen blieb ihm also ungeteilt erhalten.

Milton Koenig hat Linda Greer ihrer Aussage nach nie gesehen. Soweit sie informiert ist, ist er nicht durchs Fagottspielen reich geworden. Er stammte weder aus wohlhabendem Hause, noch war er der traditionelle Selfmademan. Linda war sich ziemlich sicher, dass er vor vielen Jahren irgendeinen größeren Prozess gewonnen hat. Das war der Grundstock für sein beachtliches Anlagekapital, das er dann Hooperman übergab.

Linda hat auch gesagt, dass Koenig Anfang 1999 in eine größere Krise verwickelt war. Begonnen hatte alles mit dem Kauf von 1 000 Aktien eines Unternehmens namens PLX Technology bei der IPO. Der Kurs lag etwa bei 10 Dollar je Aktie. Der Haken an der Sache war, dass Rutherford & Hayes keine Aufzeichnungen zu diesem Auftrag oder seiner Abwicklung hatte. Die Aktie kletterte rasch auf um die 25 Dollar, und da verkaufte Koenig. (Etwas voreilig, wie ich vermute. Linda sagte, als die ganze Sache aufs Tapet kam, war PLX Technology auf rund 50 Dollar je Aktie gestiegen.)
Und nun wurde die Geschichte brenzlig. Da Koenig nie Aktien zugeteilt worden waren, versuchte er nun, Papiere zu verkaufen, die ihm gar nicht gehörten. (Sie werden mir sicher erklären können, wie so etwas gehen soll. Es war mir zu peinlich, Linda zu gestehen, dass ich nicht die leiseste Ahnung hatte, wovon sie sprach.) Rutherford & Hayes zog sich schließlich aus der Affäre, indem man Koenig den ihm »zustehenden« Erlös von 25 000 Dollar auszahlte. Das Geld soll angeblich von Hooperman persönlich gekommen sein.
Um eins möchte ich Sie bitten: Was für Schnitzer ich mir in Zukunft auch leiste, wenn Sie mein Fehlerkonto je mit solchen Beträgen belasten wollen, müssen Sie mir vorher eine ordentliche Gehaltserhöhung geben.

Ihre hungernde Künstlerin
Trace

An: Dick Tracy77@mindspring.com
Von: CliffCav@shamus.net
Betreff: Re: Noch mehr Verdächtige

Trace, was Sie da von Milton Koenig berichten, ist weiter verbreitet, als manche denken – das Prinzip jedenfalls, nicht unbedingt die Auszahlung. Kunden von Full-Service-Maklerhäusern unterhalten oft noch anderswo Konten, bei einem anderen Makler oder einem Discountbroker etwa. Das ist übliche Praxis.

Damit will ich aber nicht sagen, dass es den Full-Service-Maklern gefällt, ganz im Gegenteil. Zum einen kann man nie wissen, ob der Klient nicht die Investmenttipps, die man ihm gibt, zum Aufbau eines eigenen Portfolios nutzt, während der Makler sich mit kümmerlichen Provisionen bescheiden darf. (Wie Sie vermutlich mitbekommen haben, sind die Provisionen seit Präsident Ford stetig gesunken. Der einzelne Makler bekommt etwa 40 Prozent des Provisionsumsatzes, den er erwirtschaftet, doch die Provisionen sind heute weit niedriger als noch vor ein paar Jahren.) Schlimmstenfalls ist das eigene Portfolio des Kunden viel umfangreicher als das vom Makler betreute, wobei – nur, damit keine Missverständnisse aufkommen – die Kunden, über die wir hier sprechen, sicher alle Konten in Millionenhöhe bei Rutherford & Hayes unterhalten. Ganz blöd sind die Makler schließlich auch nicht.

Besonders klug aber ebenfalls nicht, denn Koenigs *Versuch*, die Aktien, die er vermeintlich besaß, zu verkaufen, war durchaus legitim. Vermutlich hat er die Verkaufsorder an seinen Discountbroker gegeben, der sich daraufhin mit der Bank in Verbindung gesetzt hat, bei der das Depot geführt wird – die die fraglichen

Aktien verwahrt. Nur dass es in diesem Fall nichts zu verwahren gab. Folglich konnten sie die Aktien auch nicht an denjenigen ausliefern, der sie von Koenig gekauft hatte – wer auch immer das war. Und an diesem Punkt hat sich Koenig dann beschwert. Als die Verantwortlichen bei Rutherford & Hayes Koenig seine Geschichte abnahmen, hatten sie keine andere Wahl, als die Aktien am freien Markt zu kaufen und sie ihm zu überlassen, damit er sein Phantomgeschäft erfüllen konnte. Der Vollständigkeit halber: Rutherford & Hayes waren »short« in PLX Technology, was so ungefähr die ungünstigste Position darstellte. Ist man in Short-Position und die Aktie steigt, ist das Verlustpotenzial quasi unbegrenzt. Wenn R&H den Wert zum Höchstkurs kaufen mussten, dann haben sie in etwa 50 Dollar je PLX-Aktie hingeblättert, um sie dann für 25 Dollar das Stück an Koenig weiterzureichen. Die wenig erfreulichen Details will ich Ihnen ersparen. Lassen wir es dabei bewenden, dass Kyle Hooperman es fertiggebracht hat, mit 10 000 Dollar Anlagekapital 25 000 Dollar zu verlieren, indem er unwissentlich oder fahrlässig in Short-Position ging. (Ob Koenig die ganze Geschichte erfunden hat, kann ich nicht sagen. Sein Wort stand gegen das von Hooperman, und nachdem er sich hier gegen Hooperman durchsetzen konnte, obwohl der damals noch am Leben war, gibt es meiner Ansicht nicht viel, was dieser Kerl nicht erreichen kann.)

Übrigens, die beiden IPOs, die Shari Beck erwähnt hat, waren tatsächlich äußerst lukrativ, genau wie sie gesagt oder vielmehr großspurig zum Besten gegeben hat. (Das soll nicht zinisch klingen, doch meiner Erfahrung nach haben die Leute, was ihre Beteiligungen an IPOs angeht, ein äußerst selektives Gedächtnis.) Beide Aktien waren beim Börsengang echte Senkrechtstarter, und das war, wenn ich mich recht erinnere, im Frühsommer 1999. Sie verhielten sich genau so, wie man es

gemeinhin von Internet-IPOs erwartet. Das lag daran, dass die Leute unbesehen kauften. Das Problem dabei war, dass der Markt – ob Sie es glauben oder nicht – sehr wohl genauer hinsah – nur etwas später. Mit Anbietern von Inhalten wie TheStreet.com wurden die Anleger nicht glücklich. Da half es auch nicht, dass sich das Unternehmen von dem Geschäftsmodell auf Abonnementbasis verabschiedete und sich stattdessen auf Umsätze aus Online-Werbung stützte. Solche Unsicherheiten kosten immer Geld. Die Aktie fiel von 70 auf 12. Priceline ist es nicht ganz so schlecht ergangen, doch vor der Erholung fiel die Aktie von den nach der IPO erreichten Höchstwerten von 165 erst bis auf 60. Wie es scheint, waren die Anleger nicht überzeugt, dass das Unternehmen seine Anfangserfolge mit billigen Flugtickets und Hotelzimmern auch auf andere Produktlinien übertragen konnte, jedenfalls nicht mit einer nennenswerten Umsatzrendite. Man könnte sogar sagen, dass hier die Anleger ihren Kurs für Priceline festgelegt haben. Wie Sie es auch drehen und wenden, wenn sie stolz herumerzählt, wie viel Geld sie mit diesen beiden Aktien verdient hat, dann gehe ich mal davon aus, dass sie sie nicht lange gehalten hat.
Persönlich glaube ich nicht, dass jemand mit Shari Becks finanziellem Hintergrund Kyle Hooperman töten würde, weil er 15 000 Dollar in den Sand gesetzt hat, aber man kann ja nie wissen. Vielleicht nimmt ihr Sohn Eric Verluste schwerer. Halten Sie mich auf dem Laufenden, wenn Sie etwas über ihn erfahren.

Ihr Sherlock Holmes für Arme
Cliff

P.S.: Ich weiß natürlich, wie man »zynisch« schreibt, aber ich denke, da wir ja in Amerika leben, sollte jede E-Mail ein, zwei Rechtschreibfehler aufweisen.

Cliff ertappte sich bei dem Gedanken, dass Philip Marlowe seine Fälle ganz gut ohne elektronische Post gelöst hatte. Zumindest entwickelten sich Trace' Notizen positiv. Ob diese Nachricht nun besonders hilfreich war, würde sich erweisen, doch zumindest waren die Verdächtigen diesmal nicht 85 Jahre alt.

Was sollte aber das Gerede über dieses verdammte Buch? Cliff konnte sich vage erinnern an *This Is Not Your Father's Stockpicking Book*.* Darin wurden Zusammenhänge untersucht zwischen dem Aktienmarkt und Phänomenen wie dem Wetter, der Werbung, den Medien und anderen mehr oder weniger alltäglichen Erscheinungen unseres Lebens. Das Buch war gar nicht schlecht, aber auch nicht gerade weltbewegend. Der Titel klang reißerischer, als das Buch war. Das Kapitel über das Wetter befasste sich nicht etwa mit Sonnenflecken, sondern damit, wie Unternehmen auf Klimaveränderungen reagierten oder wie Unternehmen der Bewässerungsbranche 1989 von der Trockenheit im Jahr 1988 profitierten. So ungefähr das Einzige, woran sich Cliff noch erinnern konnte, war der Zusammenhang zwischen ungewöhnlichen Witterungsbedingungen und außergewöhnlichen Ereignissen. Bananenproduzenten wie Chiquita verdienten mehr, wenn die Ernte frühzeitig geschädigt wurde, denn der Preisanstieg glich die Verringerung des Absatzvolumens mehr als aus. Wurden die Früchte jedoch spät im Zyklus zerstört, erst nach der Ernte, dann saß das Unternehmen eben auf verfaulten Bananen und die Wall Street zeigte sich viel weniger beeindruckt. Eigentlich ziemlich einleuchtend.

Cliff musste unwillkürlich an Neal Miller denken, den unbekanntesten Portfolio-Manager der Fondsgesellschaft Fidelity, der trotzdem Bestleistungen erbrachte. Und Miller richtete sich

* Der Autor dieses Buches ist übrigens ein gewisser Derrick Niedermann (Anm. d. Red.).

bei der Auswahl von Aktien tatsächlich nach der Wettertheorie. Einmal hatte er Aktien des Düngemittelherstellers Barefoot gekauft, weil er nach einer Dürre mit Umsatzsteigerungen rechnete. Zu Anfang seiner Tätigkeit beim New Millennium Fund bestätigte er seinen Ruf als Exzentriker mit der Aussage, er investiere »schlussfolgernd, nicht linear«. Praktischerweise wusste niemand genau, was das bedeuten sollte. Gemeint hat er damit, dass er sich mehr für den Trend eines Unternehmens interessierte als für das Kurs-Gewinn-Verhältnis. Selbst wenn ein Unternehmen ein KGV von 50 auswies, würde Miller die Aktie halten, solange das Unternehmen noch Potenzial hatte – nach dem Prinzip, dass der Markt stets honorierte, wenn die Ergebnisse die Erwartungen übertrafen, selbst wenn der Einstieg teuer war. Es war daher kein Zufall, dass er zu den aggressivsten der Branche gehörte, wenn es um den Einkauf von Internet-Aktien ging. Ebenso wenig war es ein Zufall, dass er seine Kollegen locker in die Tasche steckte, was die Performance anbetraf – insbesondere in den Jahren 1998 und 1999. Vielleicht wollte Milton Koenig ihm nacheifern und lernte daher im stillen Kämmerlein die nötigen Tricks.

Aus reiner Neugier suchte Cliff Amazon.com auf, um nach dem Buch zu forschen. Es wurde nicht mehr aufgelegt und hatte daher eine Lieferfrist von mehreren Wochen. Aber Cliff wollte das Buch ja gar nicht haben. Laut Amazon war *This Is Not Your Father's Stockpicking Bock* 1995 erschienen, zu früh fürs Internetgeschäft. Vermutlich wurde darin nicht einmal erwähnt, dass »El Niño« ein Anagramm des Wortes »online« war, ein wenig bekannter Zusammenhang zwischen den beiden großen Schlagwörtern der neunziger Jahre schlechthin. Auch andere Themen, die in dem Buch aufgegriffen wurden, waren bereits angestaubt. Ein Schicksal, das kaum einem Börsenbuch erspart blieb.

Ein Punkt erregte dennoch Cliffs Aufmerksamkeit. Genauer gesagt das Fehlen eines Punktes, nach dem er gesucht hatte. Der Datenbank von Amazon nach war das Buch nie als Hörbuch erschienen.

Kapitel 9

Der Winter neigte sich dem Ende zu, doch noch war er nicht vorbei. Lautlos fielen weiße Flöckchen wie Puderzucker auf die Bürgersteige Manhattans. Jeder Fußtritt hinterließ einen schwarzen Fleck, der jedoch rasch wieder schrumpfte. Abends um sieben war es bereits dunkel, von Nässe und Kälte gar nicht zu reden. Die New Yorker zogen sich in ihre Häuser zurück. Millionen von Menschen würden miteinander sprechen, diskutieren und sich in Wiederholungen und Streitereien verwickeln.

Und in der Boar's Head Tavern war die Bardame Maude der Lösung des Rätsels noch keinen Schritt näher gekommen.

»Wie Ricky Martin, meinen Sie?«

»Na ja, nicht ganz«, sagte Cliff. »Das war ja ein Medienereignis. Ich meine eher, wenn etwas oder jemand rein zufällig immer wieder auftaucht.«

»Ich hab's! Joey Buttafuoco, der Mafioso!«

»Nein, nicht diese Art von Zufall«, sagte Cliff. »Also gut, ich will versuchen, es zu erklären. Etwa vor einem Jahr hat mir meine zehnjährige Nichte nebenbei erzählt, dass sie beim Schulspiel die Rolle der Sacagawea hatte.«

»Sacka was?«

»Sacagawea. Ein junges Indianermädchen, das von Lewis und Clark als Scout eingesetzt wurde. Sie wissen schon, die Pioniere der Werbebranche.«

Maude legte die Stirn in Falten. »Netter Versuch, Süßer. Wirklich nett.«

»Hey, es lohnt sich, ab und zu ein paar Fehlinformationen zu streuen. Man weiß nie, auf wen man trifft, wenn man es in die Endrunde von Jeopardy schafft.« Cliff griff sich eine Hand voll Nüsse und schenkte ihr ein breites Lächeln. »Aber der Punkt ist doch, dass du gar nicht zu wissen *brauchst*, wer Sacagawea war. Meine Nichte hat es mir auch erst wieder ins Gedächtnis rufen müssen. So was gehört eben zu den Dingen, die man mit zehn weiß und als Erwachsener vergessen hat, wie Sedimentgestein oder die Hauptstadt von Gabun.«

»Was du nicht sagst. Ich kann mich nicht mal mehr daran erinnern, wie man Pappmaché macht«, sagte Maude.

»Egal, jedenfalls hatte ich den Namen Sacagawea seit 30 Jahren zum ersten Mal wieder gehört, und keine Woche später zappe ich mich so durch die Kanäle und bleibe an einer Doku hängen über die Expedition von Lewis und Clark.* Ein paar Tage danach hat dann die Post angekündigt, dass es eine neue Briefmarke geben wird mit Sacagawea drauf. Dreimal in zehn Tagen, wie aus dem Nichts. Und nun frage ich dich, sollte es dafür nicht ein Wort geben?«

»Hier bei uns nennen wir das einfach Zufall«, meinte Maude.

Doch Cliff suchte einen passenderen Begriff für dieses Phänomen. »Sacagawea-Syndrom« war vielleicht ein bisschen umständlich, aber es musste genügen.

Das letzte Mal hatte sich das Syndrom bei 3-D Live bemerkbar gemacht. Wenn der Name an jedem schicksalhaften Februarabend nicht auf Kyle Hoopermans Bildschirm gestanden

* Merriwether Lewis und William Clark leiteten im Auftrag von Präsident Thomas Jefferson 1804 bis 1806 eine Expedition zur Erkundung des Westens der USA (Anm. d. Red).

hätte, wäre es an Cliff spurlos vorübergegangen. Doch so war es nun mal nicht, und deshalb schlug er sich jetzt damit herum. An jenem Abend hatte er begonnen, der Abstieg von 3-D Live in der Gunst der Aktionäre. Jetzt, knapp zwei Wochen später, hörte Cliff zufällig im Börsenbericht, dass die Gewinnprognosen des Unternehmens deutlich nach unten korrigiert werden müssten. Zu Mittag wurde das Trading ausgesetzt und die Aktie wurde an dem Tag gar nicht mehr gehandelt. Eine äußerst undurchsichtige Situation. Daher freute sich Cliff ungeheuer, als er Lou Battaglia durch die Drehtür kommen sah. Lou wirkte deprimiert. Gedrückt schlurfte er auf die Bar zu wie ein Sargträger – oder sogar noch gemessener.

Lou Battaglia war so genannter Senior Analyst bei Rutherford & Hayes und hatte sich auf die Unterhaltungsbranche spezialisiert. Heute drängte der Senior den Analysten einwandfrei in den Hintergrund. Dabei hatte Lou durchaus bessere Zeiten gesehen. Er war nominiert worden für das angesehene *Institutional Investor All-Star-Team*, weil er genau zur richtigen Zeit mit Disney auf Hausse spekuliert hatte. Lou hatte darauf hingewiesen, dass die Marktkapitalisierung von Disney nicht viel höher lag als der Wert seiner Immobilien, und darauf, dass das Publikum höhere Eintrittspreise schlucken würde, was dem Unternehmen genügend Hebelkraft verlieh, um seine Gewinne deutlich zu steigern. Ein brillanter Schluss, und genau zur richtigen Zeit. Doch das war 1984 gewesen, und leider konnte man nicht ewig von seinem Ruf zehren, so populär man an der Wall Street auch gewesen sein mochte. Inzwischen war Lou Battaglia um die 60 und hatte weniger Haare und mehr Pfunde als bei ihrer letzten Begegnung. Besonders sein Gesicht wirkte so aufgedunsen, als übe er sich im Tubablasen. Erschwerend hinzu kam, dass er ohne seine Zigarre besonders verloren aussah, doch Rauchen war im »Big Apple« New York nun mal verpönt.

»Nun, was darf's denn sein, Süßer?« fragte Maude.

Lou rang sich ein so gezwungenes Lächeln ab, als sei er der Eiserne Holzfäller und schon lange nicht mehr geölt worden. »Also gut, wenn Cavanaugh zahlt, dann nehme ich einen Bananen-Daiquiri.«

»Und noch einen bitte«, sagte Cliff. »Ich kann doch meinen alten Freund Lou heute Abend nicht alleine trinken lassen.«

Cliff betrachtete Lou und stellte fest, dass ihn seine Körperhaltung an Notre Dame erinnerte – an den Glöckner Quasimodo, um genau zu sein. Cliff steuerte die letzte freie Fensternische an. Sichtlich erleichtert ließ sich Lou auf den Sitz fallen.

»Die gute alte Boar's Head Tavern. War früher mein zweites Zuhause, wissen Sie.« Er wirkte beinah sentimental. »Verstehe gar nicht, was Flauschi gegen den Laden hat. Sicher ist er ihm nicht schick genug.«

»Ich denke, man ist hier auf Sean nicht angewiesen«, meinte Cliff. Man konnte das Lokal beim besten Willen nicht als besonders schick bezeichnen, doch es hatte eine unvergleichliche Lage und wusste sie zu nutzen. Nach den Preisen der Drinks zu urteilen, standen ausschließlich Arbitrageure von Salomon Brothers an der Bar.

»Damit gibt er sich aber nicht zufrieden«, meinte Lou. »Wenn man hier mit einem Kunden erwischt wird, sollte man tunlichst beweisen können, dass es dessen Idee war.«

»Wirklich? Das stolze Schiff Cummings segelt also nach neuen Häfen?«

»Wie immer.«

Cliff blickte aus dem Fenster auf das Mosaik der hell erleuchteten Fenster des Bürogebäudes zwei Blocks weiter oben an der Straße, in dem sich Rutherford & Hayes befand. »Wer weiß? Vielleicht hat Cummings ja das Hubble-Teleskop gekauft und beobachtet uns jetzt gerade?«

Lou drehte sich in Richtung Fulton Street, nur für den Fall.

»Nun, Sie wissen ja, wie das bei R&H läuft«, sagte Lou. »Regeln, Regeln und nochmals Regeln, doch sobald ein Kunde einen Wunsch äußert, werden die Regeln entsprechend geändert. Man verrenkt sich so lange, bis sie einen ...«

»Ähem«, räusperte sich Cliff geräuschvoll. »Vorsicht, Dame im Anmarsch.«

Es war Maude, die zwei Bananen-Daiquiris in Gläsern servierte, die so ausladend waren, dass eine Frisbee-Scheibe hineingepasst hätte. »Bitte sehr, die Herren. Wohl bekomm's.«

Es würde eine lange Nacht werden.

»Ich kann nur sagen, dass es mir leidtut.«

»Sie müssen sich nicht entschuldigen, Lou. Ich hab die Aktie ja nicht gekauft.«

»Ja, ich weiß. Aber ich muss mich einfach bei irgendjemandem entschuldigen. Ich war viel zu sehr damit beschäftigt, meine Position zu verteidigen, als dass ich hätte zugeben können, dass ich es einfach vermasselt habe.« Battaglia hatte 3-D Live seit dem Börsengang immer offen empfohlen, und wenn er seine Meinung irgendwann geändert hatte, dann hatte er versäumt, es publik zu machen.

Mittlerweile war Cliff mit den wichtigsten Fakten über 3-D Live vertraut. Das Unternehmen war der Lebenstraum eines Mannes vom Typ durchgeknallter Wissenschaftler mit Namen Hubert Stanislaw. Die Idee kam Stanislaw, als er feststellte, dass die Fans der Basketball-Profimannschaften sich in den heimischen Stadien versammelten, um ihr Team beim Playoff anzufeuern, *selbst wenn die Mannschaft auswärts spielte.* Dort hatten sie einen großen Bildschirm, ihre Kumpels, die eine oder andere kleine Vergünstigung und ab und an einen Live-Auftritt im Fernsehen, wenn das Spiel wunschgemäß lief. Und das genügte ihnen vollauf. Dasselbe galt für College-Studenten, deren Schulmannschaften am NCAA-Basketballturnier teilnahmen. Doch weil in den fraglichen Stadien ja gar kein Spiel stattfand, war der Eintritt frei. Daraus wollte Stanislaw Kapital schlagen.

Es gab bereits ein Konzept, das sich Jumbotron nannte und die Massen anzog durch Übertragung aller möglichen Sportereignisse auf eine große Leinwand an einem geeigneten Ort. Stanislaws Pläne gingen noch weiter. Sein Traum war die dreidimensionale Übertragung der Auswärtsspiele ins heimische Stadion. Statt das Publikum auf eine große Mattscheibe starren zu lassen, könnte man den vorhandenen Platz voll ausnutzen und ein Spiel vorführen, das vollkommen echt wirkte – nur dass keine Menschen spielten, sondern Hologramme. Der entscheidende Unterschied war, dass man dafür Eintritt kassieren konnte – zusätzlich zu dem, was das echte Spiel einbrachte. Und neben Basketball gab es noch so viele neue Welten zu erobern. Er sah schon vor seinem inneren Auge, wie die Fußball-Hooligans in zwei Stadien wüteten.

Doch Stanislaws futuristische Vorstellungen waren damit noch nicht erschöpft. Während er sich mit seiner neu gegründeten Firma um die künstliche Intelligenz bemühte, mit deren Hilfe er seine Träume verwirklichen könnte, entwickelte er bereits eine weitere Vision. Phase zwei seiner Unternehmergeschichte nahm ihren Anfang, als er einen Fitness-Club in seiner Nachbarschaft aufsuchte. Angeblich soll ihn das sinnlose Treiben dort entsetzt haben. Er sah Menschen in die Pedale treten auf Rädern, die stillstanden, Stufen erklimmen, die nirgendwohin führten, und Gewichte stemmen, nur um sie wieder abzulegen. All diese verschwendete Energie, konnte man sie nicht nutzen? Stanislaw rechnete sich aus, dass er mit der richtigen technischen Ausrüstung der verschiedenen Geräte dreimal so viel Strom produzieren könnte, wie der Club verbrauchte. Das war die Geburtsstunde von ActivEnergy, einer 100-prozentigen Tochter von 3-D Live.

Mehrere Jahre lang kämpfte er darum, die beiden Geschäftsideen in die Tat umzusetzen. Anfangs hatte er von mehreren Seiten finanzielle Unterstützung bekommen, doch die Wagniskapitalgeber hatten genügend andere und weniger riskante Möglichkeiten, ihr Geld unterzubringen als bei 3-D Live. Schließlich beschloss Stanislaw, noch schnell den IPO-Markt anzuzapfen, bevor dem Unternehmen das Geld ausging. Der Zufall wollte es, dass sein Schwager, Charlie Beecher, Makler bei Rutherford & Hayes war. Charlie stellte den Kontakt zur Konsortialabteilung her und – voilà! – 10 Millionen Aktien zu 12 Dollar das Stück kamen auf den Markt, genug, um Stanislaws Unternehmen eine letzte Finanzspritze und Lou Battaglia chronische Magenschmerzen zu bescheren.

»Eins sage ich Ihnen, das war ein ganz ausgekochtes Manöver«, erzählte Lou. »Stanislaw hatte diese Miniatur einer 3-D-Anzeige, die er zu jeder Werbeveranstaltung mitschleppte. Die Leute haben es geschluckt. Die Emission war überzeichnet und zog ab wie eine Rakete. Der erste Trade wurde zu 19½ ausgeführt, doch bereits am Ende des ersten Handelstages stand die Aktie bei 24. Nicht so viel im Zeitalter des Internet, doch man muss bedenken, dass die Firma vor der Werbekampagne etwa so viel wert war wie fünf solcher Daiquiris – wenn's hochkam. An die New Yorker Börse hätte er es nie geschafft, also ließ sich Stanislaw bei der American Exchange registrieren. Das allein hätte mir schon sagen sollen, dass er ein weltfremder Spinner war.«

»Was waren die höchsten Notierungen, die die Aktie erreicht hat?« fragte Cliff. »Um die 60?«

»Nah dran. 58½. Und die Leute haben geglaubt, sie würde es bis 1000 schaffen. Stanislaw sprach von Verträgen mit Mannschaften wie den Knicks, den Lakers, was Sie wollen. Sie müssen sich das mal vor Augen führen: Die Organisatoren dachten, wenn sie bei Stanislaw einstiegen, könnten sie bei einer Basketball-Profimannschaft mit 82 Heimspielen rechnen statt wie bisher mit 41. Er war die Antwort auf alle Personalprobleme. Das Front Office der NBA war völlig aus dem Häuschen. Und dann kam diese gottverdammte Sitzung.« Lou unterbrach sich und spielte mit seiner Maraschino-Kirsche. »Das ist es doch, was Sie interessiert, nicht?« fragte er. »Das Meeting, das kurz vor Hoopermans Ermordung stattfand?«

»Ich bin ganz Ohr«, sagte Cliff. Viel besser als ein amateurhaftes »Meeting? Welches Meeting?« Den schuldgeplagten Lou Battaglia hier ins Gebet zu nehmen, erwies sich als brillanter Schachzug. Und er machte gar keine schlechte Figur als Beichtvater.

»Es war eine Sondersitzung mit den Portfolio-Managern anberaumt worden, um die Neuemissionen durchzusprechen«, sagte Lou. »Man fiel über Jeremy Nash her wegen URLybirds, vermutlich sogar zu Recht. Dann stand plötzlich Hooperman auf und sagte, 3-D Live sei eine tickende Zeitbombe. Normalerweise warten sie ja, bis die Bombe losgegangen ist, aber nicht Hooperman. Er sagte, ich sei wohl vom Konsortium bezahlt worden, weil ich mich für so eine Aktie stark gemacht hätte. Und, was glauben Sie wohl, dann meldete sich auch noch Fred Gletz zu Wort und behauptete, er habe die Aktie von Anfang an mit Misstrauen betrachtet.«

»Gletz? Hör bloß auf. Wenn Misstrauen den Haarwuchs förderte, könnte der problemlos bei *Planet der Affen* mitmachen.«

»Sie sprechen mir aus der Seele«, sagte Lou. »1988 hat Gletz verkündet, Microsoft werde es nie gelingen, die Software-Preise hoch zu halten, weshalb man die Aktie besser nicht kaufen sollte. McDonald's und Wal-Mart wären übersättigt, man solle sie getrost vergessen. Dann hat er behauptet, in einer Welt der Billig-PCs werde Compaqs Gewinnbilanz bald Einbrüche erleiden. Ein ausgemachter Dummschwätzer.«

»Augenblick mal. Mit Compaq hatte er aber Recht.«

»Ja, er hatte Recht, aber seine düsteren Prophezeiungen stammen von 1993, und die Aktie hat erst fünf Jahre später Schwäche gezeigt und sich bis dahin nahezu verachtfacht. Manchmal würde es mich brennend interessieren, wie ein solcher Nichtskönner in dieser Branche überleben konnte.«

»Ganz einfach«, meinte Cliff. »Er muss nur dafür sorgen, dass alle seine Kunden noch größere Skeptiker sind als er selbst. Ich habe gehört, er hat Mikey, den Getreideburschen, abblitzen lassen.«

»Was mich wirklich ärgert dabei, ist, dass ich letztendlich seiner Meinung bin, was Compaq angeht«, sagte Lou. »Können Sie sich vorstellen, wie das ist, wenn man bei einer Sitzung Partei ergreifen muss für eine solche Null? Das ist eben das Dumme an solchen Veranstaltungen. Zwei Minuten später spricht keiner mehr über Aktien. Stattdessen wird die Vergangenheit der Anwesenden durchgehechelt, und glauben Sie mir, da hat jeder eine dunkle Stelle.«

»Was hatte Gletz denn an 3-D Live auszusetzen?«

»Nun, das kann ich Ihnen sagen. Gletz behauptete, 3-D Live sei überbewertet, weil die Methode bei Sportarten wie Baseball nie funktionieren würde, wo die Spielfeldgröße von Stadion zu Stadion variiert.«

Darüber musste Cliff kurz nachdenken. Das Argument war nicht ganz von der Hand zu weisen. Er stellte sich vor, wie ein linker Red-Sox-Spieler im Yankee Stadium den Ball erwischte, während sein holografisches Gegenstück in Fenway Park gegen das Grüne Monster knallte. Bei Golf wäre es dann vollends unmöglich. Tatsache war aber, dass 3-D Live das Potenzial hatte, seinen Kurs aufs 20fache zu steigern, wenn es sich lediglich auf die Sportarten konzentrierte, die sich wirklich dafür eigneten.

»Gletz vom Feinsten«, meinte Cliff. »Die kurzfristigen Aussichten ignorieren und stattdessen ein theoretisches Problem ins Feld führen, das vielleicht in zehn Jahren auftreten wird.«

»Und ich hätte genau das Gegenteil machen sollen«, sagte Lou. »Das wirkliche Problem lag die ganze Zeit vor meiner Nase, aber ich habe nur in die Zukunft geblickt, wie sie mir meine trügerische Kristallkugel vorgaukelte.«

Cliff wusste um die Problematik des Kristallkugelansatzes, insbesondere in einem Land, zu dessen ganz großen Erfolgen der Matratzenladen Dial-A-Mattress und *Dr. Quinn – Ärztin aus Leidenschaft* gehörten. Man konnte nie wissen, was sich auf dem Markt durchsetzen würde.

»Wo stehen wir also?« fragte Cliff.

»In der Scheiße«, entgegnete Lou. »Der Technik funktioniert nämlich nicht.«

Um ein Haar hätte Cliff Lou seinen Daiquiri auf die Hose gespuckt. »Was meinen Sie damit, die Technik funktioniert nicht? Seit wann?«

»Seit 11.48 Uhr heute Morgen. Das ist ja der gottverdammte Mist, mit dem wir uns heute herumgeschlagen haben. Auch die allerneueste künstliche Intelligenz ist eben noch nicht in der Lage, Menschen von einem Ort zum anderen zu beamen, ganz egal, was Huberts Verkaufsbroschüren sagen. Das sind sage und schreibe 30 Millionen Dollar an Forschungs- und Entwicklungskosten, die den Bach runter gehen.«

»Und die Verträge, die sie unterschrieben haben?«

»Schall und Rauch. Daher die korrigierte Gewinn- und Verlustrechnung.«

»Sicher wollen Sie mir jetzt noch erzählen, dass die Einnahmen bereits verbucht wurden, obwohl noch keine Zahlungen geleistet wurden.«

Cliff sah Lou direkt ins Gesicht, und seine Augen erinnerten ihn seltsamerweise an den Blick von Andre Agassi – wenn er drei Matchbälle zurücklag.

»War nur ein Scherz«, lenkte er ein.

»Schon klar. Doch genau das ist passiert. Cliff, die Aktie ist nicht mehr das Papier wert, auf dem sie gedruckt ist. Es ist vorbei.«

Lou hatte sich ganz ohne Zweifel einen Riesenschnitzer geleistet, weil er ein Unternehmen empfohlen hatte, das seine Buchführung dermaßen großzügig handhabte. Den meisten Kunden von R&H war sicher nicht klar, dass ein Unternehmen fürs laufende Jahr Gewinne ausweisen kann, selbst wenn faktisch keine Einnahmen vorliegen, einfach indem es langfristige, *nach Ansicht des Managements* solide Verträge anteilig berücksichtigt. Von einem soliden Geschäftsgebaren ist das allerdings weit entfernt. Und Lous Aufgabe wäre es gewesen, das zu prüfen.

Als Analyst sollte man auf Buchhaltungstricks eben nicht hereinfallen. Legt ein Unternehmen seine Gewinnzahlen vor, wird jeder gute Analyst alles in Frage stellen. Hat der Umsatz stagniert, das Unternehmen aber trotzdem seinen Gewinn gesteigert, etwa durch eine drastische Kürzung des Werbeetats, darf das dem Analysten nicht entgehen. Zieht ein Unternehmen Lieferungen vor, um die Einnahmen verbuchen und den Prognosen der Wall Street für das laufende Quartal gerecht werden zu können, ist es die Aufgabe des Analysten, zu fragen, was im *folgenden* Quartal passieren wird. Verteilt ein Medienunternehmen die Kosten für die Anwerbung neuer Abonnenten auf vier Jahre – obwohl der Durchschnittsabonnent bereits nach zwei Jahren wieder abspringt –, müsste der Analyst Alarm schlagen, denn hier droht offensichtlich die Abschreibung.

Cliff wusste aber auch, dass Lou all das und mehr wohlbekannt war. Vorwürfe waren so ungefähr das Letzte, was er jetzt brauchen konnte, wo das Kind schon in den Brunnen gefallen war.

»Glauben Sie, Hooperman hat gewusst, dass die 3-D-Sache in die Hose geht?« fragte Cliff.

»Komisch, dass Sie das sagen. Erst dachte ich, er hätte mal wieder eine seiner Eingebungen – Sie wissen schon, wie damals, bei McDonnell Douglas.«

»Ja, ich erinnere mich daran«, meinte Cliff.

»Aber je länger Hooperman sprach, desto mehr klang es, als habe er brav seine Hausaufgaben gemacht. Er ließ Namen einfließen von Mitarbeitern des MIT Artificial Intelligence Laboratory – AI hat er es genannt. Er hat mit Fachbegriffen wie Polarisation herumgeschmissen, die er eben gerade zum ersten Mal gehört hatte. Er hat erklärt, dass Stanislaws kleine Kiste in Wirklichkeit eine Rauch-und-Spiegel-Technik war, die irgendein Forscher zusammengeträumt hatte. Es seien nur durchsichtige Strichmännchen. Keinesfalls könnten sie in der Größe reproduziert werden, die das Unternehmen für den Einsatz in Sportstadien anvisierte.«

»Ach du Schande«, sagte Cliff.

»Das ist noch nicht alles«, fuhr Lou fort. »Hooperman hat außerdem noch zartfühlend darauf hingewiesen, dass die Menschen, die 3-D Live zur Demonstration der Energiewandlungskapazitäten verwendete, Weltklassesportler in körperlicher Höchstform waren. Er hatte sogar Zahlen auf Lager, die belegten, dass ein normaler Mensch gar nicht genug Elektrizität entwickelte, als das sich die Investition lohnen könnte. Sehen Sie, Cliff, ich hatte den Eindruck, Hooperman wollte alle am Tisch mit dem Eindruck nach Hause schicken, dass jeder, der in der Lage war, ein Telefon zu bedienen, diese Informationen hätte beschaffen können.«

Lou schüttelte immer wieder den Kopf und hantierte mit der Kirsche in seinem Glas.

»Die wirkliche Ironie daran ist, dass ich *Moneyline* das alles erzählt habe, und zwar an dem Abend, als Hooperman getötet wurde.«

»Sie waren in *Moneyline*?« fragte Cliff.

»Ganz recht. Die Aktie hatte gerade zum Sturzflug angesetzt, und sie wollten wissen, warum. Ich hatte das Unternehmen länger als jeder andere beobachtet, deshalb hat man mich eingeladen. Wenn Sie die Sendung sehen möchten, ich hab sie zu Hause auf Video.«

Cliff konnte sich ein Schmunzeln nicht verkneifen. Er wusste nur zu gut, um welche Sendung es sich handelte. CNN hatte ein heikles Experiment gewagt, indem es Stuart Varney und Willow Bay zusammengespannt hatte. Er war ein mit allen Wassern gewaschener Finanzjournalist, besonders bekannt für seine akademische Ausdrucksweise, und sie Sportmoderatorin, die sich einen Namen gemacht hatte als Mitgastgeberin von *Inside Stuff* mit Ahmad Rashad. Erst mit der Fusion von Union Carbide und Dow Chemical hatte *Moneyline* erstmals echten Zündstoff präsentiert, doch man hatte an sich gearbeitet. Cliff schaltete sich manchmal um 22.00 Uhr zu, um die Wiederholung der Sendung von 19.00 bis 19.30 Uhr zu erwischen – die Sendezeit, in der auch Lou seinen Live-Auftritt gehabt hatte.

»Nein danke, Lou. Aber es freut mich zu hören, dass Sie ein Alibi haben.«

»Ich wusste gar nicht, dass ich eins brauche«, sagte Lou. Fast unmerklich wich er ein paar Millimeter zurück.

»Haben Sie auch nicht gebraucht«, sagte Cliff. »Erst jetzt, nachdem ich gehört habe, wie Hooperman Sie durch den Kakao gezogen hat. Wie haben Sie reagiert?«

»Gar nicht.«

»Gar nicht? Er stellt Sie vor versammelter Mannschaft bloß, und Sie sagen gar nichts dazu?«

»Ich musste gar nichts sagen, Cliff. Jeremy Nash hatte ihm ja schon gesagt, er würde ihn umbringen, wenn er jetzt nicht den Mund hielte.«

Kapitel 10

Auf Cliffs Klopfen hin schreckte Jeremy Nash hoch, als würde er dabei erwischt, wie er auf dem Bildschirm Solitär spielte. Dabei zeigte der nur Zahlenkolonnen, die ausgesprochen dienstlich wirkten. Der Spieltrieb hatte hier keine Chance.

»Tut mir leid, ich habe noch gar nicht mit Ihnen gerechnet«, sagte er. »Ist es wirklich schon halb sechs?«

»Es ist 17.25 Uhr«, sagte Cliff. »Verzeihen Sie bitte.« Er machte einen Schritt in das Büro und hielt dann kurz inne. »Dazu fällt mir die englische Redensart ›The *early bird* catches the worm‹ ein, aber das ist wohl ein wenig unpassend.«

Nash reagierte gelassen auf das lahme Wortspiel. »Da haben Sie ganz Recht.«

Wenn man einen Polizeizeichner zur Fachschule für Versicherungsmathematik schickte, käme der sicher mit einer brauchbaren Skizze von Jeremy Nash zurück. Kurzes, braunes Haar, Schnurrbart, in Chrom gefasste Brille. Er war höchstens 28, wenn überhaupt, hatte wache Augen und die Figur eines Schreibtischtäters. Die marineblaue Krawatte mit den dünnen gelben Streifen bildete einen lebhaften Kontrast zu dem weißen Button-Down-Hemd. Im Juli würde er bestimmt ein kurzärmeliges Hemd tragen, wie es für Zahlenjongleure seit jeher typisch war.

Doch ein fähiger Börsenanalyst musste weit mehr können,

als Zahlen zu knacken. Er musste von stetiger Neugier beseelt sein und die richtigen Fragen stellen können. Wie Cliff gehört hatte, besaß Nash diese Eigenschaften in mehr als ausreichendem Maße. Diesmal jedoch lieferte Nash die Antworten, noch bevor Cliff eine einzige Frage gestellt hatte.

»Sehen Sie, die Leute von der Konsortialabteilung haben sich auf mich verlassen, und ich habe versagt. Mehr gibt es zum Thema URLybirds nicht zu sagen«, sagte er.

Wenn es um URLybirds ging, hatte Nash die Wahl zwischen Teufel und Beelzebub: Entweder bekannte er sich zu einer unethischen Praxis und gab zu, eine Aktie gefördert zu haben, obwohl er wusste, dass daran allerhand faul war, oder aber er stritt jede moralisch fragwürdige Handlungsweise ab, was wiederum Zweifel an seinen Fähigkeiten als Analyst aufwarf. Er hatte sich für den moralischen Fehltritt entschieden. Cliff war sich nicht sicher, was diese Entscheidung über den Zustand der Analystengemeinde aussagte, doch vielsagend war sie in jedem Fall.

In Wirklichkeit versuchte Nash, sich nach allen Seiten abzusichern. Seiner Meinung nach hätte ein erfahrener Anleger auf »Empfehlungen« hin nicht auf URLybirds hereinfallen dürfen. Schließlich wurde ungewöhnlich offen über die Risiken gesprochen und selbst die wichtigsten Punkte (lukratives Internet-Geschäft, einzigartiges Unternehmensformat) sprachen nur unzureichend für das Unternehmen. Nash fühlte sich sicher. Er wusste, dass man einen Analysten kaum feuern würde, weil er die Produkte des eigenen Unternehmens anpries. Also hielt er sich möglichst bedeckt. Außerdem stürzten sich die Kunden stets auf den *Portfolio-Manager*, wenn etwas schief lief, und nicht auf den Analysten.

Tatsache blieb, dass die Research-Berichte über URLybirds Nashs Namen trugen sowie den deutlichen Hinweis KAUF.

Das konnte er nicht abstreiten. Doch ihm war mittlerweile ohnehin viel wichtiger, etwas ganz anderes abzustreiten.

»Hören Sie mal, Cliff, was meine Drohungen gegen Hooperman angeht – das habe ich im Eifer des Gefechts so dahingesagt.«

»Sie meinen, als Sie gesagt haben, Sie würden ihn umbringen, haben Sie nicht gemeint, dass Sie ihn umbringen würden?«

»Ganz genau.«

Cliff legte die Fingerspitzen seiner linken Hand an die Stirn und schüttelte langsam den Kopf. »Kommen Sie schon, Jeremy. Wofür halten Sie mich? Sehe ich aus wie Lieutenant Tragg?«

Jeremy schaute ihn verständnislos an, und Cliff merkte sofort, dass er hier eine unglückliche Analogie gewählt hatte. Es war das Generationsproblem. Es gibt eben Internet-Analysten und Menschen, die *Perry Mason* anschauten, und die sind grundverschieden.

»Lieutenant Tragg ist der Kerl, der immer die Klienten von Perry Mason verhaftet hat«, sagte Cliff.

Nash wirkte immer noch, als verstünde er kein Wort, vielleicht jetzt erst recht. Er warf einen Blick auf seine Zahlenkolonnen, als könnten die ihm weiterhelfen.

»Verstehen Sie nicht?« fragte Cliff. »Praktisch jeder von Masons Auftraggebern hatte das Opfer irgendwann einmal bedroht. Das kam dann regelmäßig bei der Gerichtsverhandlung zur Sprache und wurde entsprechend ausgeschlachtet. Dabei waren sie allesamt unschuldig. Ein Haftbefehl von Tragg war wie eine ›Du-kommst-aus-dem-Gefängnis-frei-Karte‹«.

»Das hätte mir mal jemand sagen sollen«, meinte Nash.

»Wissen Sie was, Jeremy? Sagen Sie mir doch einfach, was Sie an dem Abend gemacht haben, als Hooperman umgebracht wurde. Im Gegenzug vergesse ich dann alle Drohungen, die Sie gegen ihn ausgestoßen haben mögen«, schlug Cliff vor.

Da klingelte das Telefon und Nash griff eifrig nach dem Hörer. Das Klingelzeichen hatte ihn gerettet.

Der Anruf kam von einer R&H-Niederlassung, vermutlich an der Westküste. Selbst wenn man nur eine Seite des Gesprächs verfolgen konnte, war ziemlich offensichtlich, worum es ging.

»Machen Sie sich keine Gedanken«, sagte Nash. »Ich glaube nicht, dass die Regierung es darauf anlegt, alle erfolgreichen Internet-Firmen auf die Bermudas zu treiben.«

Es ging um die Besteuerung von Internet-Umsätzen. Dass Online-Käufe bislang noch nicht der Umsatzsteuer unterlagen, war ein ewiger Stein des Anstoßes für den konventionellen Einzelhandel und ein stetiger Anlass zur Sorge für Internet-Investoren. Viele glaubten, die Staaten würden früher oder später einen Weg finden, an ihre Steuereinnahmen zu kommen, doch Nash war anderer Ansicht. Für den Moment machte er sich mehr Sorgen um die finanzielle Gesundheit der Lokalregierungen als um die Gefahren für »seine Unternehmen«, wie Analysten ihre Investitionsobjekte gerne nannten.

Nash blickte zu Cliff hinüber und hielt den Zeigefinger hoch zum Zeichen, dass er den Anrufer so schnell wie möglich abwimmeln würde. Cliff sah sich im Büro um und stellte fest, dass bei Internet-Analysten das bunte Sammelsurium fehlte, wie er es von anderen Analysten kannte. Analysten für Verbraucherprodukte hatten ihre Produktmuster, Transportanalysten ihre kleinen Modellautos. Ein paar solche Kinkerlitzchen hätte Jeremy Nash gut gebrauchen können, um sein Büro ein wenig aufzupeppen.

Als er aufgelegt hatte, nahm Nash einen Umschlag aus seinem Schreibtisch. Er öffnete ihn und zog rechteckige Papierstücke heraus. »Sehen Sie das?«

»Sind das Tickets?«, fragte Cliff.

»Nicht irgendwelche Tickets«, wies ihn Nash zurecht. »Das

sind Karten für Springsteen. Sie wollten wissen, was ich an dem Abend gemacht habe, als Hooperman ermordet wurde? Hier haben Sie die Antwort.«

»Phantastisch«, entgegnete Cliff. »Wenn Springsteen damals aufgetreten wäre, dann wären Sie aus dem Schneider. Sie sollten die Karten wenigstens durchreißen, damit es glaubwürdiger wirkt.«

»Aber Cliff, das Konzert findet erst nächsten Monat statt. Ich zeige Ihnen die Karten, weil ich sie bei eBay ersteigert habe, als Kyle Hooperman getötet wurde. Ich war hier, an meinem Computer.«

Aha, das eBay-Alibi also, dachte Cliff.

Das Online-Auktionshaus eBay war, was Effizienz anbelangte, ein evolutionärer Höhepunkt und außerdem eine der ganz großen Erfolgsstorys in den Annalen des E-Commerce. Die Firma war die erste, die ein globales System einrichtete, über das verkauft werden konnte, was sonst in den Kleinanzeigen oder auf dem Flohmarkt endete. Stehlampen. Schnupftabaksdosen. Modelleisenbahnen. Außerdem gehörten dessen Aktien zu Jeremy Nashs erklärten Favoriten. Über eBay sprach er offensichtlich deutlich lieber als über URLybirds.

Cliff fühlte sich an Tim McCarver erinnert, den bekannten Baseball-Kommentator, der über die Spiele der Mets berichtete und nach Saisonabschluss bei nationalen Fernsehsendern auftrat. Immer wenn McCarver eine gelungene Formulierung einfiel, drückte Cliff unweigerlich die Stummtaste, denn sonst musste er sich den Satz bis zum Ende des Innings noch fünfmal anhören. Im wirklichen Leben gab es jedoch keine Stummtaste – leider, denn Cliff kannte die eBay-Story zur Genüge. Er musste jedoch zugeben, dass es im Investment-Geschäft besser war, einen guten Einfall tausendmal zu hören, als tausend schlechte Ideen nur einmal.

Das Unternehmenskonzept von eBay beruhte darauf, dass das Unternehmen von jeder über seine Website getätigten Transaktion einen Anteil bekam. Allerdings konnte man nicht sagen, dass es damit astronomische Gewinne erzielt hatte – zumindest nicht im 20. Jahrhundert. Die Systementwicklung war eine so kostspielige Geschichte, dass sie den Gewinn für die nähere Zukunft komplett auffraß. Durch die Verbuchung von Aktienoptionen konnte dennoch ein Gewinn ausgewiesen werden. Doch Nash sah hier viel Potenzial. Er hatte die Aktie seit der Erstemission im Jahr 1998 stets gefördert. Im Frühjahr 1999 konnte er erleben, wie sie von 10 auf 230 kletterte. Der Börsenwert erreichte damit imposante 30 Milliarden Dollar.

Hier vergaloppierte sich Nash dann ein wenig. Begeistert schrieb er in einem Bericht, eBay sei mehr wert als die *New York Times*, Gannett und die Tribune Company zusammen. Er hielt den Vergleich durchaus für gerechtfertigt, da Online-Auktionen auf lange Sicht den Markt für Kleinanzeigen komplett lahm legen konnten – eine der Haupteinnahmequellen von Zeitungen. Als ob die Zeitungsbranche nicht schon genug unter der Online-Konkurrenz litt. Nash drängte seine Klienten energisch, Zeitungsaktien abzustoßen, obwohl er für diese Branche gar nicht zuständig war. Das war ein grober Verstoß gegen das Protokoll.

Das Dumme war, dass er nicht Recht behalten sollte. Die Zeitungsbranche war noch lange nicht am Ende. Im Sommer 1999 erhielt sie Auftrieb durch eine Erholung der nationalen Werbeeinnahmen, vor allem in wichtigen Kategorien wie Autos und Telekommunikation. Auf der Aufwandseite profitierte sie von deutlich gesunkenen Druckkosten. Hinzu kam, dass Unternehmen wie die *New York Times* und Gannett noch in anderen Bereichen des Mediengeschäfts Gewinne einstreichen konnten, insbesondere in ihrer Funktion als Eigentümer von Radio- und

Fernsehsendern. Nash hatte den Umstand missachtet, dass Unternehmensgewinne von verschiedenen Faktoren bestimmt werden. Sein Weltuntergangsszenario für den Kleinanzeigenmarkt war unglücklicherweise ein wenig voreilig gewesen, und das war in der Investment-Welt gleichbedeutend mit falsch.

Verschärft wurde seine Situation noch dadurch, dass eBay zum Sturzflug ansetzte. Als der gesamte Internet-Sektor im Sommer 1999 eine Atempause einlegte, geriet eBay ins Trudeln. Der Kurs wurde zusätzlich geschwächt durch Systemausfälle, die das Unternehmen mehrfach zwangen, seine Website zu schließen. Die Anleger wurden nervös. Die Aktie brach weiter ein. Doch da trat Nash auf den Plan und präsentierte sich erneut als Held. Er führte an, die systembedingte Panik sei eine Kaufgelegenheit, hier sei ein solider Wert ungerechtfertigt in die Krise geraten. Und diesmal lag er richtig. Von einem zwischenzeitlichen Tief von 88 Dollar sprang die Aktie innerhalb weniger Monate auf über 150 Dollar. Und gerade an diesem Nachmittag hatte *CBS MarketWatch* von einem geplanten Zusammengang von Yahoo! und eBay berichtet. Nash erzählte, dass er ein Memo verschickt und darin erklärt habe, wieso eine Übernahme eher unwahrscheinlich war, doch sicher profitierte er von den Höhenflügen der eBay-Aktie, die auf dem nachbörslichen elektronischen Markt Instinet bei über 200 notierte.

Vor ein paar Jahren hatte Nash bereits einen ähnlichen Erfolg verbuchen können, als AOL Probleme hatte, sein System auf die wachsenden Abonnentenzahlen einzustellen und der Service infolgedessen unzuverlässig, um nicht zu sagen lausig war. Als die Portfolio-Manager bei R&H unruhig wurden und bei Nash moralische Unterstützung suchten, rief er sie zusammen und zitierte die Worte Yogi Berras über ein populäres Restaurant: »Da geht doch keiner mehr hin. Ist viel zu voll dort.« Die Manager kapierten und blieben am Ball. Bei AOL zahlte sich das aus und bei eBay ebenfalls. Kein Wunder, dass Nash solches Ansehen genoss. Er wurde »Brash Nash« genannt – Nash, der Draufgänger. Der Zeitungsanalyst von R&H konnte ihn nach wie vor nicht ausstehen, doch alle anderen vergötterten ihn.

Was Cliff ein wenig widersinnig schien, war, dass man normalerweise von einer Firma wie eBay kein Alibi erwarten konnte. Die fortschrittliche Technik war gemeinhin eher dafür bekannt, dass sie Alibis entkräftete, als dass sie welche lieferte. Schließlich konnte man heute über Mobiltelefone Dinge tun, die erst durch die Unabhängigkeit vom Telefonanschluss möglich geworden waren. Wer weiß, vielleicht hätte schon die Verwendung eines simplen Kassettenrekorders Sherlock Holmes im *Hund von Baskerville* zum Scheitern gebracht.

eBay verfügte über ein »Bietagentensystem«, das es Kunden ermöglichte, Gebote abzugeben, ohne zu Auktionsschluss selbst gegenwärtig zu sein. Deshalb hatte Nash ausdrücklich betont, er habe vor seinem Computer gesessen. Online-Auktionen enden an einem bestimmten Tag um eine bestimmte Uhrzeit. Gebote können jederzeit abgegeben werden, doch wenn man nicht aufpasst, riskiert man, dass man um 5 Dollar überboten wird von jemandem, der in der sprichwörtlichen letzten Sekunde schnell noch einsteigt. Wenn Nash die Wahrheit sagte, hielt er in seiner Rechten die Tickets zur Unschuld.

»Ich nehme nicht an, dass Sie mir die zweite Springsteen-Karte überlassen würden?«

»Keine Chance«, meinte Nash. »Aber ein paar von uns gehen heute Abend zum Spiel der Knicks. Hätten Sie vielleicht Lust?«

»Gegen wen spielen sie?«

»Gegen die Rockets«, entgegnete Nash.

Die Rockets waren eine Mannschaft, mit der sich Cliff identifizieren konnte. Ihr Durchschnittsalter war das höchste in der Liga, fast schon antiquarisch. Das war vielleicht die letzte Gelegenheit, Hakeem Olajuwon im Einsatz zu erleben. Für Charles Barkley war es bereits zu spät, der hatte sich im Herbst das Knie ruiniert. Vielleicht würden die Knicks ihn gebührend verabschieden. Das wäre doch nett. Außerdem hatte er so Gelegenheit, Kontakte zu R&H-Leuten zu knüpfen. Und schließlich gab es kein Gesetz, das Mördern verbot, zu Baseballspielen zu gehen.

Wunschgedanken.

»Ich bin dabei«, sagte Cliff.

Kapitel 11

Die Fahrt vom Büro von R&H zum Madison Square Garden mit dem Uptown Express Nr. 2 war ein Klacks – als sei die Strecke genau so durch die Stadt geführt worden, damit die Börsianer noch rechtzeitig zum Spiel kamen. Im Gegensatz zu den Uptown-Zügen der East Side hatte die Linie 2 außerdem den Vorteil, dass sie direkt an der Fulton Street hielt.

Der Zug mit der Truppe von R&H war in der Flatbush Avenue abgefahren, einst ein Mekka für die Spiele der Brooklyn Dodgers in Ebbets Field. Auf der Fahrt über die Wall Street in die Fulton Street waren jede Menge Finanzleute zugestiegen. Um sieben Uhr herrschte noch dicker Feierabendverkehr, was besonders im März belastend war, weil die Heizungen noch nicht mit den natürlichen Erwärmungseffekten der Großstadt rechneten. Im März zur Hauptverkehrszeit in der U-Bahn floss mehr Schweiß als während der Nachtschicht in der Fischfabrik von Van de Kamps.

Der Waggon hatte innen eine dicke, karminrote Farbschicht, die eine antike Atmosphäre erzeugte. Die Haltestellen verstärkten diesen Eindruck noch. Nach der Fulton Street kam Park Place, der Pate gestanden hatte für die Parkstraße im Monopoly-Spiel. Von der Chambers Street ging es dann in die West Side. Die Namen der Stationen waren in der Innenstadt auf kleine Badezimmerkacheln geschrieben, was dem alten U-

Bahn-Netz ein wenig Charme verlieh. Irgendwo hinter der Chambers Street stach Gletz den Finger in Cliffs Seite.

»Pssst«, sagte er. »Ich glaube, da ist Marilu Henner – Sie wissen schon, die Gesundheitstante.«

»Wo?«

»Da drüben. Unter der Devine-and-Fallows-Reklame.« Devine and Fallows war eine Anwaltskanzlei, die sich auf Personenschäden spezialisiert hatte. Ihre Werbetafeln sah man häufig in der Nähe von Baustellen und im hektischen öffentlichen Nahverkehr. Gleich unter der gebührenfreien Telefonnummer saß eine Brünette in einem Armani-Kostüm. Rötliche Strähnchen. Um die 50, ging aber ohne Weiteres noch für 43 durch. Gletz starrte sie an, als erwarte er, dass sie zurücklächeln und ihn mit Tipps aus ihrem neuesten Diätbuch versorgen würde.

Falsch gedacht. Frauen, die allein in New York U-Bahn fahren, lächeln nicht. Sie starren unverwandt in ihre Zeitungen, als müssten sie dringend für eine wichtige Prüfung büffeln.

Cliff blickte in die andere Richtung, bis er das Spiegelbild der Dame im U-Bahn-Fenster entdeckte. Er wandte den Blick auch dann nicht ab, als sie aufsah. Aus irgendeinem Grund machte es denselben Frauen, die es nicht mochten, angestarrt zu werden, gar nichts aus, wenn der Blick durch das Glas reflektiert wurde. Sie ließ sich von ihm mustern, lächelte und konzentrierte sich wieder auf ihre Lektüre. Sie war zwar nicht Marilu Henner, aber trotzdem nicht zu verachten.

Bald hatte der Zug die 34. Straße erreicht – Penn Station. Seit 1968 beherbergte der Penn-Station-Komplex Madison Square Garden. Seither konnten die Fans trocken und geschützt ins Stadion gelangen, selbst wenn ein Wirbelsturm über die Stadt fegte. Die Knicks hatten 1970 und 1973 den Weltmeistertitel errungen, doch seitdem nicht mehr. In der Saison 1998-1999 waren sie nahe dran gewesen. Auf wundersame Weise hatten sie es bis ins Finale geschafft, dann aber gegen die San Antonio Hot Spurs verloren.

Vor zwei Tagen hatten sie in Texas gegen die Spurs gespielt – mit demselben Ergebnis.

Wer Rolltreppen mag, wird Madison Square Garden lieben. Die Skybox von Rutherford & Hayes lag wie die übrigen VIP-Lounges ganz oben im Stadion, weit entfernt von Spike Lees Aktionen in der ersten Reihe. Doch die Skybox von R&H war ja auch nicht für die größten Sportfans der Stadt konzipiert, sondern für wichtige Kunden, Interessenten und sonst höchstens noch zur Beschwichtigung unzufriedener Klienten. Wer unter Höhenangst litt, konnte das Spiel auf einem der Bildschirme verfolgen, die sich im komfortablen, mit Teppich ausgelegten hinteren Bereich der Lounge befanden. In der angeschlossenen Küche wurde fürs leibliche Wohl gesorgt. Als Cliff den Raum betrat, bildete er sich ein, den zarten Duft von Rindsteriyaki wahrzunehmen, doch er rechnete nicht damit, dazu eingeladen zu werden. Zu Recht, wie sich zeigen sollte.

»Cavanaugh, sind Sie das?«

Die Stimme gehörte Sean Cummings.

»Schuldig im Sinne der Anklage, Sean.« Und wenn es ein Verbrechen war, Cliff Cavanaugh zu heißen, so konnte er noch nicht einmal als Ersttäter durchgehen.

Die Atmosphäre war nicht gerade das, was man entspannt nennen würde. Hinter Cummings stand ein Pärchen in den Vierzigern, die gerade aufwändig genug gekleidet waren, dass man sie als potenzielle Kunden erkennen konnte. Der Mann trug ein Ascot-Halstuch à la Klaus von Bülow. Sie wurden von Phil Aarts bei Laune gehalten, der bei R&H für Onlinebrokerage zuständig war. Worum es hier ging, war relativ eindeutig: Die beiden wollten erst bei R&H unterschreiben, wenn sie sich über die Online-Kapazitäten des Unternehmens im Klaren waren. Und wer auch immer sie waren, offensichtlich hatten sie genug Geld, um die großen Tiere für sich zu interessieren.

Cummings sagte: »Ich bin ein wenig überrascht, Sie hier zu sehen, Cavanaugh. Wo Sie doch mitten in einem Fall stecken. Sie glauben doch nicht etwa, dass Patrick Ewing etwas mit der Sache zu tun hat?«

»Soweit es mich angeht, ist jeder verdächtig«, entgegnete Cliff. »Ich will mal sehen, ob ich den Ball nach dem Spiel auf Fingerabdrücke untersuchen lassen kann.«

»Nun, wer Kyle umgebracht hat, wird wohl kaum Fingerabdrücke hinterlassen haben«, meinte Cummings.

»Die Mordwaffe ist voll davon«, sagte Cliff.

»Ich wusste gar nicht, dass man sie gefunden hat.«

»Details, Details.«

»Wie dem auch sei, wenn Sie mit mir sprechen möchten, ist das weder der richtige Ort noch der passende Zeitpunkt.«

»Ich dachte mir, Sie würden vermutlich herkommen, um sich vom Geist Charles Barkleys inspirieren zu lassen«, meinte Cliff. »Immerhin hatte Barkley keine Probleme mit der SEC.«

Dieser Witz erforderte Hintergrundwissen – zu viel womöglich. Cummings wusste vielleicht nicht, dass SEC in manchen Kreisen für Southeastern Conference stand. Und Barkley hatte während seiner Zeit in Auburn in der SEC gespielt. Die einzige SEC, um die sich Cummings je Gedanken gemacht hatte, war aber die Securities and Exchange Commission, die amtliche Überwachungsstelle der Finanzwelt. Er beugte sich so nah zu Cliff, dass dieser sich bestätigt fand – es gab tatsächlich Rindsteryaki.

»Hören Sie, Cavanaugh, was die SEC angeht, das können Sie vergessen. Bis auf Hoopermans gelegentliche Indiskretionen haben wir diesbezüglich eine blütenweiße Weste. Kapiert?«

»Ach, deshalb konnte Hooperman bei keiner Institution landen?« fragte Cliff. »Wegen seiner ›Indiskretionen‹?«

»Kommen Sie, Cavanaugh. Sie wissen so gut wie ich, dass Kyle Hooperman ein Investment-Ass war. Aber er konnte auch ganz schön lästig sein.«

»Also war sein Fehlerkonto offiziell zu weit in den Miesen?« fragte Cliff.

»Gut geraten«, entgegnete Cummings.

»Oh, ich bin stolz auf mein Talent beim Raten«, sagte Cliff. »Darf ich weiterraten, dass die SEC ihre Untersuchung nahezu beendet hat?«

Cummings warf einen Blick auf Mr. und Mrs. Ascot-Halstuch. Sie waren ganz auf Phil Aarts konzentriert. Er wandte sich wieder Cliff zu.

»Dazu kann ich nur sagen, wenn die SEC irgendetwas über jemanden herausfindet, der noch unter uns weilt, so ist der morgen Geschichte. Ist das klar?«

»Ist es Hughie Szabo so ergangen?«

»Szabo war ein fauler Apfel«, sagte Cummings. »Unsere Kunden sind besser dran, seit er weg ist. Die Aktien stehen allenthalben günstiger.«

»Und Szabo? Steht er auch besser da?«

»Er war ein Dieb«, sagte Cummings. »Er hat Gewinne von Kundenkonten abgeschöpft und die verdiente Strafe bekommen. Und mehr werden Sie von mir nicht erfahren.«

»Ach wie schade – gerade jetzt, wo es spannend wird.«

»Wie ich schon sagte, falsche Zeit, falscher Ort.« Cummings hatte eigentlich flüstern wollen, doch diesmal machte er dem Stadionsprecher der Knicks die Arbeit schwer.

»Hey, Sean. Entspannen Sie sich. Sie haben ganz Recht. Lassen Sie uns doch einfach das Spiel genießen, o.k.?«

Zu hören, dass er Recht hatte, beruhigte Cummings schneller

als das Schlaflied von Brahms. Außerdem hatte Cliff nicht das Gefühl, dass das Gespräch noch viel bringen würde.

Nicht, nachdem er Cummings Nase gesehen hatte.

Selbst von den erhabenen Höhen der Skybox aus war ein Basketballspiel im Madison Square Garden ein besonderes Erlebnis. Cliff blickte über das Stadion und sah aufgelistet, welche Knicks-Spieler nicht aufgestellt worden waren: Dick Barnett, Dave DeBusschere, Earl »the Pearl« Monroe, Willis Reed, Walt »Clyde« Frazier. Auch die Nr. 24 tauchte auf, Bill Bradley, der es aus anderen Gründen in die Schlagzeilen geschafft hatte.

Es hätte für Bradley ein großer Tag werden sollen. In einigen Staaten im Süden, darunter auch Texas und Florida, fanden Vorwahlen statt. Doch eine Woche zuvor hatte Al Gore am »Super Tuesday« einen Erdrutschsieg errungen und Bradley aus dem Rennen geschlagen. Heute brachte Gore die Stimmen der Delegierten unter Dach und Fach, die ihm nach ganz oben verhelfen sollten. Und die New Yorker umjubelten Sieger ebenso konsequent, wie sie Verlierer ignorierten. Bradleys Niederlage durchflutete das Stadion wie ein negatives Karma.

Das Spiel, das im Hintergrund begonnen hatte, verlief zunächst recht ereignislos. Die Veteranen Olajuwon und Ewing hatten – wohl aus Ehrfurcht – den Ball zugespielt bekommen, doch sie wussten nicht viel damit anzufangen. Zur Hälfte der ersten Halbzeit stand das Spiel 6:6.

Cliff erhaschte einen Blick auf Fred Gletz. Gletz als Basketballzuschauer war der Inbegriff eines jämmerlichen Dilettanten. Von dem Spiel verstand er gerade so viel, dass er wusste, was ein Korbleger war. Also blieb ihm nur, sich auf den Punktestand zu konzentrieren. Lagen die Knicks zurück, zeigte er Anspannung. Zogen sie nach vorn, atmete er auf. Jede seiner affektierten Gesten roch nach Effekthascherei.

Cliff musste daran denken, wie ein unternehmungslustiger

junger Finanzautor einmal die Höhen und Tiefen eines Basketballspiels in ein Chart eingetragen hatte in der Hoffnung, Gemeinsamkeiten mit dem Auf und Ab auf dem Aktienmarkt aufzuzeigen. Der Vergleich war gar nicht so dumm. Bei beiden Kurven zeigten sich charakteristische kleine Zuwächse, die zu heftigen, kumulativen Ausschlägen führen konnten. Und auch die psychologischen Aspekte waren ähnlich. Das Publikum verstummte immer dann, wenn die Knicks die größten Probleme hatten – selbst wenn per definitionem das Beste noch bevorstand. Derselben Ironie begegneten Trader jeden Tag – zu investieren, wenn man ein ganz schlechtes Gefühl hatte, und zu verkaufen, wenn alles wunderbar lief. Kein Wunder, dass kein Trader das lange aushielt. Da war es schon besser, sich langfristig zu engagieren und Rückschläge in Ruhe auszusitzen. Cliff warf einen Blick auf die Bank der Knicks. Die Spieler dort wirkten ruhig und gelassen, professionell eben. Kein Anzeichen für Panik. Gletz kaute an seinen Nägeln und nahm einen Schluck aus einem Flachmann, der sich als ein Fläschchen Jägermeister entpuppte.

Dann war da noch Phil Aarts, vielversprechend und ehrgeizig, der richtige Mann zur richtigen Zeit. Rutherford & Hayes hatten seit Jahren mit dem Onlinetrading geliebäugelt, doch Aarts hatte dann den entscheidenden Schritt gewagt, als die Schranken fielen. Onlinetrading war in der Welt der traditionellen Broker ein umstrittenes Thema. Der Dreh- und Angelpunkt des Unternehmenskonzeptes eines traditionellen Börsenmaklers war es, den Kunden Händchen zu halten, sie zu beruhigen, vielleicht sogar Geld für sie zu verdienen und die ganze Zeit über satte Provisionen einzustreichen.

Das Geschäftsmodell beim Onlinebroking dagegen sah ganz anders aus. Keine exklusiven Bürogebäude. Kein teuer bezahltes Research. Durch den Wegfall der immensen Gemeinkosten konnten solche Broker ihre Dienste weit günstiger anbieten. Für einen Trade, der bei einem traditionellen Makler früher mit 250 Dollar zu Buche geschlagen hätte, berechnete E*Trade nur 10 Dollar oder sogar noch weniger. Dasselbe galt für DLJ*direct*, Ameritrade und Dutzende anderer Anbieter, die um die Führungsrolle im Online-Geschäft konkurrierten. Es war nur eine Frage der Zeit, bis die Kunden der traditionellen Maklerhäuser aufwachen würden. Der Aktienmarkt schien den Wandel erkannt zu haben, der sich hier vollzog. Anfang 1999 wies Charles Schwab einen höheren Börsenwert auf als Merrill Lynch – bei einem Achtel der Umsätze.

Doch der Konkurrenzdruck machte es Schwab schwer, sich zu behaupten. Die Ironie war, dass das Unternehmen groß geworden war, indem es mit den Vorteilen des Discountbroking geworben hatte. Von eben diesen Vorteilen angetan, eröffneten aggressive Trader mittlerweile Zweitkonten bei Maklern, deren Provisionsstrukturen noch günstiger waren als bei Schwab. Der einzige eindeutige Trend in diesem Gemetzel war, dass die Onlinebroker immer mehr Kunden anzogen. Für Leute wie Sean Cummings war dabei besonders bedenklich, dass Unternehmen wie Merrill Lynch und Rutherford & Hayes Makler verloren. Für traditionelle Makler waren Verwandlungskünstler wie Phil Aarts in etwa so willkommen wie eine Kröte in der Punschschale.

»Hallo, Phil, wie geht's? Cliff Cavanaugh. Ich glaube, wir haben uns letztes Jahr bei den Playoffs kennen gelernt.«

»Ach ja, genau. Die Miami-Serie, richtig?«

»Ja. Was macht das Geschäft?«

»Es bringt mich noch um den Verstand«, sagte Aarts. »Die Staumauern sind gebrochen.« Aarts hatte markante Züge, die ihm den Spitznamen »Junger Türke« eingetragen hatten. Sein Kinn war eine Idee zu lang. Seine Nase war so schmal, dass sie selbst dann noch durch eine Tür passte, wenn ihm diese vor der Nase zugeschlagen wurde.

»Wie kommen Leute wie Gletz mit dem Wandel zurecht?« fragte Cliff.

»Gletz ist mit von der Partie. Er hat ein paar seiner Kunden an Charlie Beecher abgegeben, um uns auf die Sprünge zu helfen.«

Der Aufbau einer Online-Abteilung war ein schwieriges Unterfangen, vergleichbar mit dem »Expansion-Draft«-Verfahren im Baseball oder Basketball, bei dem während der Saison weitere Spieler angeworben wurden. Investmentmanager wiesen aufgeschlossene Kunden auf die Online-Konten hin und gaben zum Wohle der Firma ein paar handverlesene Klienten ab – vielleicht.

»Wie war das bei Kyle Hooperman? Hat er sich fürs Onlinebroking erwärmen können?«

Wenn Aarts überrascht war von dieser Wendung des Gespräches, so verbarg er es gut. »Lassen Sie mich das mal so sagen, Cliff: Kyle stand nicht gerade an der Spitze unserer Spenderliste. Cummings und ich haben versucht, ihm die Sache schmackhaft zu machen, doch er war nicht interessiert.«

Houston erwischte einen Fünfeinhalb-Meter-Pass, und die Menge jubelte. Allan Houston, Spielmacher der Knicks in Hochform. Selbst Gletz entkrampfte sich ein wenig. Das zweite Viertel war schon zur Hälfte gelaufen, und die Knicks lagen mit 33:25 in Führung. Zur Halbzeit hatten sie ihren Vorsprung auf 45:34 ausgebaut.

Von Mr. Ascot-Schal und seiner Frau war nichts zu sehen. Es war nicht ungewöhnlich, dass potenzielle Kunden sich zur Halbzeit verabschiedeten. Die echten Fans nannten sie »Walkies«, und das nicht etwa, weil sie gingen. Der Begriff stammte noch aus den fünfziger Jahren, wo sich so mancher, der besonders »in« sein wollte, ein einzelnes Walkie-Talkie zulegte. Es war zwar im Bereich des Möglichen, dass die Besucher sich in eine der umliegenden Bars zurückgezogen hatten und das Spiel auf TNT verfolgten, doch Cliff hätte nicht darauf gewettet.

Dabei verpassten sie ein spannendes Spiel. New Yorks Führung schmolz im letzten Viertel mehrmals auf einen einzigen Punkt zusammen. Das Team vergrößerte den Abstand zwar wieder auf fünf Zähler, doch dann wurde ein Foul für den Verteidiger Chirs Childs angezeigt und im selben Spielzug erhielt Marcus Camby wegen eines disqualifizierenden Fouls einen Platzverweis. Das Spiel stand 70:69. Ewing und Latrell Sprewell übernahmen und brachten die Knicks um sechs Punkte voran, auf 79:73. Da machte Houstons Steve Francis drei Punkte und halbierte damit die Führung. Cliff lächelte zu Jeremy Nash hin. Nash verstand die Anspielung sofort. Francis hatte in einem Spiel gegen Denver vor drei Wochen einen Zahn verloren und der Houston-Fan, der ihn gefunden hatte, hatte ihn unverzüglich von eBay versteigern lassen. Nashs Lieblingsfirma hatte sich damit zur Zahnfee gemausert.

Houston konnte den Abstand nicht weiter verringern. Olajuwon wurde noch ausgewechselt, und die Knicks gewannen mit 91:85. Der Abend war ein voller Erfolg. Doch das wäre er auch gewesen, wenn Ewing alle Freiwürfe vergeben hätte und die Rockets mit dem Schlusspfiff noch gewonnen hätten.

Denn Sean Cummings verkrampfter Nase nach zu urteilen war etwas faul bei Rutherford & Hayes.

Kapitel 12

Der Schnee am Vorabend hatte trügerische Erwartungen geweckt. Stattdessen war der Winter einem jener klaren, frischen Tage gewichen, die – zumindest in der nördlichen Hemisphäre – so typisch sind für den Monat März. Die Mittagssonne wärmte Cliff und Trace, während sie sich ihren Weg durch die Menge derer bahnten, die die Mittagspause zum Einkaufen nutzten. Ihr Ziel: die Eisbahn des Rockefeller Centers – lediglich als Zuschauer allerdings. Die Eisbahn war zu 90 Prozent von Vorschulkindern bevölkert, die ihre ersten Schritte hin zu einer Karriere bei den Anaheim Mighty Ducks wagten. Dabei befanden sich eindeutig zu viele Spieler auf dem Eis.

»Genießt es, Kinder«, sagte Trace in die Eisbahn hinein. »Bald ist die Saison zu Ende.«

»Gott sei Dank«, meinte Cliff und sog tief den Atem ein. »Ah, ich spür es schon. Wie ging noch gleich das Gedicht? ›im Fastfrühling … und die welt ist pfützenherrlich.‹«

»e.e. cummings«, stellte Trace mit ungläubig sanfter Stimme fest. Ihre Augen weiteten sich merklich. Sie nickte anerkennend, und dabei verwandelte sich ihr Mund in einen Halbmond und das Kinn in einen Pfirsichkern. »Ich bin beeindruckt, Cliffie. Hätte Ihnen ehrlich gesagt nicht zugetraut, dass Sie so etwas kennen.«

»Selbstredend ist das e.e. cummings, und natürlich kenne ich es. Ich wende nur an, was ich während meiner Maklerausbildung gelernt habe.«

»Ach, Cliffie, Sie glauben wohl, mir könnten Sie alles weismachen, wie?«

»Nein, ganz im Ernst – sozusagen. Sie haben natürlich Recht. Man muss nichts von den schönen Künsten verstehen, um Börsenmakler zu werden. Doch man lernt dabei die schöne Kunst, die Leute mit Wissen zu blenden, das lange nicht so umfassend ist, wie es aussieht.«

»Ich glaube nicht, dass das die Maklerausbildung mit sich bringt. Ich glaube, das wird gemeinhin als der Amerikanische Traum bezeichnet«, sagte Trace. Sie warf den Kopf nach hinten und ließ sich die Sonne ins Gesicht scheinen.

»Um so wichtiger, dass man diese Kunst beherrscht«, meinte Cliff. Er bewegte seinen Hände mit gespreizten Fingern nach unten, als wäre er Seiji Ozawa, der sein Orchester adagio spielen ließ.

»Erst einmal muss man kapieren, worum es geht. Dann muss man sich die Brocken herauspicken, über die man Bescheid weiß. Wenn man schließlich das Ende der Fahnenstange erreicht, muss man – und das ist mindestens genau so wichtig – schnell das Thema wechseln können, ohne dass jemand den Braten riecht.« Triumphierend breitete er die Arme aus.

»Und der ahnungslose Rest der Welt hält euch für gebildeter, als ihr jemals sein werdet?«

»Ganz genau. Wenn ich auf eine Party gehe und die Leute dort über Baseball sprechen, dann werfe ich ein, dass Ty Cobb einen Gesamtschnitt von 0,344 erreicht hat, und verziehe mich rasch aufs Klo. So mancher einer denkt dann: ›Wow, dieser Cavanaugh hat wirklich Ahnung. Er kennt die Durchschnittsleistung jedes Schlagmannes, der je gespielt hat.‹«

»Schon möglich«, räumte Trace ein.

»Das funktioniert besser, als Sie glauben«, fuhr Cliff fort. »Man nennt es das Extrapolationsprinzip, und es wirkt wie eine Zauberformel.«

»Dann kennen Sie also nur diese Zeilen des Gedichts?«

»Nicht ein Wort mehr. Sonst hätte ich es zitiert.«

In der prallen Märzsonne war die Temperatur inzwischen in den positiven Bereich geklettert. Zumindest brauchte man keine Handschuhe mehr – eine Erleichterung für Cliff, der ein Falafel-Sandwich aus der Alufolie wickelte. Tahini-Sauce auf der bloßen Hand war schon schlimm genug. Auf Lederhandschuhen war es eine echte Katastrophe. Trace hatte zu den Sandwiches Mountain Dews bestellt, eine gute Wahl. Das Zeug wurde in Dosen verkauft, sodass man es nicht anschauen musste, und schmeckte erstaunlich gut zum Falafel. Cliff hatte zum Nachtisch noch eine Scheibe Baklava geordert.

»Ich glaube, ich werde meiner Mutter erzählen, dass mich ein Gentleman, der Gedichte rezitieren kann, zu einem exotischen Mittagessen in der Stadt eingeladen hat«, meinte Trace.

»Klingt gut, aber könnten Sie nicht einen *gut aussehenden* Gentleman draus machen?« fragte Cliff und biss in seinen Gemüsebratling. »Wozu flunkern, wenn man auch gleich richtig lügen kann?«

»Meinetwegen. Sie wollen mir also sagen, gut aussehender Gentleman, dass Lou Battaglia daneben gelangt hat, richtig?«

»Leider«, seufzte Cliff. »Er hält sich im Moment für den größten Versager in der Branche. Und wie ich Lou kenne, wirft der sich jetzt Prozac* ein, als wären es Vitaminpillen.«

»Ach, nun kommen Sie schon. Man muss ihn doch irgendwie aufheitern können. Können Sie ihm nicht erzählen, dass Chris-

* Ein Antidepressivum (Anm. d. Red.).

tiaan Barnard* mal eine Geburtszange in einem Brustkorb vergessen hat oder so? Vielleicht fühlt er sich besser, wenn er hört, dass andere noch größeren Mist bauen.«

»Ich fürchte, das sitzt tiefer«, entgegnete Cliff. »Lous Problem war, dass ihn der Markt praktisch bestätigt hat. So konnte er seinen Fehler eigentlich erst erkennen, als es schon zu spät war. Außerdem war er nicht der einzige Analyst, der sich mit 3-D Live verspekuliert hat. Er ist nur der einzige, der Schamgefühl besitzt.«

»Wie hat denn die Aktie heute Morgen reagiert?«

»Sie hat bei 15 eröffnet, um 21 Zähler im Minus. Ein Einbruch um 60 Prozent.«

»Und Lou empfiehlt sie immer noch?«

»Nein, nein, er hat bereits gestern Nachmittag zum Rückzug geblasen, als sie noch bei 36 lag, doch da war schon nicht mehr viel zu retten. Analysten machen das nur, um ihr Gesicht zu wahren. Wenn das Verkaufssignal die Nachricht ist, dass das Produkt einer Firma nicht funktioniert, dann kommt es naturgemäß zu spät.«

»Das Produkt? Ich dachte, 3-D Live wäre in verschiedenen Sparten tätig?«, fragte Trace. Auch ein ganzer Mund voll Pitabrot konnte ihren Wissensdurst nicht bremsen.

»Sind sie auch«, bestätigte Cliff. »In der Fitnessbranche – ActivEnergy zur Stromerzeugung, oder wie das heißt. Für die Investoren war jedoch die Hologramm-Geschichte interessanter, weshalb sie sich in erster Linie darauf konzentriert haben.«

»Meine Güte. Und da heißt es immer, der Markt sieht alles und weiß alles.«

»Nur in der Theorie«, meinte Cliff. »Dort wird ständig

* Christiaan Barnard führte 1967 die erste Herztransplantation durch (Anm. d. Red).

erzählt, dass alle öffentlich zugänglichen Informationen bereits in den Kurs einer Aktie eingeflossen sind oder ähnlicher Humbug. Ganz vergessen wird dabei, dass der Markt manchmal fast so blind ist wie Mister Magoo.«

»Bei einem Einbruch um 60 Prozent war er ganz schön blind«, stimmte Trace zu.

»Ja, 60 Prozent, das ist nicht gerade das, was man als knappe Handelsspanne bezeichnen kann«, meinte Cliff. »Ich will ja nicht sagen, ›Hab ich's nicht gleich gesagt‹, aber ich hatte noch nie viel übrig für Firmen, die in zwei völlig unterschiedlichen Sparten tätig sind. Ich könnten Ihnen zwanzig Gründe dafür nennen, weshalb ich die Finger von solchen Aktien lasse.«

»Zwanzig Gründe, ja?« Trace sah Cliff eine halbe Sekunde länger an, als ihm lieb war. Zu dumm, dass er sich gerade den Bauch so voll geschlagen hatte, denn er hätte seine Worte gern wieder hinuntergeschluckt.

Trace strich ihre braune Sandwichtüte glatt und zog einen grünen Filzstift aus der Tasche. »Na, dann mal los, Cliffie. Sie können auch die Rückseite voll schreiben. Aber denken Sie dran, ich muss um 13.30 Uhr bei *Cloud 9* sein.«

Cliff fragte sich ernsthaft, ob es noch nicht zu spät war, eine »Keine-dumme-Witze«-Klausel in Traces Vertrag aufzunehmen. *Cloud 9* von Carol Churchill war die neueste Mainstage-Produktion. Trace stand im Moment eindeutig höher im Kurs als er. Mit spitzen Fingern nahm er das improvisierte Schreibpapier entgegen, als habe sich die Serviette in der Tüte in eine Giftschlange verwandelt. Doch er konnte sich schlecht drücken. Er zog die Serviette heraus und befeuchtete sie, indem er seine Mountain-Dew-Dose damit abwischte – ein Waschlappenersatz, den er nach seinem Falafel-und-Baklava-Menü dringend brauchte. Er wischte sich die Finger ab und sah zu Tracy hinüber, während er die Kapsel vom Filzstift nahm. Ganz oben auf der Tüte, gleich unter dem Union-Camp-Logo, fing er an zu kritzeln:

Grund Nr. 1: Der Markt ist zwei verschiedenen Arten von Turbulenzen ausgesetzt statt nur einer.

»Genau das ist eben bei 3-D Live passiert«, erklärte Cliff.

»O.k., das war einer. Neunzehn fehlen noch.«

Cliff schrieb weiter.

Grund Nr. 2: Die Folgen fehlgeleiteter Einkaufspolitik

»Sie können sich nicht zufällig an eine Firma namens CML Group erinnern?« fragte Cliff.

»Kommt mir irgendwie bekannt vor«, entgegnete Trace.

»Sie ist besser bekannt als das Unternehmen hinter Nordic-Track*.«

»Wie das mittelalterliche Folterinstrument, das in meinem Elternhaus auf dem Dachboden steht, ja?«

»Nun, Sie wissen sicher, wie die Geschichte abgelaufen ist«, sagte Cliff. »Aber ob Sie es glauben oder nicht, Anfang der Neunziger sind die richtig groß rausgekommen. Damals haben sie den Smith-&-Hawken-Gartenversand gekauft.« Cliff machte eine Kunstpause. »Jetzt müssten Sie eigentlich fragen, wieso das Unternehmen eine Firma mit so wenig Synergieeffekten übernommen hat.«

»Meine Güte, Cliff, Sie werden mir direkt unheimlich«, sagte Trace. »Gerade wollte ich fragen, wie in aller Welt sie eine Firma mit so wenig Synergieeffekten kaufen konnten.«

»Weil sie Geld übrig hatten, das sie arbeiten lassen wollten,

* Ein Hometrainer (Anm. d. Red.).

deshalb. Und das ist die böse Falle. Wenn ein Produkt wie NordicTrack von den Kunden aus den Regalen gerissen wird, kommt viel Bares in die Kasse.«

»Und was soll daran schlecht sein?« Aus Traces Gesicht sprach die reine Verwirrung.

»Nun, gar nichts, solange das Unternehmen damit jedes Jahr ein neues NordicTrack kauft«, erläuterte Cliff. »Denn dann könnte es das Geld theoretisch immer wieder ins Geschäft stecken und so noch mehr Geld machen. Gelingt das nicht, macht sich Nervosität breit. Alle wissen, dass die Barüberschüsse dann nicht mehr Ertrag bringen, als mit einem Geldmarktkonto zu holen ist. Wenn also der Trend bei der Ertragslage beibehalten werden soll, dann müssen sie einfach *irgendetwas* kaufen. Glauben sie jedenfalls. Also machen sie sich auf und kaufen, was ihnen gerade in die Finger kommt.«

»Sie hätten lieber MCI kaufen sollen«, warf Trace ein. »Das wäre zumindest eine Firma gewesen, deren Name ebenfalls eine römische Zahl darstellt.«

»Nun, dafür fehlten ihnen lächerliche 30 Milliarden Dollar«, meinte Cliff. »Das Problem ist, dass sich die Analysten schwer tun mit Unternehmen, die sich von jetzt auf sofort in einer zweiten Sparte engagieren, selbst wenn alles gut läuft. Die Aktie legt dann nicht mehr mit gewohnter Geschwindigkeit zu. Zählt das als dritter Grund?«

»Sicher, wieso nicht? Ich will nicht kleinlich sein.«

»Nicht kleinlich? Sie wissen ganz genau, dass mir gleich die Argumente ausgehen.«

Cliff vernahm ganz deutlich ein amüsiertes Kichern, während er die nächsten Zeilen schrieb.

Grund Nr. 3: Ein zweigeteiltes Unternehmen ist nur so stark wie die schwächere Hälfte.

»Ich glaube, in diesem Zusammenhang fällt mir noch ein Grund ein«, sagte Cliff und kritzelte eifrig.

Grund Nr. 4: Der Nimbus-Effekt

»Das Schlimmste ist womöglich, dass es dämliche Anleger gibt, die Fragen stellen wie ›Ich hätte gern gewusst, ob das fähige Managementteam von CML mit Smith & Hawken einen weiteren Trumpf aus dem Ärmel zieht?‹«

»Aber das ist doch eine verständliche Frage,« meinte Trace.

»Verständlich schon, aber das ist natürliche Empfängnisverhütung auch. Ich persönlich sorge lieber vorher für Sicherheit, als hinterher zu lamentieren.«

»Das verstehe ich jetzt nicht«, meinte Trace. »Wo liegt denn das Risiko?«

»Das Risiko besteht bereits in der Grundannahme, dass die Fähigkeiten des Managements der Firma auf eine völlig andere Produktlinie übertragbar sind. Denken Sie mal darüber nach. Alles, was die Investoren über das Management wissen, ist, dass das Unternehmen Gewinn gemacht hat. Und darüber freut man sich als Aktionär natürlich.«

»Klar.«

»Also bleibt nur noch die Frage, ob die guten Zeiten von Dauer sind, nicht wahr?«

»Vermutlich.«

»Wir haben aber Folgendes beobachten können: Wenn ein Unternehmen mit einem erfolgreichen Produkt auf Kauftour geht, heißt das, dass ihm die Reinvestitionsmöglichkeiten in der Sparte ausgehen, in der es ursprünglich erfolgreich war. Und das ist eindeutig ein Verkaufssignal.«

»Aber …«

»Augenblick noch, Trace, ich bin noch nicht ganz fertig. Man sollte doch meinen, dass die CML-Aktionäre dem Himmel dafür danken würden, dass NordicTrack eingeschlagen ist und ihnen gutes Geld eingebracht hat, oder? Ich habe nichts gegen Smith & Hawken, aber ist es nicht ziemlich unverständlich, wegen Gartengeräten in helle Aufregung zu geraten, nur weil sie von einem Unternehmen gekauft werden, das mit Sportausrüstung großen Erfolg hatte?«

»Warum tun die Leute dann so etwas?«

»Das liegt in der Natur des Menschen«, erklärte Cliff. »Wir bringen es einfach nicht fertig, aufzuhören, wenn's am schönsten ist.«

»Und ich dachte, jeder Anleger wüsste, dass man zu niedrigen Kursen kaufen und zu hohen abstoßen soll.«

»Ja, sicher, im Grunde wissen wir das, aber im wirklichen Leben funktioniert das nicht so«, meinte Cliff. »Im wirklichen Leben meint CBS, die alten Serien immer wieder aufzuwärmen sei eine klasse Idee, und die Stars unter den Talkshowmastern müssen kämpfen, bis sie 80 sind.«

»Da ist etwas Wahres dran, Cliffie.«

»Mehr als nur etwas. Aufzuhören, wenn es gerade gut läuft, ist einfach unamerikanisch.«

Da wurde Cliff vom Hufgeklapper eines der berittenen New Yorker Polizisten abgelenkt, der auf einer kastanienbraunen Stute die 49. Straße herunterkam. Als er aufsah, bemerkte Cliff, dass rund zwanzig Umstehende seine leidenschaftliche Lektion über Geldanlage mit amüsiertem Interesse verfolgten. Obwohl ständig von der Informationsflut zum Thema Investment die Rede war, hatte Cliff den Eindruck, dass die Leute nie genug davon bekommen konnten. Selbst das Pferd, dass sich der Gruppe genähert hatte, schien interessiert.

»Ist es schon halb zwei?«

»Erst zwanzig vor eins.«

»Wie lange brauchen Sie zurück zur NYU?«

»Zwanzig Minuten«, meinte Trace. »Wenn ich laufe, ein bisschen weniger.«

Cliff erhob sich abrupt, als käme gerade die Königinmutter vorbei.

»Da, ein Seeadler!« Er deutete mit seinem grünen Filzstift hoch über die 49. Straße.

Trace verdrehte die Augen. »Cliff, wenn zur Essenszeit ein Seeadler zum Rockefeller Center geflogen käme, hätte er sich schon längst eines der Kinder dort unten geschnappt.«

»Kein Seeadler?«

»Kein Seeadler, Cliffie. Höchstens eine sehr übergewichtige Taube.«

»Nun, sieht so aus, als schaffte ich die zwanzig nicht ganz.«

»Sieht so aus«, bestätigte Trace. »Aber ich lasse Sie vom Haken. In meinen Augen ist *ein* guter Grund ohnehin genug. Vier sind ja schon der Overkill.«

Cliff hörte einen Hauch von Gönnerhaftigkeit heraus, doch Trace hatte im Grunde Recht. Die meisten richtigen Anlageentscheidungen trifft man aus einem guten Grund heraus, der mehr wiegt als vier weniger triftige Gründe, die sich gemeinsam als schwerwiegend präsentieren.

»Wenn ich so darüber nachdenke«, meinte Cliff, »dann ist das, was gerade mit 3-D Live passiert, eigentlich nur die Umkehrung manch anderer Muster, die ich beobachtet habe.«

»Inwiefern?«

»Nun, zunächst war 3-D Live von Anfang an ein Unternehmen mit zwiegespaltenem Charakter, nicht erst durch Zukäufe.«

»Und gibt es diesmal ein zweites Argument?« Traces Kichern nahm Formen an, die ein penibler Polizist sicher als Ruhestörung bezeichnet hätte.

Cliff meinte: »Ja, und zwar ein schlagendes. Bei 3-D Live haben wir es tatsächlich mit einem Anti-Nimbus-Phänomen zu tun. Das soll heißen, dass es im Moment völlig unerheblich ist, was bei ActivEnergy vor sich geht. Der Markt hat beschlossen, dass alles, was auch nur entfernt mit Hubert Stanislaw zu tun hat, in den Reißwolf gehört.«

Cliff steckte die Kapsel auf den Filzstift. Er griff nach der Brottüte und versuchte einen 3-Meter-Wurf in den Mülleimer. Die Papierkugel prallte vom Rand ab. Bevor der besagte berittene Polizist vom Pferd steigen konnte, hob er sie rasch auf.

»Eins noch«, sagte Cliff. »Konnten Sie die Schläger besorgen?«

»Ja, die hab ich.«

»Gut. Das sollte uns weiterhelfen. Möchten Sie noch ein paar Tipps?«

Kapitel 13

Man sollte ja bekanntlich niemals nie sagen, doch Trace hätte noch vor wenigen Wochen die Rechtsanwaltskosten der Clintons darauf verwettet, dass sie nie um halb sieben aufstehen würde, um Golf zu spielen. Weder Minigolf, noch Microsoft-Golf und erst recht nicht richtig Golf. Doch das war, bevor sie sich an den einzelgängerischen Erwin Sparks Jr. heranmachen sollte.

Sparks war nicht mehr Kunde bei Rutherford & Hayes. Kaum zwei Wochen nach Kyle Hoopermans Ermordung hatte er sein Konto gekündigt. Doch seinen Lebensstil hatte er beibehalten. Er war Leiter einer Options-Trading-Firma und dafür bekannt, dass er sich den einen oder andern Luxus gönnte. So wurde erzählt, dass er, wann immer es das Wetter erlaubte, früh am Morgen zügig die 18 Löcher eines privaten Country Clubs in Darien, Connecticut, abspielte. Wenn es überhaupt eine Gelegenheit gab, ihn anzusprechen, dann dort.

Die Fahrt nach Darien verlief reibungslos. Die spikesbesetzten Golfschuhe, die Trace trug, verstärkten den Druck aufs Gaspedal. Außerdem war es angenehmer, stadtauswärts zu fahren als stadteinwärts. Es gab eine landschaftlich reizvolle Strecke über den Meritt Parkway, doch Trace war in Eile. Sie nahm stattdessen die Route 95. Als sie an der Ausfahrt 20 – Rye, New York – vorbeikam, widmete sie dem ermordeten Kyle Hooperman im Geist eine kurze Gedenksekunde. Von dort waren es zehn Minuten bis zur Mautstelle Greenwich, dann noch zehn Minuten durch den schmalen Streifen Connecticut bis zur Ausfahrt Darien. Die Route 95 wurde gesäumt von tristen Gewerbegebieten und Reklametafeln – ein ganz falscher Eindruck, denn in den nahen Wäldern lagen ein paar ausgesprochen noble Anwesen. Hier fand wirklich jeder sein Traumhaus – vorausgesetzt, er konnte diverse Vorstandsvorsitzende oder auch Ivan Lendl überbieten.

Darien wirkte recht verschlafen, als Trace von der Autobahn abbog, doch was Erwin Sparks anging, mochte das anders aussehen. Eine Wegbeschreibung aus dem Internet war äußerst hilfreich. Das Personal an Tankstellen hätte womöglich den Weg zum Wee Burn Country Club gar nicht gewusst oder nicht verraten. Cliff zufolge war der Club nach einem Begriff aus dem Golfsport benannt. Ein »burn« war ein gewundenes Wasserhindernis und ein »wee burn« dasselbe in klein.

Sie bog nach links in Richtung Middlesex ein und nach einem reichlichen Kilometer sah sie schon das Schild, nach dem sie Ausschau hielt: Hollow Tree Ridge Road. Der Name war zu lang für die bunt bemalten Briefkästen, an denen Trace vorbeirauschte. Sie waren entweder kräftig rot oder kräftig grün, als gäbe es dazu eine gemeindliche Richtlinie. In klarem Weiß prangten Ziffern in der Schriftart Helvetica darauf. Es war eine hübsche Landstraße. Trace beschloss, auf der Rückfahrt die Geschwindigkeitsbegrenzung einzuhalten.

Nach wenigen Minuten hatte sie eine T-Kreuzung erreicht, und dahinter lag der Parkplatz von Wee Burn. Es war fünf nach acht – vielleicht zu spät, vielleicht aber auch nicht. Mit kreischenden Bremsen setzte sie in eine Parklücke, als übte sie für Domino's. Sie nahm die Golftasche vom Rücksitz, die die Schläger ihres Großvaters enthielten aus Tagen, als Holzschläger noch tatsächlich aus Holz waren. Egal. Sie waren sowieso nur Requisiten. Passend zur leichten grünen Golferjacke trug Trace eines dieser weißgrünen Schirmchen auf dem Kopf, wie man sie bei der LPGA-Tour sehen konnte. Ihre Haare hatte sie zu einem Pferdeschwanz zusammengefasst, der am Hinterkopf aufsprang wie ein Rasierpinsel. Die Krönung aber waren weiße Hosen, die dem Monat März völlig unangemessen waren und jedem gesunden Menschenverstand widersprachen.

Niemand war in der Nähe. Sie schulterte die Golftasche und eilte am Clubhaus vorbei über den Personalparkplatz, der wie gerufen gleich neben dem 18. Loch lag. Sie holte einen Ball hervor und warf ihn in einen der drei Sandbunker vor dem Green. Dann zog sie den Schläger für Pitchshots heraus, legte die Tasche in einiger Entfernung vom Green ab, wie Cliff ihr gesagt hatte, und begann, mit dem Schläger herumzufuchteln. Bis sie den Ball soweit hatte, dass sie putten konnte, hatte sie sich schon an einen zweifachen Bogey herangearbeitet. Sie tauschte ihren Schläger gegen den Putter.

Kurz darauf bemerkte sie einen Mann mit orangefarbenem Pullover und weißen Hosen, der sich vom 18. Fairway her näherte. Wenn ihre Recherchen korrekt waren, so musste es sich dabei um Erwin Sparks handeln. Doch es hätte genauso gut der berühmte Quarterback Y. A. Tittle sein können. Schwer zu sagen auf diese Entfernung. Wer er auch war, er blieb stehen, nahm einen Schläger aus der Tasche und wartete. Da ging Trace auf, dass er wohl erst spielen würde, wenn sie eingelocht hätte.

Trace stupste den Ball an, doch viel zu schwach. Hatte sie gedacht. Dabei hatte sie außer Acht gelassen, dass der Rasen leicht abschüssig war. Der Ball rollte auf den Rand des Greens zu und war nur noch eineinhalb Meter von dem Bunker entfernt, aus dem sie sich so mühevoll herausgekämpft hatte. Da fiel ihr einer von Cliffs Tipps ein: Wenn du nicht einlochen kannst, dann sorge wenigstens dafür, dass der andere *glaubt*, du hättest eingelocht. Sie puttete erneut, diesmal bergauf, und der Ball blieb etwa zweieinhalb Meter vom Loch entfernt liegen. Der Rest war ein Kinderspiel. Sie stupste ihn noch einmal mit dem Putter. Da der Mann in Orange viel zu weit weg war, um zu sehen, was vor sich ging, nahm sie den Ball etwa einen Meter vom Flaggenstock entfernt auf, ließ ihn in der Hand verschwinden und tat dann so, als hole sie ihm aus dem Loch heraus – wie Harry Blackstone, wenn er hinter dem Ohr eines Zuschauers einen Silberdollar hervorzauberte. Einlochen mit drei Schlägen nach Cliff Cavanaugh.

Trace trat beiseite, legte ihren Putter zu den anderen Schlägern, nahm ihre Tasche auf und winkte dem Mann in Orange zu. Dann zog sie eine imaginäre Scorekarte hervor und tat so, als trüge sie ihr Ergebnis ein. Im Ernstfall, überlegte sie, hätte sie für den ganzen Platz sicher rund 250 Schläge gebraucht, die zehn Strafschläge für die Verletzung der Regeln des Marquis of Queensberry an Loch 18 gar nicht eingerechnet. Während sie so tat, als ob sie rechnete, landete der Ball des anderen Spielers drei Meter vom Loch entfernt. Trace applaudierte. Er tippte sich an die Mütze.

Während der Mann in Orange sich dem Green näherte, entsprach er immer mehr der Beschreibung, die Trace sich beschafft hatte. Er war circa 35, durchtrainiert und gut aussehend. Sein lockiges Blondhaar quoll seitlich unter der Kappe hervor. Er trug einen Schnurrbart in gleicher Farbe.

»Sie sind neu hier?« fragte er. Die Gelegenheit zum Birdie schien vergessen.

»Kann man wohl sagen«, entgegnete Trace.

Der Mann kam auf sie zu. Er tippte mit der linken Hand an die Mütze und reichte ihr die rechte, die für einen so kühlen Tag ziemlich verschwitzt war – sicher, weil er gerade seinen Golfhandschuh abgestreift hatte.

»Freut mich, Sie kennen zu lernen«, sagte er. »Mein Name ist Lucky Sparks.« Welch geschickte Umgehung von »Erwin«.

»Ich heiße Rosie«, sagte Trace, nach Rosie Ruiz, der berühmten Quereinsteigerin beim Boston Marathon. Es war schwer, ein Spiel beim letzten Loch zu beginnen, ohne an Rosie zu denken.*

Trace hatte vergeblich versucht, Cliff davon zu überzeugen, dass er lieber mit Erwin Sparks golfen sollte. Immerhin hatte er zumindest vorher schon mal gespielt. Doch Cliff hatte steif und fest behauptet, dass Männer auf dem Golfplatz nie mit Fremden sprächen, es sei denn, der Fremde sei zufällig eine Frau. Trace konterte, dass kaum eine Frau früh morgens um acht besonders empfänglich für Anmache sei, doch Cliff meinte, dass Frauen nicht empfänglich seien, habe Männer noch nie davon abgehalten, ihr Glück zu versuchen.

»Ich habe nicht damit gerechnet, dass schon vor mir jemand auf dem Platz sein würde«, meinte Lucky.

»Na ja, ich habe nur die letzten neun Löcher gespielt«, erwiderte Trace. »Das reicht mir für heute.«

»Ich möchte nicht aufdringlich sein, aber Sie hatten offensichtlich Probleme beim Putten«, sagte er. »Vielleicht könnte Ihnen eine Lektion vom alten Lucky den einen oder anderen Schlag ersparen.«

»Wissen Sie, ich glaube nicht, dass ich Unterricht brauche«, meinte Trace. »Ich sollte im März einfach wegfahren. Um mein

* Rosie Ruiz gewann am 21. April 1980 als erste Frau den Boston Marathon. Für jemanden, der gerade 26 Meilen gelaufen war, wirkte sie sehr frisch und entspannt. Wie sich herausstellte, war Rosie Ruiz nicht die gesamte Strecke gelaufen, sondern hatte sich erst während der letzten Meile unter die Marathonläufer gemischt. Sie wurde disqualifiziert (Anm. d. Red.).

Golfspiel steht es so schlecht wie um meine Aktien. Wieso also nicht lieber gleich die Koffer packen?«

Lucky lachte laut auf – etwas lauter vielleicht, als er beabsichtigt hatte. Doch er konnte nicht anders. Männer auf der Pirsch sind es nicht gewohnt, dass die Frau die Witze macht. Das verunsichert sie. Sie reagieren dann gewöhnlich übertrieben, wie Reagan beim Fototermin mit dem überkandidelten Yassir Arafat.

»Spekulieren Sie an der Börse, Lucky? Bei Ihrem Namen sollten Sie. Wer Lucky heißt, muss doch ein glückliches Händchen haben.«

»Da könnten Sie Recht haben. Tatsächlich habe ich an der Börse ganz gut verdient«, meinte er und grinste dabei über das ganze Gesicht, als hätte er gerade einen Neun-Pfund-Barsch aus dem »wee burn« geangelt.

»Sie kümmern sich selbst um Ihre Geldanlage?« fragte Trace.

»Größtenteils ja«, bestätigte Lucky.

»Wie schade«, entgegnete Trace. »Ich wollte Sie gerade fragen, ob Sie mir nicht einen guten Finanzberater empfehlen können.« Sie schüttelte den Kopf. »Aber was soll's. Wir sind wohl noch nicht bedeutend genug, als dass sich ein Hedge-Fund für uns interessieren würde – nicht wahr, Lucky?«

»Nun, jetzt, wo Sie es sagen – einen Teil meiner Anlagen hat früher eine Firma in Manhattan verwaltet«, sagte er.

»Welche Firma?« fragte Trace.

»Rutherford & Hayes«, sagte Lucky.

»Der Name kommt mir bekannt vor. Können Sie sie empfehlen?« bohrte Trace.

Die Unterhaltung ähnelte immer mehr einer Werbesendung für EFHutton.

»Ob ich sie empfehlen kann?« wiederholte Lucky. »Kommt drauf an. Verstehen Sie etwas von Kommunalobligationen?«

»Nein«, erwiderte Trace.

»Nun, vielleicht sollten Sie sich mal dafür interessieren. Auf Anraten von Rutherford & Hayes habe ich meine Schatzwechsel abgestoßen und bin letztes Jahr auf Kommunalobligationen umgestiegen. Die Schatzwechsel brachten 6,1 Prozent Rendite, doch nach Steuern blieben davon nur 3,7 Prozent.* Meine Kommunalobligationen werfen 4,8 Prozent ab, steuerfrei. Kein schlechtes Geschäft.«

»Warum sind Sie dann weggegangen?« erkundigte sich Trace.

»Gute Frage«, meinte Lucky. »Haben Sie auf dem Parkplatz einen Ferrari gesehen?«

»Nicht, dass ich wüsste«, entgegnete Trace.

»Konnten Sie auch gar nicht, und wissen Sie, warum?«

»Vielleicht, weil ich morgens nicht besonders aufmerksam bin?«

»Nein. Sie konnten keinen sehen, weil keiner da war.«

Er machte ein Kunstpause, um Trace Zeit zu geben, die Leere wahrzunehmen, von der er sprach.

»Sehen Sie«, fuhr Lucky schließlich fort, »ich habe meinem Berater gesagt, dass ich bestimmte Aktien abstoßen und mir vom Gewinn einen Ferrari kaufen möchte, denn mir war eben danach. Doch bis er den Verkauf über die Bühne brachte … na ja, sagen wir einfach, zu dem Preis kriegen Sie heute keinen Ferrari mehr. Ich habe mir stattdessen einen Saab Turbo gekauft.«

Er klang bedrückt. Trace fragte sich gerade, warum sie seinen Namen nicht auf einer der Bedürftigenlisten gesehen hatte, die zur Weihnachtszeit in der *New York Times* veröffentlicht werden. Dass es sich bei der fraglichen Aktie um URLybirds handelte, daran bestand kein Zweifel. Nach den von Linda Greer

* In der Welt von Lucky Sparks zahlte man einen Einkommensteuersatz von 39 Prozent. Also rechnete er einfach $6{,}1 \times (1{,}00 - 0{,}39) = 3{,}7$.

beschafften Unterlagen war das die einzige Aktie, die er im Jahr 2000 verkauft hatte, und zwar gerade zwei Tage vor dem Mord an Kyle Hooperman.

»Ich dachte, die meisten Menschen unterschieden zwischen langfristigen und kurzfristigen Anlagen«, meinte Trace.

»Nun, schöne Frau, damit mögen Sie Recht haben, aber ich sage Ihnen eins: Wenn Sie nie verkaufen, haben Sie nur Papier und vielleicht ein wenig Genugtuung, wenn Sie auf Ihre Kontoauszüge schauen. Für mich ist es sinnlos, Geld zu horten, wenn man nie verkauft.«

»Ich glaube, ich verstehe nicht ganz«, meinte Trace. Sie beherrschte ihren Text aus dem effeff.

»Ich will mal so sagen«, erklärte Lucky. »Ich kenne jemanden, der einen von Babe Ruth signierten Baseball besitzt. Er sei Millionen wert, die beste Investition, die er je gemacht habe, sagt er. Doch würde er das Ding jemals verkaufen? Nie. Erst wenn sein übriges Vermögen den Bach runtergegangen ist und er unbedingt Geld braucht. Also ist er in Wirklichkeit gar nicht Millionen wert, oder? Und genau das sage ich ihm immer. Doch er hört nicht auf mich. Das Einzige, was mich an meinem Verkauf reut, ist, nicht *früher* verkauft zu haben.«

Lucky stand da und schüttelte den Kopf. Sein Ball lag immer noch auf dem Green. Seine Chancen auf einen Birdie sanken mit jeder Minute.

»Sagen Sie mir, schöne Frau, wenn ich nun früher verkauft hätte, hätten Sie mit mir eine Spritztour im Ferrari gemacht?«

»Schwer zu sagen«, entgegnete sie und tätschelte einen der Holzschläger ihres Großvaters. »Ich hab meine eigenen Spielzeuge, wissen Sie.«

Diesmal lachte Lucky nicht ganz so laut. Vielleicht, weil ihm klar wurde, dass er heute kein Glück hatte.

Doch Trace ging etwas ganz anderes durch den Kopf, etwas

recht Offensichtliches, das ihr zunächst nicht aufgefallen war. Möglicherweise war es auch Cliff entgangen, doch ganz sicher war sie sich nicht.

Ihr war gerade aufgegangen, wie verschieden die Kunden doch waren, für die Hooperman URLybirds-Aktien gekauft hatte. Sie waren unterschiedlichen Alters, hatten unterschiedliche Anlegerprofile, vollkommen unterschiedliche Voraussetzungen also. Die einzige Gemeinsamkeit war der Umfang ihrer Portfolios. Sie alle hatten Hooperman im Jahr rund 40 000 Dollar eingebracht, die bei R&H übliche Standardprovision von einem Prozent der Gesamtanlagesumme. Aber für die Auswahl von Aktien spielte Größe doch keine Rolle, oder? Wenn man zwei aggressive Portfolios verwaltete, von denen eins zehnmal so groß war wie das andere, so konnte man doch trotzdem für beide genau die gleichen Papiere einkaufen. Solange man darauf achtete, dass die Käufe stets im Verhältnis zehn zu eins blieben, würden sich die beiden Portfolios identisch entwickeln.

Warum also hatten gerade diese Kunden dieselbe verflixte Aktie bekommen?

Kapitel 14

Als Trace nach Manhattan zurückfuhr, betrachtete sie die Operation Erwin lediglich als Teilerfolg. Sie hatte ihn gefunden, und sie hatte mit ihm gesprochen. Sie hatte ihn sogar ein wenig aus der Reserve gelockt. Doch viel Interessantes hatte sie dabei nicht erfahren. Aber das letzte Wort dazu sprach immer noch Cliff, denn er war derjenige, für den finanzielle Details das Evangelium waren. Und er zog erstaunlich viele Schlüsse daraus. »Vergessen Sie nie, dass der Kriminologe genau so analysiert wie der Börsianer«, sagte er gern. Und schließlich – es war ja sein Geld, oder?

Traces weitere Aktivitäten an jenem Morgen waren noch weniger fruchtbar. In chronologischer Reihenfolge unternahm sie Folgendes: (1) Wee Burn zu verlassen ohne einen Saab Turbo im Schlepptau; (2) bei Christy's Market vorbeizufahren und einen Tüte Orangensaft zu kaufen, der als karges Frühstück herhalten musste; (3) die Golfschläger und den geliehenen Wagen an ihren rechtmäßigen Eigentümer zurückzugeben. Lauter spannende Tätigkeiten. Zurück in ihrer Dachgeschosswohnung ließ Trace das Golfschirmchen in ihrem Schrank verschwinden, wo es ruhen würde bis in alle Ewigkeit. Sie hatte noch 45 Minuten, um sich auf ihre nächste Mission vorzubereiten.

Sie schaltete den Fernseher ein und erwischte eine Folge der

Serie *Simon & Simon* auf A&E. So eine anspruchslose Wiederholung war genau das, was sie jetzt brauchte. Die Simon-Brüder machten die Welt ein wenig sicherer, indem sie einen Triebtäter aufspürten. Jameson Parker spielte einen Mann, den die Gegenwart von Frauen nervös machte, was ungefähr so glaubwürdig wirkte wie ein Woody Allen als James Bond.

Während der Film lief, gelangte Trace unumstößlich zu der Ansicht, dass Naomi Campbell sich das Haar nicht selbst flocht. Vielleicht lag es aber auch daran, dass ihre – Traces – Haare, und zwar alle 125 000 Stück, einfach nicht gesellschaftsfähig waren. Insbesondere das kürzere Deckhaar schien mit den längeren Strähnen weiter unten nichts zu tun haben zu wollen.

Dabei musste sie sich dringend ein neues Erscheinungsbild zulegen für die zweite Fragerunde unter den Portfolio-Managern. Einer spontanen Eingebung folgend hatte sich Trace etwa ein Dutzend kleiner Zöpfchen geflochten und nach hinten genommen. Befestigt hatte sie das Ganze mit einem jener indianischen Lederriemen, die auf den Bildern von Georgia O'Keeffe so toll aussahen. Der Spiegel war jedoch unerbittlich und sagte: »Medusa.«

Also machte Trace die Zöpfe wieder auf und entschloss sich, die Haare stattdessen zu einem Knoten zu legen.

Da mit der Frisur ohnehin kein Blumentopf zu gewinnen war, entschied sich Trace für ein ebenso unscheinbares Outfit. Sie zog das gewehrlaufgraue Kostüm ihrer Mitbewohnerin Gail an. Das Teil kam von der Stange, hatte spitze Revers und sah aus, als stamme es noch aus der Regierungszeit von Präsident Carter. Ganz kurz zog Trace weiße Strümpfe in Betracht, doch entschied sich dann dagegen. Das Kostüm machte ohnehin jeden Menschen mit halbwegs heller Haut zum Albino. Das Einzige, was ihr zur Vervollkommnung ihres neuen Typs noch fehlte, war eine Lesebrille für sieben Dollar von CVS. Wer sie jetzt noch erkannte, tat das auf eigene Gefahr.

Ginny Truesdale lächelte Trace freundlich entgegen, worauf diese gerne verzichtet hätte. Aus der Nähe hatte die Truesdale ziemlich schiefe, unregelmäßige Zähne. Der von Cliff geprägte Spitzname »Stonehenge« war gar nicht so unpassend. Wieso hatten die Briten nur alle so schlechte Zähne, fragte sich Trace. Offensichtlich ließen sie sich eher in den Tower werfen, als die Praxis eines Zahnarztes zu betreten.

Die Truesdale gab sich zuvorkommend, doch lange nicht so überschwänglich bemüht wie Lenci. Es wurde weder Kaffee noch Tee serviert, und auch kein Gebäck mit Sahne. Das Büro ähnelte dem von Lenci, war jedoch tadellos aufgeräumt. Ein drapierter Ficus stand wie ein großer grüner Lutscher links auf dem Schreibtisch, nicht weit von dem Stuhl, auf dem Trace Platz genommen hatte.

Die Truesdale war mehr der direkte Typ, so viel stand fest. Sie trug einen Ehering, doch es gab keine Bilder von irgendwelchen ehemals oder immer noch kleinen Truesdales. Der einzige persönliche Gegenstand auf ihrem Schreibtisch war ein Schild, auf dem stand: »Was mit Geld zu lösen ist, ist ein Aufwandsposten, kein Problem.« Ein Motto, an das man sich durchaus halten konnte.

Doch Trace alias Mimi Dalrymple hatte ein Geldproblem. Sie hatte das Treffen unter dem Vorwand arrangiert, sie sei mit ihrem gegenwärtigen Portfolio-Manager unzufrieden. Kaum dass sie sich gesetzt hatte, langte sie auch schon in ihre Aktentasche und zog eine Maklerabrechnung hervor, die sie mit Cliff zusammen verfasst hatte. »Sehen Sie sich einmal die Seite zwei an«, sagte sie.

Die Truesdale setzte ihre Lesebrille auf. Sie trug sie an einer Kette, wie man es im Duplicate Bridge Club tat. Eingehend studierte sie die vor ihr liegenden Papiere, die Cliff seinen alten Portfolio-Auswertungen für R&H nachempfunden hatte. Während Ginny sich mit »Mimis« vorgeblichen Wertpapierbeständen befasste, sah Trace ihr erneut auf die Finger. Sie waren rau und schrieen förmlich nach einem Bad in Palmolive. Keine Spur von modischem Nagellack oder dergleichen, ja, kaum eine Spur von Fingernägeln, um genau zu sein. Die perfekten Hände, um den Abzug eines Colt Government .380 zu betätigen, falls der zugehörigen Dame der Sinn danach stand.

Doch Cliff interessierte sich weit mehr für Ginnys Anlagestil als für ihr Aussehen. Er war davon überzeugt, dass man viel über die Leute erfahren konnte, wenn man sich ansah, wie sie investierten. Fred Gletz etwa war kein vielversprechender Verdächtiger. Ein Blick auf sein Portfolio verriet, dass er noch nie in seinem Leben selbst einen originellen Einfall gehabt hatte. Cliff kam zu dem Schluss, dass er Hooperman nur ermordet haben könnte, wenn ihn bereits vorher jemand anderer getötet hätte. Ginny dagegen war unbekanntes Terrain und dies war die Nagelprobe.

Eine Portfolio-Auswertung sollte dem Leser so ziemlich alles sagen, was er über sein Portfolio wissen möchte. Sie enthält natürlich alle Bestände, die splittbereinigten Einstandskurse und die aktuellen Kurse. Des Weiteren ordnet sie Papiere prozentual nach Branchen. Sollte der Energiesektor mit 40 Prozent übermäßig stark gewichtet sein, schleudert Ihnen das entsprechende Kreisdiagramm der Auswertung ein Diversifizierungssignal entgegen. Früher bekam jeder Kunde am Ende jedes Geschäftsquartals eine vollständige Auswertung zugestellt, doch das war Geschichte. Was Trace hier vorgelegt hatte, konnte problemlos für jeden Tag des Jahres abgerufen werden – aus Online-Daten. Wie angekündigt, enthielt die zweite Seite Ungewöhnliches.

»Oh ja, ich sehe jetzt, was Sie meinen«, sagte Ginny Truesdale. »Hätte mir jemand geraten, in 3-D-Live-Aktien zu investieren, würde ich auch nichts mehr mit ihm zu tun haben wollen.«

»Sie haben also keine gekauft?«

»Ich habe dieses Papier noch nie geordert, und das werde ich auch nicht«, verkündete Ginny Truesdale. Diese Feststellung kam nicht überraschend. Schließlich war das Unternehmenskonzept ausgesprochen amerikanisch geprägt, selbst wenn der Firmengründer aus Transsylvanien stammte. Der schwerwiegendste Grund für ihre Abneigung war aber ein Risikofaktor.

»Ich kaufe keine Aktien von Unternehmen, die sich noch nicht bewährt haben und 20 Prozent Leverage aufweisen«, sagte Truesdale.

Wenn sie doch nur verständlich sprechen würde. Doch Trace war glücklicherweise gut vorbereitet. Sie zog ein einseitiges Glossar mit Finanzausdrücken britischer Prägung aus ihrer Aktentasche, das Cliff für sie zusammengestellt hatte. Es war überraschend umfangreich. So enthielt es etwa die Bezeichnung »Umsatz« für »Trading-Volumen« an der Börse. »Leverage« bedeutete finanzielle Hebelwirkung, auch Verschuldungsgrad genannt. 20 Prozent Leverage bedeutete, dass das Unternehmen bei 80 Prozent Eigenkapital zu 20 Prozent fremdfinanziert war.

Sie erinnerte sich an Cliffs Belehrungen darüber, dass Verschuldung nicht immer negativ sei. Wer sich für 400 000 Dollar in bar ein Haus kaufte und es später für 500 000 Dollar verkaufte, verdiente daran 25 Prozent – vor Abzug der vielen

Nebenkosten, die Immobilientransaktionen mit sich bringen. Hätte der Käufer stattdessen nur 100 000 Dollar eingezahlt und über 300 000 Dollar eine Hypothek aufgenommen mit monatlichen Zahlungen von 3 000 Dollar, dann hätte ihm seine Investition eine Rendite in der Größenordnung von 50 Prozent eingebracht.

Eine Erhöhung der Rate oder eine Verlängerung der Eigentumsfrist oder ein niedrigerer Wiederverkaufspreis könnten die Rendite unterm Strich natürlich empfindlich drücken, denn die Zahlungen wären in Relation zur Gesamttransaktion nicht höher geworden. Und genau diese Erfahrung hatte Hubert Stanislaw machen müssen. Er schaufelte offensichtlich Geld in die hochfliegenden Visionen von 3-D Live, ohne vorher seine Bilanzen in Ordnung gebracht zu haben. Ohne solide Einkünfte fraßen ihn die Schulden auf.

»Ich sollte Sie auch darauf hinweisen«, fuhr Truesdale fort, »dass das Kurs-Gewinn-Verhältnis, das in dieser Auswertung aufgeführt ist, jetzt, wo kein Gewinn mehr realisiert wird, nicht mehr zutrifft.« Das »R« von realisieren rollte sie stark.

Trace spielte an ihrem Haarknoten. »Wissen Sie, ich gebe das nur ungern zu, doch ich habe keine Ahnung, was man unter Kurs-Gewinn-Verhältnis versteht.« Sie wollte Ginny gerade erklären, dass die Werbespots von Schwab immer ausgeblendet wurden, bevor der Begriff erklärt wurde, doch ließ es dann lieber bleiben.

Ginny Truesdale zeigte keine Reaktion. »Das ist an sich ganz einfach«, sagte sie. »Der Kurs einer Aktie wird durch den Gewinn je Aktie geteilt.« Sie blickte wieder auf die Papiere vor sich. »Ich sehe hier, dass Sie H&R Block zu einem Kurs von 40 Dollar im Bestand haben. Der Gewinn lag im letzten Jahr bei 2 Dollar je Aktie, das Kurs-Gewinn-Verhältnis beträgt also 20, wie ihre Auswertung korrekt angibt.«

»Ist das gut?« fragte Trace.

»Bei ansonsten gleichen Faktoren ist ein niedrigeres KGV einem höheren vorzuziehen. Der Grundgedanke ist, so viel Wachstum wie möglich mit einem möglichst geringem KGV zu erzielen.«

»Und das ist alles?«

»Das ist im Grund alles, ja.«

Trace dämmerte allmählich, warum Cliff das Kurs-Gewinn-Verhältnis für eine der meistüberschätzten Börsianererfindungen des 20. Jahrhunderts hielt. Für ihn rangierte es zwischen dem Starspekulanten Joe Granville und der Wall-Street-Koryphäe Elaine Garzarelli. Cliffs Theorie zufolge war das Geheimnis hinter dem Erfolg des KGV der Begriff selbst. Versieh ein simples Konzept mit dem Zusatz »Verhältnis«, und schon geht die westliche Welt in die Knie und glaubt, den Stein der Weisen gefunden zu haben.

»Aber wenn ein Unternehmen Verlust macht, dann kann man das KGV doch gar nicht bestimmen?« fragte Trace.

»Ich fürchte nein, zumindest nicht ohne Weiteres. Selbst wenn die Firma nur sehr wenig Gewinn macht, ist das nicht einfach. Ein KGV von 10 000 ist mathematisch problemlos auszurechnen, doch einen praktischen Wert für den Anleger hat es nicht. Um ehrlich zu sein, ist das aussagefähigste KGV ohnehin das für den Gewinn des Folgejahres, nicht das aktuelle. Deshalb haben wir ein Team von Analysten, die mit der Erstellung zuverlässiger Prognosen befasst sind. Das KGV ist nur von echtem Wert, wenn man die Gewinnentwicklung korrekt prognostizieren kann.«

»Aha«, sagte Trace.

»Ob Sie es glauben oder nicht, die meisten Firmen, in die ich investiere, haben ein relativ hohes Kurs-Gewinn-Verhältnis«, fügte Ginny Truesdale hinzu.

»Und mir ist immer gesagt worden, ein hohes KGV stehe für hohe Risiken«, meinte Trace. »Ich dachte, Sie meiden Risiken.«

»Betriebsrisiken meide ich wie der Teufel das Weihwasser. Mit Marktrisiken dagegen kann ich umgehen. Wenn man Marktrisiken eingeht, wird man vom Aktienmarkt belohnt.«

»Habe ich Sie da richtig verstanden: Sie kaufen keine Werte mit niedrigem KGV?«

»Die Tatsache, dass eine Aktie billig zu haben ist, besagt noch lange nicht, dass sie auch gut ist«, meinte Ginny.

Trace überprüfte ihre Eintragungen in dem kleinen lavendelfarbenen Notizbuch, das ihre Informationen für Cliff enthielt. Das war ein Thema nach Cliffs Herzen – die Frage, ob eine Aktie nur billig oder tatsächlich unterbewertet war. Doch er betrachtete die Angelegenheit von einem anderen Standpunkt aus. Er hatte dazu geschrieben: »Wenn du eine billige Immobilie suchst, dann am besten auf einer giftverseuchten ehemaligen Müllhalde.« Er meinte damit, dass es keine Kunst war, eine Liste niedriger KGVs aufzustellen und so in billige Aktien zu investieren. Ob der Markt dieses Vorgehen belohnte, war eine ganz andere Frage – insbesondere, wenn ein Großteil der Unternehmen die niedrigen Bewertungen verdiente. Etwas weiter unten stand noch ein ähnlich allgemein gehaltener Aphorismus: »Ein wertorientierter Anleger ist jemand, der in windige Unternehmen investiert und betet.«

»Kann man anhand des KGV Übernahmekandidaten ermitteln?« fragte Trace. Die Frage kam ein wenig zusammenhanglos, so, als habe sie Ginny Truesdales Ausführungen nur mit einem halben Ohr verfolgt.

»Meine Liebe, aber wissen Sie denn nicht, dass dieser Anlagestil völlig aus der Mode ist?« Dabei zog sie die Wörter zum typisch britischen Singsang zusammen. Ihre Herkunft machte sich in jedem ihrer Sätze bemerkbar.

Anschließend ließ sie sich über die achtziger Jahre aus, als fremdfinanzierte Unternehmenskäufe, die sogenannten Leveraged Buyouts, und feindliche Übernahmen an der Tagesordnung waren. Und darüber, wie Junk Bonds, also Hochrisikoanleihen, eingesetzt wurden, um Übernahmen zu finanzieren, und die Vermögenswerte der übernommenen Firmen dann verkauft wurden, um den Kaufpreis wieder hereinzuholen. Unternehmen, deren Aktien statistisch betrachtet schwach tendierten, mussten raffinierte Verteidigungsstrategien entwickeln, um unwillkommene Interessenten abzuwehren. »Das war die übelste Form eines Signals dafür, dass der Aktienmarkt unterbewertet war«, schloss sie.

Trace war keine Markthistorikerin, doch sie wusste, dass sie das Wort »unterbewertet« schon seit geraumer Zeit nicht mehr gehört hatte. Was das Börsengeschehen in seiner Gesamtheit betraf, so hatte es ihrer Kenntnis nach im Jahr 1990 eine kritische Phase gegeben, kurz vor Ausbruch des Golfkrieges, und noch einmal 1994, als es immer wieder geballt zu Zinserhöhungen kam. Doch zumindest seit der Einführung von Windows 95 war der Markt nicht mehr unterbewertet gewesen.

»Ich spreche nicht von Leveraged Buyouts«, meinte Trace. »Ich dachte nur, wenn ein Unternehmen so attraktiv ist, dass ich einen Teil davon besitzen möchte, ist es vielleicht genauso attraktiv für jemanden, der die ganze Firma kaufen will.«

»Nun, das klingt schon besser«, meinte Truesdale. Ihr war wohl bewusst, dass Übernahmen zunehmend strategisch motiviert waren. Es ging dabei eher um mögliche Synergieeffekte zwischen Käufer und Kaufobjekt als um einen möglichst niedrigen Aktienkurs. Beispiele dafür gab es genug: AT&T/Telecommunications, AtHome/Excite, AmericaOnline/Time Warner.

Trace meinte: »Vermutlich habe ich für Übernahmeinvestitionen deshalb so viel übrig, weil ich von Barbara Woodhouse einen so tollen Tipp bekam. Erinnern Sie sich an sie?«

»Leider nein«, sagte Ginny Truesdale und bemühte sich um etwas, das wohl ein Lächeln werden sollte. »Die einzige Barbara Woodhouse, die ich kenne, war Hundetrainerin.«

»Genau die meine ich«, sagte Trace. »Sie hat immer wieder betont, dass man bei der Ausbildung von Welpen nie Zeitungen benutzen soll. Das ist einer der besten Investment-Tipps, die ich je bekommen habe.«

Ginny Truesdale wusste offensichtlich nicht, was sie dazu sagen sollte.

»Verstehen Sie das nicht?« fragte Trace. »Ich gehörte zu den Leuten, die alte Zeitungen benutzt haben. Ab und an habe ich dabei zufällig den Wirtschaftsteil auseinandergefaltet. Und ich sah nur Aktien, mit denen ich geliebäugelt hatte, und deren Kurse gefallen waren. Es war zum Mäusemelken.«

»Verzeihen Sie, Miss Dalrymple, aber ich fürchte, ich verstehe den Zusammenhang nicht ganz.«

»Bitte nennen Sie mich doch Mimi.«

»Aber mit Vergnügen.«

»Der Zusammenhang besteht darin, dass man beim Investieren in Übernahmekandidaten manchmal gewinnt, manchmal aber auch verliert, richtig?

»Vollkommen. Doch das gilt schließlich für jede Anlagestrategie«, meinte Ginny.

»Stimmt, aber in meinem Beispiel sind die verlustbringenden Papiere per definitionem die Aktien von Unternehmen, die übernommen werden. Doch sobald sie erst übernommen sind, erscheint ihr Name nicht mehr in der Zeitung, und man hört nie wieder davon.«

Trace bemerkte, wie Ginny Truesdale verstohlen einen Blick auf die Uhr auf ihrem Schreibtisch warf. Ganz offensichtlich fragte sie sich im Stillen, ob ihr diese Kundin nicht nur die Zeit stahl. Doch sie hörte sich Traces Geplapper geduldig an. Sie plauderten noch weitere zehn Minuten über Belanglosigkeiten, bis ihnen der Gesprächsstoff ausging. Das Gute war, dass Trace sich nun ein recht genaues Bild von den Investment-Prioritäten einer Ginny Truesdale machen konnte. Sie war selbstbewusst, freimütig und wusste, was sie tat. Sie hatte mehr mit Hooperman gemein als Lenci, daran bestand kein Zweifel. Die schlechte Nachricht war, dass Trace sich keinen rechten Reim darauf machen konnte, doch das war schließlich Cliffs Problem.

»Hier sind meine Koordinaten«, sagte Ginny und reichte Trace ihre Visitenkarte. Was »Koordinaten« waren, stand nicht im Glossar, doch die Bedeutung war trotzdem klar. Ginnys Koordinaten waren Telefon- und Faxnummer und E-Mail-Adresse. Für Trace hieß das: »Sie dürfen uns gerne anrufen, doch wir werden uns nicht melden.«

»Miss Dalrymple, darf ich Ihnen meine Assistentin Linda Greer vorstellen? Sie wird Sie hinausbegleiten.«

Linda Greer war Anfang 30. Sie hatte sandfarbenes Haar, das so stark gelockt war, als hätte sie ein wenig zu viel Dauerwellenlösung erwischt. Sie gehörte zu den Frauen, bei denen der Lippenstift mit der Haut zu verschmelzen schien und nie verblasste. Heute trug sie Burgunder zu einem hellblauen Kostüm, das zeigte, was jahrelange Investition in Aerobic-Stunden einbrachte. Sie war besser gekleidet, als man es bei einer Assistentin erwarten würde, doch wahrscheinlich gehörte auch Repräsentation zu ihren Aufgaben. Eine salonfähige Vanna White, sozusagen.*

* Vanna White war die »Buchstabenfee« der TV-Spielshow *Wheel of Fortune* – dem amerikanischen Original von *Glücksrad* (Anm. d. Red.).

Trace folgte Linda einen schmucklosen weißen Gang entlang, der von hinten her zu den Fahrstühlen führte. Der Weg war gerade lang genug, als dass ein wenig Konversation angezeigt schien.

»Arbeiten Sie schon lange für Ginny Truesdale?« fragte Trace.

Linda lachte. »Schon gut, Trace. Hier hört uns niemand. Ich weiß, wer Sie sind.«

»Das habe ich befürchtet«, meinte Trace. »Ich hoffe, ich kann mit Ihrer Diskretion rechnen.«

»Finden Sie Kyles Mörder, und wir sind quitt«, sagte sie. »Um Ihre Frage zu beantworten: Man hat mich Ginny zugewiesen, um den Übergang zu erleichtern. Sie hat noch eine zweite Assistentin, die sie von PaineWebber mitgebracht hat – ebenso wie rund 100 Klienten.«

Trace hatte schon gemerkt, wie das Geschäft mit Vermögensverwaltung funktionierte: In den weitaus meisten Fällen fühlte sich der Kunde an den Money-Manager gebunden, nicht an die Firma. Aus der Sicht des Kunden *war* der Manager die Firma. Wechselte ein Manager zu einer anderen Firma, so waren all die administrativen Ungelegenheiten Kleinkram verglichen mit dem Problem, einen neuen Manager zu finden. Die alte Firma konnte versuchen, die Kunden an sich zu binden, doch in der Regel stand sie dabei auf verlorenem Posten.

Trace und Linda waren vor der Hintertür zum Zugangsraum zu den Aufzügen angelangt. »Ginny hat mir gerade erzählt, sie habe gewechselt, weil sie hier bei Rutherford & Hayes mehr Freiheiten bei der Vermögensverwaltung habe«, sagte Trace.

»Und, haben Sie ihr das abgenommen?«

»Wollen Sie damit sagen, dass es nicht stimmt?«

»Es ist ein offenes Geheimnis, Trace. Ginny kam zu uns, weil bei PaineWebber so gut wie keine Neuemissionen betreut wurden. Ich glaube, sie wollte dorthin, wo sie das große Geld witterte. An neuen Aktien verdienen die Broker fast doppelt so viel wie an herkömmlichen Trades.«

»Wirklich?« fragte Trace. Sie empfand es als Erleichterung, ihre Unwissenheit offen zeigen zu dürfen, nachdem sie sich gerade glaubwürdig als Neukundin hatte profilieren müssen. »Es war also nicht das Analystenteam von Rutherford & Hayes, dass schon ein Jahr im Voraus exakte Gewinnprognosen aufstellt?«

Linda presste die burgunderroten Lippen zusammen, konnte jedoch ein Lachen nicht ganz unterdrücken. »Die Analysten spielen die Reise nach Jerusalem, vom ersten Tag im Job bis zum letzten«, erklärte sie. »Schicken Sie Mimi in zwei Jahren in eine andere Firma, und Sie treffen dort bestimmt auf ein paar Ehemalige von R&H. Die werden Ihnen dann sicher erzählen, wie überlegen ihre neue Firma ist. Und zwar im Brustton der Überzeugung.«

Linda öffnete die Tür zum Fahrstuhl. Trace verabschiedete sich. »Lächelnder Zynismus«, dachte sie bei sich. Und sie fragte sich, ob sie wohl noch zwei weitere Jahre solche Gespräche führen würde …

Kapitel 15

Manche Indizien sind offensichtlich, manche versteckt. Manche hat man wochenlang unbemerkt vor der Nase, bis man sie endlich wahrnimmt.

Es war am 17. März, am St. Patrick's Day, dem großen Feiertag der Iren. Einzig das Wetter wollte nicht so recht mitspielen. Bei der Parade auf der Fifth Avenue würde es unweigerlich regnen – wenn es nicht sogar schneite, was nicht auszuschließen war. Cliff begann seinen Tag in nur allzu gewohnter Weise. Nach einem Power-Frühstück, das aus Grape Nuts und Orangensaft bestand, schaltete er seinen AST Advantage ein, um sich auf den aktuellen Stand zu bringen. Die Börse scherte sich um den Heiligen Patrick ebenso wenig wie die Flat Earth Society um den Kolumbustag.

Die Märkte waren praktisch an jedem Wochentag geöffnet. Die einzigen Ausnahmen bildeten Thanksgiving, der erste Weihnachtsfeiertag, Neujahr, der Geburtstag von Martin Luther King, President's Day, Karfreitag, Memorial Day, der vierte Juli und der Tag der Arbeit. Wegen St. Patrick's Day jedoch würde die Börse höchstens in Irland dicht machen. Das erinnerte Cliff an einen alten Witz: Frage: Wieso investieren plötzlich alle in irische Aktien? Antwort: Weil da ir(r)e Gewinne drin sind.

O.k., ein Brüller war das nicht gerade.

In diesem Jahr fiel der St. Patrick's Day auf den dritten Freitag im März, den so genannten Hexensabbat. So wurde der Termin bezeichnet, an dem derivative Instrumente wie Optionen, Index-Optionen und Futures-Kontrakte verfielen. Anleger, die sich noch bis in die achtziger Jahre zurückerinnerten, wussten von wilden Kurssprüngen zu berichten, die durch das Bestreben institutioneller Investoren wie Pensionskassen und Fondsgesellschaften ausgelöst wurden, ihr Engagement in Stammaktien an das Verhalten dieser drei Instrumente anzupassen. Die SEC intervenierte und entzerrte die Verfallstage. Dadurch wurde die Volatilität, also die Neigung zu Kursschwankungen, etwas gedämpft. Cliff hatte beobachtet, dass an jedem Hexensabbat eine ganze Menge Daytrader mit der Hoffnung in den Tag gingen, den ganz großen Wurf zu landen. Um mit Aerosmith zu sprechen: Dream on – träumt weiter.

Der Markt in Gestalt des Dow-Jones-Index tendierte rund 20 Zähler stärker, eine Zahl, die für sich genommen keinerlei Aussagekraft hatte. Wie Cliff aus Erfahrung wusste, konnte Hewlett-Packard um vier Punkte zugelegt haben, während sich alle übrigen 29 Index-Werte unverändert präsentierten. Allein dadurch würde der Markt bereits um 20 Punkte zulegen, denn der Dow wird berechnet durch Addition der Kurse aller 30 vertretenen Einzelwerte, die dann durch eine Zahl – mit der originellen Bezeichnung Divisor – geteilt werden. Diese wird immer dann angepasst, wenn ein Dow-Unternehmen einen Aktien-Splitt durchführt oder im Index selbst eine Veränderung erfolgt. Im Moment lag der Divisor bei knapp über 0,2. Statt zu teilen, konnte man die Punktdifferenz einfach mit fünf multiplizieren. Der komplette Divisor mit seinen acht Stellen hinter dem Komma – 0,20145268 – war ein so wenig greifbarer, undurchsichtiger Wert, dass er nicht einmal in *Trivial Pursuit* vorkam.

Was auch immer die Märkte taten, zumindest gaben die Aktien die am Vortag gewonnenen Punkte nicht wieder ab. Am Donnerstag hatte der Dow um 499 Zähler zugelegt und damit den größten Anstieg innerhalb eines Tages in seiner Geschichte gezeigt. Die Blue Chips und die zinsreagiblen Werte hatten sich zum ersten Mal im ganzen Jahr auf den Nasdaq ausgewirkt. Endlich lag Hoffnung in der Luft, selbst wenn der Himmel noch verhangen war.

Cliff verbrachte den Vormittag im Bann seiner Neugier. Er begann, sich über ein Unternehmen namens Gumbegone zu informieren, den letzten IPO-Kandidaten der Konsortialabteilung von Rutherford & Hayes. Das hielt ihn am Computer fest, denn die Geschichte klang richtig gut. Das Unternehmen hatte ein neue Methode entwickelt, Kaugummi von Gehwegen zu entfernen. Keine scharfen, giftigen Chemikalien. Kurze Hitzeeinwirkung und ein Wasserstrahl, ein mechanisches Schaben, und in fünf Sekunden war der schwarze Kaugummifleck für immer vom Asphalt verschwunden.

Kaugummi ist etwas, das die New Yorker jeden Tag sehen, ohne es noch bewusst wahrzunehmen. Der erste Beste, der ihn nicht bemerkt, nimmt ordentliche Portionen davon mit nach Hause, doch es verbleiben noch genug Überreste auf den Bürgersteigen, die durch das Zusammenwirken von Fußgängerschuhsohlen und dem hinzukommenden Straßenschmutz rasch schwarz werden. Ein Besucher aus dem Weltall (oder auch aus Utah) würde sich fragen, wer die Fußgängerwege von New York mit kleinen schwarzen Kreisen verziert haben mochte. Nach Schätzungen gibt es allein zwei Millionen davon entlang der 34. Straße.

Diese Zahlen ließen Gumbegones Erfolgsaussichten rosiger erscheinen, als man erwarten würde. Außerdem wäre das Papier, wenn die IPO planmäßig verlief, sicherlich erste Wahl für alle leidenschaftlichen Kaugummigegner. Deren einzige Möglichkeit, ihre Überzeugungen in ihrer Anlagestrategie umzusetzen, war bis zum Jahr 2000 der Leerverkauf von Wrigley's gewesen, was vielleicht erklärte, warum unter der Forbes-Hitliste der 400 reichsten Menschen keine Kaugummigegner zu finden waren. Wrigley's gehörte zu den Low-Tech-Werten, die nie billig zu haben waren und durchgängig eine gute Figur machten. In den achtziger Jahren konnten sie eine Kurssteigerung um 750 Prozent verbuchen, in den neunziger Jahren um 280 Prozent. Das alles war erreicht worden durch Schuldenfreiheit, Marktführerposition und internationale Expansion. Das Jahr 2000 hatte nicht ganz so glorreich begonnen, doch die Gumbegone-Anleger hofften, Wrigley's würde zumindest stabil bleiben, denn der Löwenanteil des Kaugummis, den Gumbegone entfernen wollte, stammte schließlich aus dem Hause Wrigley's.

Cliff gefiel die Geschäftsidee von Gumbegone. Dennoch hatte er Vorbehalte. Einer war, dass die Einnahmen an die Beschaffung öffentlicher Aufträge geknüpft waren, die wiederum von den berüchtigten Launen der Kommunalverwaltungen abhingen. Nicht jede Stadtverwaltung würde die Notwendigkeit einsehen, die Bürgersteige von schwarzen Flecken zu befreien. Die St. Patrick's Cathedral an der Fifth Avenue war jahrzehntelang schwarz und verrußt gewesen, bevor die Stadt sie endlich sandstrahlen ließ und wieder in eine weiße Kirche verwandelte. Dabei gab es Leute, denen sie schwarz besser gefallen hatte. Und Gumbegone brauchte nicht eine, sondern viele Städte, die bereit waren, sich vehement für die Entfernung von Kaugummi zu engagieren. Zu vehement wäre allerdings auch nicht gut. In Singapur etwa ist es strafbar, seinen Kaugummi achtlos wegzuwerfen. Damit wäre Gumbegone dann überflüssig.

Während Cliff darüber nachdachte, wurde ihm klar, dass Gumbegones größtes Problem in der eigenen Effizienz lag. Selbst wenn sich die Geschäftstätigkeit auf Aulen und Pausenhöfe öffentlicher Schulen ausweiten ließ, so würden die Einnahmequellen früher oder später erschöpft sein. Hatte eine Schulverwaltung sich einmal ein Gumbegone-Gerät angeschafft, dann war es das. Folgeaufträge würde es nicht geben. Unglücklicherweise würde der Strom der Einnahmen von Gumbegone nie so stetig und zuverlässig sprudeln wie bei Wrigley's. Cliffs geistiges Tauziehen wurde abrupt beendet, als *Hawaii Fünf-Null* ertönte. Noch vor wenigen Wochen hatte dieser Apparat überhaupt nie geklingelt, und mittlerweile musste er sich um die Überlastung der Leitung sorgen. Eine weibliche Stimme fragte, ob er Clifford Cavanaugh sei. Cliff bestätigte das.

»Würden Sie bitte am Apparat bleiben, damit ich Sie mit Leslie Peterborough verbinden kann?«

Was für eine Frage! Leslie Peterborough war Präsidentin von Century Advisers, einer der renommiertesten Anlageberatungen der Stadt. Leslie war die Grande Dame des Finanzdistrikts. Sie rangierte sogar noch vor Muriel Siebert.* Wenn Leslie anrief, dann horchte man auf. Cliff öffnete rasch Microsoft Word, als wolle er verschleiern, woran er gerade gearbeitet hatte. Dabei rief Leslie Peterborough bestimmt nicht an, um seine Ansichten über Gumbegone zu erfahren.

»Mr. Cavanaugh, ich habe gehört, dass Sie den Mord an Kyle Hooperman untersuchen.«

»Das ist richtig«, sagte Cliff.

»Wissen Sie, dass unsere Firma Mr. Hooperman zwei Wochen vor seiner Ermordung ein Angebot gemacht hat?«

* Muriel Siebert war 1967 die erste Frau auf dem Parkett der New York Stock Exchange (Anm. d. Red.).

Boing! Cliff klemmte den Hörer zwischen Schulter und Kinn. Instinktiv tippten sein Finger auf die Tastatur im Versuch, das Gespräch zu protokollieren.

»Nein, das wusste ich nicht«, sagte Cliff. Er konnte zwar gleichzeitig schreiben und sprechen, doch seine kommunikativen Fähigkeiten litten. Bei Licht besehen ließen auch seine Schreibkünste zu wünschen übrig. Was er hervorgebracht hatte, las sich »Hoop – Ptbrgh Job«, und er versuchte sich einzuprägen, dass Ptbrgh nicht die Abkürzung für Pittsburgh war.

»Nun, ich bin froh, dass die Angelegenheit nicht publik geworden ist, Mr. Cavanaugh. Wir handhaben derlei Dinge natürlich äußerst diskret. Ich muss Ihnen wohl nicht erklären, was für eine außergewöhnliche Bereicherung Mr. Hooperman für unser Unternehmen gewesen wäre.« Sie sprach schnell und abgehackt, als habe sie eine Sanduhr neben dem Telefon stehen.

»Kyle war ein brillanter Vermögensverwalter, daran besteht kein Zweifel«, sagte Cliff. Im Stillen fragte er sich, wie viele der vorhandenen Portfolio-Manager den Neuzugang wohl begrüßt hätten. Doch Leslie Peterborough hatte ganz andere Dinge auf dem Herzen.

»Was mir Gedanken macht, ist, dass wir alle Register gezogen haben, um ihn für uns zu gewinnen«, sagte Leslie Peterborough. »Wir haben Leistungsanreize angeboten, die man bei Rutherford & Hayes nicht einmal in Betracht ziehen, geschweige denn ernsthaft unterbreiten würde.«

Cliff nickte stumm. Sean Cummings' Ruf als Pfennigfuchser hatte sich in Manhattan verbreitet wie ein ansteckendes Virus.

Sie fuhr fort: »Und nun frage ich mich, ob bei R&H irgendetwas im Gange war, das sich meiner Kenntnis entzog. Kyle gab an, dass er nicht gern direkten Umgang mit Kunden hatte, weil er sie größtenteils als lästig empfand. Da wäre doch ein geschlossener Fonds das Ideale für ihn gewesen.«

Hatte sie gerade »geschlossener Fonds« gesagt? Cliff traute seinen Ohren nicht. »Verzeihung, aber sprechen wir hier etwa über den Earhart Fund, Ms. Peterborough?«

Leslie Peterborough zog die Luft ein, als habe sie mehr gesagt, als ihr lieb war. Doch es war zu spät. »Ja, das tun wir.«

Cliff tippte »hlg. Scheiße.«

Der Earhart Fund war vermutlich der berühmteste seiner Art. Ein geschlossener Fonds besteht im Grunde aus einem Haufen Aktien, wie jeder andere Aktienfonds auch. Doch herkömmliche Fonds sind offen konzipiert. Man kann seine Anteile jederzeit zum Inventarwert veräußern – dem Gesamtwert des Bestands, dividiert durch die Zahl der in Umlauf befindlichen Anteile. Bei einem geschlossenen Fonds dagegen werden die Anteile an der Börse gehandelt, und der Kurs kann über oder unter dem Inventarwert liegen. Die Anleger haben keine Garantie dafür, dass sie zum angestrebten Ziel gelangen. Möglicherweise hatte Ms. Peterborough ihr Flaggschiff deshalb nach Amelia Earhart benannt.

Zu den an der New Yorker Börse gehandelten geschlossenen Fonds gehörten der Korea Fund und der Mexico Fund. Der Earhart Fund war jedoch einer der wenigen diversifizierten, also breit streuenden Fonds, die ihre geschlossene Form beibehielten. In dieser Hinsicht verhielt es sich ähnlich wie mit Berkshire Hathaway, dem traditionsreichen Investment-Tummelplatz von Warren Buffett. Berkshire war einmal ein Textilunternehmen gewesen, hatte sich jedoch in eine Holding-Gesellschaft für Buffetts Aktien-Holdings verwandelt. Wer Berkshire-Anteile erwerben wollte, zahlte üblicherweise mehr, als die zugrunde liegenden Aktien wert waren. Doch das war eben der Aufschlag, den man für Buffetts Management berappen musste.

Zum Leidwesen von Peterborough und Century lief es in

ihrem Fall anders. Fonds-Manager Constantine Dimitriades hatte seine besten Zeiten hinter sich. Seine Leistungen ließen nach. 1999 hatte er sich intensiv in multinationalen Konsumproduktkonzernen wie Gillette, Coca-Cola und vielleicht sogar auch Wrigley's engagiert – eine sichere Wahl, wie er dachte.

Doch im Inland konnten diese Unternehmen wenig Wachstum erzielen, und auf dem internationalen Markt standen sie vor einem anderen Problem, dem starken Dollar nämlich. Bei der Konvertierung von Auslandsumsätzen in Dollar wurden die Einnahmen durch den ungünstigen Kurs gedrückt. Für Unternehmen, die 60 Prozent ihrer Umsätze im Ausland erwirtschafteten, ging es um große Summen. Zu allem Unglück liefen den Multis auch noch die Anleger davon, die sich stattdessen um die wachstumsintensiven Technologiewerte rissen. Sie kauften nach dem Motto: Lieber außergewöhnliches Wachstumspotenzial bei einem KGV von 100 als maues bei einem KGV von 40. Eine Woche zuvor erst war Procter & Gamble eingebrochen, nach einer düsteren Gewinnprognose. Die schlechte Stimmung hatte den gesamten Konsumsektor erfasst.

Dimitriades aber hatte noch einen Fehler gemacht. Er hatte Finanzwerte zur falschen Zeit erworben. Offensichtlich hatte er gedacht, der IPO-Wahn würde Firmen wie Merrill Lynch und DLJ exzellente Platzierungsergebnisse bescheren. Und damit hatte er sogar Recht: 1999 war ein phantastisches Jahr gewesen. Doch leider stiegen dann nicht nur die Zinsen, sondern die Anleger wurden nervös, weil sie einen Preiskrieg bei den Provisionen befürchteten. Diese Angst wurde noch geschürt durch das Angebot von American Express Financial Advisors, Anlegern ab einer bestimmten Portfolio-Größe kostenfreies Trading anzubieten – ein deutliches Zeichen für den

Konkurrenzdruck durch die Onlinebroker. Obwohl die steigenden Umsätze an der Nasdaq es den großen Maklerhäusern ermöglichten, für das laufende Jahr außergewöhnlich hohe Provisionsgewinne einzustreichen, sanken die KGVs und die Investoren befürchteten, dass die Kombination aus höheren Zinsen und laufend sinkenden Provisionsmargen die Gewinne in Zukunft drücken würde.

Selbst wenn Dimitriades einmal richtig lag, gelang es ihm nicht, das auszunutzen. Ende 1998 investierte er in FedEx, weil er durch den Internet-Handel mit einem drastischen Anstieg von Expresslieferungen rechnete. Der Kurs für FedEx verdreifachte sich innerhalb eines Jahres, was für ein Unternehmen dieser Größe ein phantastisches Ergebnis war. Doch durch seine Neigung zu etablierten Traditionsunternehmen hielt er sich bei Investitionen in die Internet-Händler selbst zurück, sodass der Earhart Fund Dimitriades' andere Ausrutscher hier nicht wettmachen konnte.

Leslie Peterborough hatte genug. Sie stellte sich vor, dass ein neuer Manager die Nachfrage nach dem Fund anregen und den Kurs wieder in die Höhe treiben würde.

»Mr. Cavanaugh, mein Problem ist, dass ich einfach nicht verstehen kann, warum Hooperman unser Angebot nicht mit Kusshand angenommen hat. Und nun frage ich mich, ob das vielleicht etwas mit seiner Ermordung zu tun haben könnte. Es ginge mir besser, wenn Sie hier Klarheit schaffen könnten.«

Cliff wusste, dass Leslie Peterborough nicht so weit gekommen wäre, wenn sie nicht gute Instinkte besäße. Und ihre Gedankengänge waren logisch. Century wäre natürlich ein Glanzpunkt in Kyle Hoopermans Karriere gewesen. Und dann noch der Earhart Fund. Ein Freibrief, nach Lust und Laune zu investieren. Vielleicht hatte er ja schon kalte Füße bekommen, bevor er dann ganz kaltgemacht wurde. Oder irgendetwas hatte ihn bei

R&H gehalten – etwas, das ihm noch wichtiger war als die VIP-Lounge in Madison Square Garden und der eigene Parkplatz.

Ms. Peterborough war losgeworden, was sie auf dem Herzen hatte. Cliff fühlte sich einen Augenblick lang versucht, sich selbst für die Verwaltung des Earhart Fund anzubieten, doch besann sich dann eines Besseren. Er versah sein Geschreibsel mit ein paar zusätzlichen Vokalen und beendete das Telefongespräch.

Cliff dachte, er könne seine Recherchen über Gumbegone durch eine schnelle Suche nach den Begriffen Kaugummi und Entfernung im Internet vervollständigen, erhielt jedoch daraufhin eine lange Liste von Zahnärzten. Egal. Die Präsentation von Gumbegone fand gleich um die Ecke statt, und er würde sich ohnehin zu nichts hinreißen lassen, bevor er nicht einen Blick auf das Managementteam geworfen hatte.

In diesem Moment brachte der Dow Jones Newswire die interessanteste Meldung des Tages: Der Handel mit Aktien seiner guten alten Bekannten 3-D Live war ausgesetzt worden. Das Unternehmen hatte für den selben Tag noch eine Pressekonferenz anberaumt. Es ging das Gerücht, dass die Unternehmensführung Hubert Stanislaw hinaussetzen wollte. Cliff sah noch einmal auf den Bildschirm, und da sprangen ihm förmlich die Augen aus dem Kopf.

Ihm war plötzlich klar geworden, dass er genau das tat – nämlich über 3-D Live zu recherchieren –, was Kyle Hooperman im Augenblick seines Todes getan hatte. Und vor ihm auf dem Monitor bemerkte er etwas, das er schon längst hätte sehen müssen – einen Hinweis, der die ganze Zeit direkt vor seiner Nase gewesen war und darauf gewartet hatte, dass er endlich darauf stieß. In dicken, fetten Lettern prangte da das Tickerkürzel für 3-D Live: TDL.

Wie in Theodore David Lenci.

Kapitel 16

Cliff versuchte vergeblich, Dave Lenci telefonisch zu erreichen. Er landete lediglich in der Mailbox. Nach ein paar gezielten Tastendrücken hörte Cliff die vertraute Stimme von Hannah Diehl, Lencis langjähriger Assistentin. Hannah war eine wahre Meisterin der digitalen Telefontechnik. Sie konnte vier Klienten gleichzeitig an der Strippe halten, während Lenci einen fünften bezirzte. Doch im Moment war der Andrang nicht so groß. Hannah informierte Cliff höflich, Lenci sei außer Haus. Er sei mit seiner Familie in den Zirkus gegangen.

Dave Lenci. In den Zirkus. Das hatte sie gesagt.

Die Ringling Brothers waren gerade in der Stadt und beendeten hier ihre jährliche Tour durch den Großraum New York. Sie waren bereits in der Continental Airlines Arena in East Rutherford, New Jersey, aufgetreten und im Nassau Coliseum in Uniondale, Long Island. Die Werbeplakate für den Zirkus hingen überall in Manhattan. Für den 24-jährigen Zirkusdirektor Johnathan Lee Iverson war der Auftritt hier ein Heimspiel, hatte er doch früher dem Boys Choir of Harlem angehört. »Lokalmatador erobert die Herzen« war in Zeitungsartikeln zu lesen. Die Publicity funktionierte offensichtlich. Dave Lenci ließ seine Geschäfte im Stich, um mit seiner lieben Frau und seinen beiden Kinderchen in den Zirkus zu gehen. Es geschahen noch Zeichen und Wunder.

»Kann ich ihm etwas ausrichten?« fragte Hannah Diehl. »Er wollte am späten Nachmittag zurück sein.«

»Nein, ist schon gut«, meinte Cliff. »Aber Sie hätte ich gerne etwas gefragt.«

»Nur zu.«

»Wissen Sie zufällig, ob Dave in der IPO-Szene irgendwelche Favoriten hat?«

»Viel Umschweife machen Sie wohl nicht?«

»Tja, tut mir leid, Diplomatie ist nicht gerade meine Stärke. Ich möchte nur wissen, ob er seine Neukunden ähnlich behandelt wie Hooperman, das ist alles.«

»Nun, wenn es um diese Klientengruppe geht, da kann ich Ihnen helfen«, sagte Hannah. »Seit er die Betreuung ihrer Konten übernommen hat, gab es nur eine Neuemission, und Dave hat dafür gesorgt, dass Hoopermans Kunden genauso behandelt wurden wie zuvor.«

»Um welches Unternehmen handelte es sich?«

»Palm, Inc. Kennen Sie es?«

»Das kann man wohl sagen«, meinte Cliff.

Die Frage war eine glatte Frechheit. Palm war natürlich der handtellergroße Organizer von 3Com und der Börsengang die begehrteste IPO des Jahres. Der Emissionskurs lag bei 38 und das Papier stieg raketengleich bis auf 165, bevor es sich dann bei um die 70 einpendelte, als die Anleger merkten, dass der Marktwert der verbleibenden Palm-Aktien von 3Com weit höher lag als der Marktwert von 3Com selbst, obwohl 3Com den gesamten Bestand innerhalb von sechs Monaten abstoßen wollte. Jedem Daytrader, der nicht gerade im Koma lag, waren diese Entwicklungen gewärtig, doch Cliff entschloss sich, nicht den Beleidigten zu spielen.

»Soll das heißen, dass sich bislang noch keiner beschwert hat?« fragte Cliff.

»So ungefähr«, meinte Hannah.

»Und die Übergabe ist abgeschlossen? Ich meine, jeder Kunde ist untergebracht?«

»Meine Güte, Sie können Fragen stellen. Ja, das ist alles über die Bühne. Gerade heute Morgen habe ich das letzte Übereignungsformular von Kyles Kundenliste abgeheftet, das noch zu unterschreiben war. Doch dazu kann Ihnen Dave sicher mehr sagen als ich. Soll ich ihm ausrichten, dass Sie angerufen haben?«

»Nicht nötig. Ich melde mich sowieso noch bei ihm.«

Trace hatte sehr gemischte Gefühle bei dem Gedanken, Lenci auf den Zahn zu fühlen. Immerhin war es Freitag, und an sich hatte sie an Freitagen automatisch frei. Doch an diesem Freitag konnte sie ohnehin nicht wie sonst an ihrer Bühnenkarriere arbeiten. Da die NYU Semesterferien hatte, war der St. Patrick's Day bei Harrington's nicht das Ereignis der Saison, sondern beschränkte sich auf ein paar Krüge warmes grünes Bier. Da war ein wenig Detektivspielen eine willkommene Steigerung. Außerdem hatte sie zur Abwechslung sogar etwas zu den Ermittlungen beizutragen.

Cliff holte Trace im Village ab. Ihr Ziel war Sands Point an der Nordküste von Long Island. Die Fahrt verlief reibungslos, denn den üblichen Schwall Wochenendpendler hatte Manhattan bereits ausgespuckt. Cliff hatte Dave Lenci eine Nachricht hinterlassen und ihren Besuch für 21.30 Uhr angekündigt. Trace stand Punkt neun Uhr parat.

»Hübsches Auto, Cliffie«, sagte sie. »Ich wusste gar nicht, dass Sie einen Wagen besitzen.«

»Ein wohlgehütetes Geheimnis«, sagte Cliff. »Hätten Sie den gemieteten GrandAm nicht zu Schrott gefahren, würde ich Sie vielleicht einmal damit fahren lassen.«

»Und ich dachte, dieser Typ sei berühmt für seine Sicherheit«, meinte Trace.

»Was Sie meinen, sind Volvos«, erklärte Cliff. »Außerdem mache ich mir dabei weniger um Sie Gedanken. Sollte ich Sie je an dieses Steuer lassen, dann möchte ich, dass Sie sich bestenfalls im Zeitlupentempo fortbewegen.«

Als sie den Midtown Tunnel erreichten, war Cliff dankbar für die Tageszeit, die sie für ihre Fahrt gewählt hatten. Es herrschte kaum Verkehr, und so kamen sie gut voran. Er war auch dankbar dafür, dass die Stadtverwaltung endlich Tunnel-Talk installiert hatte, dieses Wunderding, das es ermöglichte, auch unter dem East River Radiowellen zu empfangen. WCBS-FM spielte gerade »Up, Up and Away« von Fifth Dimension, eine nostalgische Erinnerung an die Schulbusfahrten in der sechsten Klasse.

Trace war offensichtlich mit einem anderen Bus gefahren. Cliff hatte ihr noch nicht vermitteln können, dass alle großen Songs der Welt zwischen den Jahren 1955 und 1980 entstanden waren, mit Ausnahme von »Love Shack« von B52 vielleicht. Sie erinnerte ihn daran, dass auch »You Light up My Life« aus den siebziger Jahren stammte. Er konterte mit »You Ain't Seen Nothin' Yet« von Bachman Turner Overdrive, woraufhin sie »Disco Duck« und er »Disco Inferno« ins Spiel brachte.

Und so ging es fort.

Als sie wieder trockenen Boden unter den Füßen hatten, sagte Trace: »Bevor ich es vergesse, ich habe heute endlich Eric Beck erreicht.«

»Eric Beck. Den Namen hatte ich schon fast verdrängt.«

»Ich hatte ihn schon beinah aufgegeben,« sagte Trace. »Quasi als letzten Strohhalm habe ich dann heute im Büro seiner Mutter angerufen, um vielleicht auf diese Weise an ihn heranzukommen.«

»Und? Hat Shari Ihnen weitergeholfen?«

»Ihre Sekretärin. Sie erzählte mir, Shari sei auf einer Vorstandssondersitzung von Boeing und komme erst am Montag zurück. Habe irgendwas mit dem Streik dort zu tun. Die Sekretärin muss sich dann mit Eric in Verbindung gesetzt haben, denn 45 Minuten später hat er mich zurückgerufen. Er erzählte mir, er habe gerade seinen Job verloren und seinen Kummer bei einer Woche Urlaub in Cancun ertränkt, weshalb er mich wohl auch nicht früher zurückgerufen hatte.«

»Was für ein Job war das, der als zweiter Sekretär seiner Mutter?«

»Nicht ganz. Er hat bis letzte Woche als Wahlkampfhelfer für die Bradley-Kampagne Klinken geputzt.«

»Meine Güte, Eric Beck arbeitet für einen Demokraten. Das hätte ich nun wirklich nicht vermutet.« Cliff schätzte, dass etwa vier Fünftel seiner früheren, wohlhabenden New Yorker Klientel treu republikanisch wählten.

»Nun, dabei ist das gar nicht so verwunderlich«, erklärte Trace. »Eric hat in Princeton studiert. Seine Eltern haben sich in Princeton kennen gelernt. Bill Bradley war auch in Princeton.«

»Aha«, meinte Cliff. Bei dieser Präsidentschaftswahl waren die drei großen Eliteuniversitäten im Ring gewesen. Und jetzt ging es nur noch um zwei: Der Yale-Absolvent George W. Bush gegen den Harvard-Ehemaligen Al Gore. Niemand vom Whittier oder Eureka College, um die Geschichte ein bisschen aufzumischen.

»Es war ziemlich schwierig, sich mit ihm zu unterhalten, denn jeder zweite Satz klang immer noch nach Wahlkampfpropaganda. So sagte er etwa, dass George W. Bush zu den Leuten gehöre, die mit einem Silberlöffel im Mund geboren werden und sich das dann als eigenen Verdienst auf die Fahne schreiben.«

»Könnte man das nicht auch von Eric Beck behaupten?« fragte Cliff.

»Dachte ich auch erst«, meinte Trace. »Doch wie es scheint, hat er genug von der ganzen Treuhänderei.«

»Wie meinen Sie das?«

»Er sagte, er habe sich 22 Jahre lang auf seine Eltern verlassen und wolle endlich auf eigenen Füßen stehen. Offensichtlich glaubt er, nur dann ein eigenes Leben führen zu können, wenn er bei Null anfängt. Er hat mir gesagt, er habe vor, sein Geld für wohltätige oder für politische Zwecke zu spenden.«

»Klingt ja ausgesprochen selbstlos, was der gute Eric da vorhat«, meinte Cliff.

Für Cliff war ein solches Verhalten nichts Ungewöhnliches. Es war mit ein Grund, weshalb es zuweilen eine heikle Aufgabe war, Familienvermögen zu verwalten. Reiche Eltern mussten festlegen, wie viel Geld ihre Kinder bekommen sollten, und nicht immer geschah das einvernehmlich. Manchmal führte es geradewegs zum großen Krach. Die Becks waren seit mehreren Jahren geschieden. Und es wäre nicht die erste Scheidung, bei der es um Geld ging. Das Ironische an solchen Geschichten war, dass die Kinder gar nicht so scharf waren auf das Geld – aus genau dem Grund, den Trace gerade angeführt hatte. Nachkommen mit einer solchen Einstellung war die Entwicklung ihres Portfolios oft völlig schnuppe.

»Dann war er wohl nicht besonders betroffen wegen URLybirds?« fragte Cliff.

»Sagen wir mal so,« erklärte Trace. »Ich habe ihn gefragt, ob er nicht überrascht sei, dass Anleger dem Unternehmen so viel Geld gegeben hatten, ohne es sorgfältig zu überprüfen. Er meinte, nein, denn genau das hätten ja die Republikaner mit George W. Bush auch getan.«

Cliff fragte sich, ob Eric es wohl fertig gebracht haben konnte, lang genug von seiner eingleisigen Denkschiene abzuweichen, um Kyle Hooperman zu töten.

»Wissen Sie, eins verstehe ich immer noch nicht. Was sollte das mit dem Tickersymbol?« fragte Trace.

»Vielleicht ist das der Schlüssel zu der Geschichte«, erläuterte Cliff. »Kyle Hooperman hatte nur noch wenige Sekunden zu leben, nachdem der tödliche Schuss gefallen war. Vielleicht konnte er mit letzter Kraft sein letztes Tickersymbol eingeben – die Initialen der Person, die ihn ermordet hat.«

»Sie haben zu viele schlechte Krimis gelesen«, meinte Trace.

»Ja, vielleicht, aber man darf doch ein wenig herumspinnen, oder? Ich glaube einfach nicht, dass Hooperman rein zufällig mit den Buchstaben TDL auf seinem Monitor gestorben ist.«

Sie waren jetzt auf der Route 495, die besser bekannt war unter der Bezeichnung Long Island Expressway. Auf dem Expressway fuhren sie durch Queens und bogen dann nach links auf den Cross Island Expressway ab. Nach ein paar Kilometern nahmen sie die Ausfahrt Northern Boulevard. Für New Yorker Verhältnisse waren sie praktisch allein auf der Straße.

»Darf ich Ihnen eine Frage stellen?«, begann Trace ein wenig theatralisch.

»Ja?« entgegnete Cliff. Es war ein langgezogenes, melodisches J-a-a-a, wie Olli es zu Stan sagte.

»Warum sind Sie eigentlich von Rutherford & Hayes weggegangen?«

»Die Wahrheit?«

»Ihre Entscheidung. Sie können mir auch etwas vorschwindeln.«

»Also die Wahrheit. Auslöser war ein Papier namens Freddie

Mac.« Kein verbreiteter Konsumartikel, wie Traces verständnisloser Blick verriet.

»Freddie Mac steht für Federal Home Loan Mortgage Corporation«, erklärte Cliff.

Noch ein verständnisloser Blick.

»Sehen Sie, Freddie Mac und Fannie Mae sind zwei staatliche Stellen, die für die Schaffung eines liquiden Marktes für Eigenheimhypotheken zuständig sind.«

»Und was zum Teufel bedeutet das?«

Cliff lachte. »Sie hören sich an wie eine Klientin«, sagte er. »An sich müssen Sie nur wissen, dass Freddie Mac Hypothekenforderungen aufkauft und sie zu hypothekarisch gedeckten Wertpapieren umverpackt. Das ist quasi eine Geldmaschine. Ich habe den Titel 1994 für viele Kunden gekauft, zu rund 60 Dollar pro Stück. Ich dachte, da könnte nichts schief gehen.«

»Und dann ist doch etwas schief gegangen?«

»Eigentlich nicht. Der Kurs liegt jetzt ungefähr bei 45 Dollar, weit von seinen Höchstwerten entfernt, doch in der Zwischenzeit hat es einen Splitt im Verhältnis 4 zu 1 gegeben. Das Papier hält also durchaus Schritt mit dem Markt.«

»Wo lag dann das Problem?«

»Nun, ich habe Ihnen unterschlagen, dass der erste Kurseinbruch von 60 Dollar auf 45 hinunterging«, erzählte Cliff. »Auf dem Tiefpunkt hatten meine Klienten 33 Prozent Verlust erlitten.«

»Und ich frage noch einmal, wo lag das Problem? Schließlich hat sich doch alles wieder eingerenkt, oder?«

»Schon, aber damals konnte das keiner wissen. Ich habe zum ungünstigsten Zeitpunkt gekauft. 1994 wurden ungefähr fünfmal die Zinsen erhöht. Dann ging der Kurs in den Keller und die Kunden fragten: ›He, haben Sie nicht gesagt, dass Freddie Mac seine Gewinne auch steigern kann, wenn die Zinsen steigen?‹ Und ich bejahte. Ja, und dann wollten sie wissen, wieso die Kurse einbrachen. Andere riefen an und erklärten mir, sie hätten festgestellt, wie hoch der Verschuldungsgrad sei, und wollten dringend abstoßen. Ich habe versucht, ihnen begreiflich zu machen, dass der Verschuldungsgrad hoch sein müsse, da es sich um ein Hypothekengeschäft handele, bei dem die unternehmerische Tätigkeit eben gerade darin bestehe, Forderungen zu besitzen. Und das sei kein Anlass zur Sorge, solange der Schuldendienst nicht mehr koste, als die ausgegebenen Wertpapiere an Rendite brächten. Sie meinten, sie würden sich ja auch keine Sorgen machen, wenn die Kurse stiegen – was aber nicht der Fall war. Selbst diejenigen, die sich selbst als langfristig orientiert bezeichneten, machten mir in dieser Sache die Hölle heiß.«

Cliff spürte, wie die schlimmen Erinnerungen sein Blut in Wallung brachten. Das Schlüsselwort des Jahres 1994 war »Spread« gewesen – die Spanne zwischen Soll- und Habenzinssätzen. Freddie Mac und Fannie Mae brachten es in dem Jahr nicht auf ihre gewohnten Spannen. Also hielten sie sich beim Aufkauf von Forderungen zurück, statt langfristig Gewinnchancen aufs Spiel zu setzen. Das war an sich vernünftig, doch kurzfristig hieß es, dass der Umsatz nicht ganz so rasch zunahm, wie es der Markt erwartete. So mancher Anleger befürchtete, die Spannen seien womöglich auf Dauer geschrumpft. Mit dem gesamten Finanzsektor ging auch dieses Papier abwärts.

Nach ein paar hundert panischen Anrufen, mittlerweile war es Januar geworden, legten die Spannen wieder zu, und mit ihnen Freddie Mac, Fannie Mae, Countrywide Credit und so ziemlich jede andere Bank. Dash Quillen bezeichnete das als das Prinzip der »potenziellen Energie«. Seiner Ansicht nach speichern Qualitätstitel ihre Energie in Krisenzeiten wie eine fest zusammengepresste Feder. Wenn die Wolken sich dann verziehen, springt die Feder auf und setzt kinetische Energie frei. Nur manchmal dauert das eben.

Cliff behielt seine Gedanken für sich. Ihm war nicht nach langen Erklärungen zu Zinsmanagement und kinetischer Energie. Das war das Problem mit Freddie Mac. Die Kunden interessierten sich nicht für die Einzelheiten, und das galt vermutlich auch für Trace. Man konnte ihnen das ja auch nicht übel nehmen. Doch Trace stellte eine ganz andere Frage.

»Und wieso haben Sie Freddie Mac gekauft und nicht Fannie Mae? Weil Sie ein Mann sind?«

»Das ist wirklich unglaublich«, sagte Cliff. »Sie sind doch tatsächlich immer noch eingeschnappt, weil ich nicht glaube, dass Kyle Hooperman von einer Frau ermordet wurde.«

»Eingeschnappt? Nein. Aber unsere kleine Wette habe ich nicht vergessen.«

»Ich glaube, ich habe meinen Gewinn schon ausgegeben«, sagte Cliff.

Dabei war Traces Frage gar nicht so schlecht gewesen. Cliff hatte sich damals für Freddie Mac entschieden, weil das Unternehmen kleiner war und daher größere Wachstumschancen hatte. Doch vielleicht war seine Entscheidung von Faktoren beeinflusst gewesen, die ihm gar nicht bewusst waren. Das Amüsante daran war, dass es im Grunde gar keine Rolle gespielt hatte, denn in den fünf Jahren, die er die Papiere verfolgt hatte, hatten sie sich die meiste Zeit über im Gleichschritt bewegt.

»Die Frage des Geschlechts hat dabei keine Rolle gespielt«, betonte Cliff. »Wohl aber, dass ich so viel Zeit damit verschwendet habe, die Leute über Freddie Mac hinwegzutrösten, dass ich mich fragte, ob es das überhaupt wert war. Ich nahm den Titel aus verschiedenen Depots heraus, weil ich das Gejammer nicht mehr ertragen konnte, und bald wusste ich nicht mehr, ob ich mir nun wünschen sollte, dass er steigt oder dass er fällt. Als er schließlich Aufwind bekam, waren die einen Kunden zufrieden, aber die, für die ich verkauft hatte, riefen wieder an und warfen mir vor, dass ich nicht den Mumm gehabt hatte, zu meinen Überzeugungen zu stehen. Nun, und da habe ich mich entschieden, dass ich in Zukunft nur noch mein eigenes Geld aufs Spiel setzen will. Wenn man nicht glücklich sein kann, wenn eine Aktie um 300 Prozent zulegt, dann kann man gar nicht glücklich sein. Das ist mein Credo, und daran halte ich mich.«

Sie hatten Sands Point in Rekordzeit erreicht. Kein Wunder, dass die Lage so gefragt war. Vielleicht sollte er kurz anhalten und sich von Robin Leach den Weg beschreiben lassen. Doch an sich brauchte er keine Wegbeschreibung. Cliff war vor ein paar Jahren auf einer Party gewesen, die Lenci gegeben hatte. Damals standen alle Broker von R&H auf der Gästeliste. Wenn man die Shore Road gefunden hatte, war man so gut wie da. Die Shore Road war die allererste Adresse – Sands Points Antwort auf die Park Avenue oder den Rodeo Drive. Es war eine Privatstraße voller verkehrsberuhigender Einrichtungen, damit es auch schön gesittet zuging.

Als Cliff und Trace die Shore Road erreicht hatten, musste er sich nur noch ins Gedächtnis rufen, welches Haus es gewesen war. Vor allem im Dunklen glichen sich die Anwesen erschreckend. Doch bald erreichten sie eine Stelle, wo jede Menge Autos den Straßenrand säumten. Hatten die Lencis ihre 100 besten Freunde zum Dinner eingeladen und ihn diesmal vergessen? Oder waren es immer noch die Gäste der letzten Party? Oder hatte Lenci seine Nachricht erhalten und die Autoflut arrangiert, damit er die Gegend leichter wiedererkannte?

Cliff und Trace stiegen aus und liefen zu Fuß bis zur Einfahrt der Lencis. Er erkannte sie sofort wieder, obwohl das Anwesen bei seinem ersten Besuch nicht von Fernsehteams mit ihren Einsatzwagen bevölkert gewesen war. Auch die roten Lichter der Kameras aus der Entfernung hatten damals gefehlt. Insbesondere aber war das Grundstück seinerzeit nicht durch gelbes Band von der Polizei abgesperrt gewesen, und genau das ließ jeden Gedanken daran, die Eingangstür zu erreichen, im Keim ersticken.

Zirca zehn Meter entfernt erzählte eine Reporterin von Channel 5 ihrem Publikum, dass auf den Fonds-Manager Dave Lenci geschossen worden sei.

Kapitel 17

»Na, wenn das mal nicht unser Sherlock Holmes ist!«

Genau so hatte ihn vor ein paar Wochen Sean Cummings begrüßt, doch dessen rattenhafte Züge waren nirgendwo zu sehen. Stattdessen sah sich Cliff Detective Jack Giardi gegenüber, dem Stolz der Polizei von Westchester County und Leiter der Ermittlungen im Fall Hooperman. Im Zweifelsfall wäre ihm Cummings lieber gewesen.

Jack Giardi schien genetisch prädestiniert für die Polizeiarbeit. Er hatte die Hartnäckigkeit eines Mungos in einem Körper, der so kräftig gebaut war, dass er mühelos als Baseballspieler durchgegangen wäre. Zu allem Überfluss hatte er auch noch eine tiefe, raue Stimme, die sich zwar nicht für Karaoke eignete, doch hervorragend dazu, harmlose Zivilisten einzuschüchtern.

»Welchem Umstand verdanke ich die Ehre, Cavanaugh?« fragte Giardi.

»Die Ehre ist ganz auf meiner Seite. Aber sind Sie hier nicht ein ganzes Ende außerhalb Ihres Zuständigkeitsbereichs, Jack?«

Die Entfernung zwischen Sands Point und Rye betrug in der Luftlinie nur wenige Kilometer, doch dazwischen lag der Long-Island-Sund.

»Wenn zwei Mitarbeiter derselben Firma sich Kugeln einfangen, dann kann selbst die Elite von Sands Point ein wenig

Unterstützung gebrauchen. Und was ist Ihre Ausrede?« meinte Jack Giardi.

»Oh, ich wollte nur meinen Sonnenschirm am Jones Beach platzieren, bevor der sommerliche Massenansturm einsetzt. Dabei muss ich wohl falsch abgebogen sein.« Cliff warf ihm dasselbe Lächeln zu, das bei der Bardame Maude so gut funktioniert hatte, doch auf Giardi schien es keine Wirkung zu haben.

»Hören Sie, wir haben hier alles im Griff, Cavanaugh. Warum steigen Sie nicht wieder in Ihren Roadster und legen den Rückwärtsgang ein? Vielleicht schaffen Sie es noch zurück in die Stadt, bevor Ihre kleine Freundin da ins Bett muss.« Giardi hatte sich an dem gelben Absperrband aufgebaut, als wolle er Cliff und Trace daran erinnern, dass ungeachtet der Zuständigkeiten im Fall Lenci er immer noch drin und sie draußen waren.

Nach Cliffs kurzer Erfahrung mit Ermittlungen in Mordfällen erwies sich die zuständige Polizei als ungefähr so hilfreich wie Sandalen im Hochgebirge. Er war also nicht überrascht. Doch er war nicht in der Stimmung, sich in eine Kissenschlacht verwickeln zu lassen, schon gar nicht, wo sein Gegner das größere Kissen in Händen hielt. Er wusste wohl, was Kampfesehre war, doch jetzt war einfach nicht der richtige Zeitpunkt.

Hinter Giardi blinkten die Aufnahmelampen auf und erloschen wieder, während die Fernsehleute ihre 30-Sekunden-Beiträge filmten. Überall wurde das Gleiche gesagt. Am frühen Abend war auf Lenci geschossen worden, der ins North Shore Hospital gebracht worden war. Zustand unbekannt. Ebenso unbekannt war, ob er seinen Angreifer gesehen hatte.

»Ich gehe davon aus, dass es zu früh ist, um Zusammenhänge mit dem Hooperman-Mord zu erkennen?« fragte Cliff.

»Die Ballistik analysiert bereits die Daten, großer Cavanaugh.«

Allein die Art, wie er das Wort »Daten« aussprach, ging Cliff schon an die Nieren. Außerdem schob er einen Zahnstocher von einem Mundwinkel in den anderen, wie ein kaputtes Metronom.

»Nun, wo wir hier gerade so beisammen stehen: Gibt es denn im Fall Hooperman schon irgendwelche Anhaltspunkte?« fragte Cliff.

»Selbst wenn, würde ich es Ihnen sicher nicht auf die Nase binden, oder?«

»Nehmen Sie sich in Acht, Jack«, sagte Cliff. »Noch ein paar solche Sprüche, und ich streiche Sie von meiner Buddy-Liste bei AOL.«

»Er ist doch nur neidisch, Cliff. Ich bezweifle, dass die Polizei die Sache so gründlich untersucht wie Sie«, warf Trace ein.

Cliff hoffte inständig, dass Trace merkte, wie er den Atem anhielt. Vergebens.

»Ich wette, die haben nie von Eric Beck gehört«, fügte sie hinzu.

»Eric Beck! Der Prototyp aller Muttersöhnchen? Den meinen Sie?« Giardi ließ ein kehliges Lachen ertönen, das zu zwei Dritteln nach Marlboro, zu einem nach Miller-High-Life-Bier klang.

Cliff warf einen schnellen Blick auf Trace und dachte daran, dass sie Eric Beck als Neuausgabe des Politaktivisten und Kapitalismusgegners Abbie Hoffman geschildert hatte, der 1967 echte Dollarnoten von der Zuschauertribüne der New Yorker Börse in den Handelssaal geworfen hatte, um gegen die angebliche Geldgier der Börsenmakler zu protestieren. Männer und Frauen mochten die Welt vielleicht mit anderen Augen sehen, doch das hier war einfach lächerlich.

»Ach, kommen Sie«, sagte Giardi. »Selbst ein Anfänger wie Sie sollte wissen, dass Eric Beck seine Mutter zum Essen ausgeführt hat, als Hooperman ermordet wurde. Ein kleines Geburtstagsfest im Four Seasons war es. Er hatte Rehlende, sie Lammkoteletts Colorado. Möchten Sie wissen, was zum Nachttisch kredenzt wurde?«

»Ich habe mir sagen lassen, im Four Seasons machen sie ein wundervolles Alibi-Soufflé«, warf Cliff ein.

Trace hatte inzwischen beschlossen, dass Angriff die beste Verteidigung war. Sie sagte: »Na gut, Sie wissen alles über Eric Beck, wir wissen alles über Milton Koenig. Wir werden ja sehen.«

»Milton Koenig? Der Musiker? Damit verschwenden Sie also Ihre Zeit? Mit Milton Koenig?« Giardi trat einen Schritt zurück. »Das ist einfach klasse, Cavanaugh. Ich bereue beinah, dass ich Sie nach Hause schicken wollte. Sie und Ihre kleine Freundin hier haben mir den Abend gerettet.«

»Es war mir ein Vergnügen«, log Cliff.

»Hey, Cavanaugh, ich will Ihnen einen Tipp geben«, sagte Giardi. »Warum fühlen Sie nicht mal jemandem wie Jeremy Nash auf den Zahn, statt Ihre Zeit mit Leuten zu verplempern, die Hooperman noch nicht einmal bedroht haben?«

»Nash kann es nicht gewesen sein«, sagte Trace. »Er war auf der Internet-Seite von eBay, als Hooperman getötet wurde.«

Giardi schüttelte langsam den Kopf. »Ich bedaure, Sie enttäuschen zu müssen, Kleine, aber wir haben auch das überprüft. Nach den Unterlagen von eBay wurden die Springstine-Tickets um 17 Uhr verkauft, und ich muss Ihnen wohl nicht sagen, dass das mehrere Stunden vor Hoopermans Ermordung war.«

»Springsteen heißt er«, meinte Cliff. »Der Allergrößte.«

»Ansichtssache«, widersprach Giardi. »Aber nennen Sie ihn ruhig so, wenn es Sie glücklich macht.«

Doch Cliff war alles andere als glücklich. Jedenfalls, wenn Nash ihn über den Tisch gezogen hatte.

»Aber weil wir gerade von den Analysten des Rutherford-&-Hayes-Vereins sprechen, behalten Sie mal ein Auge auf Ihren alten Freund Lou Battaglia. Er hat Hooperman genauso verabscheut wie Nash.«

»Nun, wenn Sie wirklich so gut informiert sind, dann ist Ihnen sicher bekannt, dass Lou an jenem Abend in *Moneyline* aufgetreten ist«, wandte Cliff ein.

»Das stimmt, aber wissen Sie auch, wo *Moneyline* produziert wird?« fragte Giardi.

Wieder stockte Cliff der Atem. Mit einem Schlag war ihm klar, worauf Giardi hinauswollte. Die CNN-Studios waren an der Eighth Avenue, zwischen der 33. und der 34. Straße, gleich neben der Hauptpost. Mit anderen Worten, nur ein paar Häuser von der Penn Station entfernt. Wenn Lou Hooperman hätte loswerden wollten, hätte er einen Amtrak-Zug nach Rye nehmen, in die Oneida Road laufen, seine versteckte Waffe hervorziehen und nach der Tat mit dem nächsten Zug zur Grand Central zurückfahren können. Das war es jedenfalls, was Giardi andeutete.

»Ich wusste gar nicht, dass Sie so viel Fantasie haben, Jack«, konterte Cliff.

Er konnte sich ein wenig eigener Fantasie nicht erwehren. Sicher würde man bei *Moneyline* ein blasses Gesicht wie das von Lou Battaglia nicht vor die Kamera lassen, ohne es ein wenig aufzufrischen. Cliff fragte sich, ob die Leute vom Morddezernat vielleicht an Hoopermans Leiche Spuren von Schminke gefunden hatten.

Da sagte Giardi: »Nun, wenn Sie so sicher sind, dass Ihre Freunde unschuldig sind, warum erzählen Sie mir nicht, was Sie an dem Abend gemacht haben, Cavanaugh?«

»Bitte?«

»Ts, ts«, machte Giardi. »Sie haben doch nicht etwa geglaubt, dass Ihre Nachricht auf dem Anrufbeantworter unbemerkt bleiben würde?«

»Hey, das kann ich erklären«, sagte Cliff.

»Brauchen Sie nicht«, sagte Giardi. »Das ist doch Ihr Wagen da unten links, oder?«

»Ja, was ist damit?«

»Nun, zufällig wurde an dem Abend, als Hooperman erschossen wurde, in der Nähe seines Hauses ein ganz ähnliches Fahrzeug gesehen. Ich dachte, das würde Sie interessieren.« Giardi lächelte so breit, dass Cliff die Goldkronen auf seinen Backenzähnen sehen konnte.

Trace warf einen zweiten Blick auf Cliffs Wagen und dabei fiel ihr etwas auf, das ihr bisher entgangen war. Es war beste schwedische Kraftfahrzeugtechnik – ein schicker, glänzender schwarzer Saab Turbo.

»Das war der peinlichste Abend meines Lebens.«

Cliff saß wieder am Steuer, diesmal in Richtung Manhattan. Er hielt nicht einmal am North Shore Hospital aus lauter Angst, Giardi könnte ihnen folgen. Was auch immer Lenci zustoßen sollte, war ohnehin nicht mehr zu verhindern. Sie würden es früh genug erfahren. Gegen elf hatte leichter Regen eingesetzt, was Long Island nicht attraktiver machte.

»So schlimm war es doch gar nicht, Cliffie.«

»Nicht? Ich bin von einem fettärschigen Zahnstocherkauer gedemütigt worden, und Sie sagen, dass sei nicht schlimm?« Cliff umklammerte das Lenkrad, als wollte er daran Klimmzüge machen.

»Immerhin haben wir ein paar Dinge erfahren, die wir bisher

noch nicht wussten«, wandte Trace ein. Es gehörte auch zu ihren Aufgaben, die Spreu vom Weizen zu trennen, doch ihr Chef interessierte sich nicht sehr für ihre Ausbeute.

Stattdessen lamentierte Cliff: »Ja, aber nur, weil der Fettarsch uns in Grund und Boden gestampft hat. Hätte bloß noch gefehlt, dass er mir erzählt, was *ich* gegessen habe an dem Abend, an dem Hooperman getötet wurde.«

»Was haben Sie denn gegessen?«

»Weiß ich nicht mehr«, sagte Cliff. »Ich hoffte, Jack würde es mir sagen. Wenn es gut war, könnte ich es mir noch einmal bestellen.«

»Glauben Sie, er hat auch gewusst, dass Lucky Sparks genau so ein Auto fährt?« triumphierte Trace.

»Wirklich?« fragte Cliff.

»Ich fürchte ja«, bestätigte Trace. »Es könnten Zwillinge sein – na ja, vielleicht auch Achtlinge.«

»Ich bezweifle, dass Giardi irgendetwas weiß«, meinte Cliff. »Es muss gar nichts bedeuten, dass so ein Auto in der Gegend gesehen wurde. Vielleicht hat sich ein Squashspieler auf dem Weg zum Apawamis Club verfahren.«

»Zum Kiwanis Club?«

»Nein, Apawamis. Ein traditioneller Country Club, der nur zwei Blocks von Hoopermans Haus entfernt ist.«

»Spielt Lucky Sparks dort Golf?«

»Nachts bestimmt nicht. Und erst recht nicht im Februar«, meinte Cliff. »Sehen Sie nicht, was uns Giardi für Blödsinn erzählt hat? Er hat ein Szenario nach dem anderen entworfen und uns gleich vier Verdächtige serviert. Dabei kann es nur einer gewesen sein. Wir haben keine Ahnung, was der Täter für ein Auto gefahren hat, falls überhaupt. Außerdem sprechen wir hier von Westchester County. Selbst wenn der Killer einen Saab fährt, dann ist das ungefähr so aufschlussreich wie die Information, dass der Würger von Stockholm auf den Namen Johansson hört.«

»Was, glauben Sie, hat es denn nun mit dem TDL-Symbol auf sich?« wollte Trace wissen.

»Nun, wenn mein Gehirn normal funktionieren würde, was ich manchmal bezweifle, dann sollte ich jetzt ganz anders denken als auf der Herfahrt.«

»Nämlich?«

»Vielleicht hat der Killer ja selbst TDL eingetippt, so als kleinen privaten Scherz, um zu sagen: ›Hier habt ihr mein nächstes Opfer. Versucht mal, ob ihr mich aufhalten könnt.‹«

»Aber warum Hooperman *und* Lenci?«

»Keine Ahnung«, gestand Cliff. »Aber ich weiß, dass Hannah Diehl mir ausdrücklich erklärt hat, dass Lenci die IPO-Geschichte genauso handhabte wie Hooperman. Wenn das stimmt, dann bekommt Shari Beck eine Sonderbehandlung, und irgendjemand ist darüber gar nicht glücklich.«

»Hoop hat Shari bevorzugt? Haben Sie das meinen Aufzeichnungen entnommen?«

»Es ist eine Schlussfolgerung«, erklärte Cliff. »Ich vermute, das URLybirds-Desaster begann damit, dass Shari erst Anteile haben wollte und dann einen Rückzieher machte, als sich die Sache als Flop entpuppte.«

»Das kann man?«

»Nun, eigentlich nicht, aber es geht doch – vorausgesetzt, Hooperman war schnell genug. Er hätte im Nachhinein ein paar Hebel in Bewegung setzen und ihre Aktien seinen anderen, ahnungslosen Klienten unterjubeln können.«

»Klingt sehr umständlich«, meinte Trace.

»Ist es auch«, pflichtete Cliff bei. »Aber vielleicht wollte er nicht noch einen weiteren Eintrag auf seinem Fehlerkonto. Sonst hätte ihm Sean Cummings im Nacken gesessen. Wir wissen bereits, dass Milton Koenig nicht im Voraus über den Kauf informiert worden ist, und das ist an sich schon ein Skandal. Ein Portfolio-Manager muss bei IPOs die Genehmigung des Kunden einholen, selbst wenn er ansonsten Kontovollmacht besitzt. Die Sache stinkt also. Ich weiß nur noch nicht, wie sehr. Genauer gesagt weiß ich eigentlich überhaupt nicht viel.«

Ein paar Minuten lang herrschte Schweigen. Cliff hatte Hunger, doch an der Straße gab es kaum Lokale. Sich die Wunden zu lecken macht nicht satt, doch er musste es wohl dabei bewenden lassen.

Endlich meinte Trace: »Ich glaube, ich weiß, wie ich Ihnen helfen kann.«

»Und wie?«

»Erzählen Sie mir etwas ganz furchtbar Peinliches.«

»Und das soll helfen?«

»Gefühle lassen sich manipulieren. Bei Stella Adler machen wir das die ganze Zeit. Wenn ich nicht auf Knopfdruck losheulen kann, dann reiße ich mir einfach ein oder zwei Nasenhaare aus.«

»Und ich dachte, Olivier hätte gesagt, solche Tricks seien überflüssig.«

»Was er meinte, war, dass er sie nicht nötig hatte. Ach, kommen Sie, Cliff. Das wird Sie auf andere Gedanken bringen, ich verspreche es.«

Zuerst dachte Cliff an die eine oder andere faule Aktie, die er im Laufe der Jahre erstanden hatte. Vor ein paar Jahren hatte er Advanced Micro Devices gekauft statt den Branchenführer Intel und dabei eine von Dash Quillens wichtigsten Grundregeln verletzt. Dash hatte immer gepredigt: »Originalität ist nicht gefragt, wenn man an der Börse Erfolg haben will.« Das war im Grunde eine Warnung an die Broker. Sie sollten sich nicht für zu schlau halten, nicht auf einen Außenseiter setzen, wenn der Markt ihm nicht außergewöhnliche Chancen einräumte. Damals war das nicht der Fall. Mit Advanced Micro ging es vier Jahre lang immer wieder auf und ab, während Intel sich zu einem echten Blue Chip des Silicon Valley entwickelte und so hoch stieg, dass die Luft schon dünn wurde. Das war peinlich gewesen. Damals hatte sich Cliff fest vorgenommen, falls er jemals wieder auf die Nummer zwei einer Branche setzen sollte, zumindest zu Hedging-Zwecken auch Aktien des Marktführers zu kaufen.

Aber es war ziemlich offensichtlich, dass Trace nicht wieder eine Börsengeschichte hören wollte, nicht einmal eine tragische. Sonst fiel Cliff nur noch ein, dass er immer heulen musste, wenn die Carpenters Weihnachtslieder sangen. Doch das ging keinen etwas an. Und ganz sicher würde er sich nicht besser fühlen, wenn er es zugab. Er überlegte weiter.

»Mir ist was eingefallen«, verkündete er nach weiteren 20 Sekunden.

»Wirklich peinlich?«

»Oberpeinlich«, versicherte Cliff. »Aber urteilen Sie selbst.«

»Ich bin ganz Ohr.«

»Es war, als ich das erste Mal ein Mädchen in ein teures Restaurant zum Essen ausführte«, erzählte Cliff. »Sie hieß Belinda Vanderpeel und war eine echte Klassefrau, weit gereist. Ich glaube, sie war sogar Miss Teenage Luxembourg oder so.«

Trace beugte sich vor und stellte das Radio leiser. Es wurde gerade ein alter Leo-Sayer-Song gespielt, also war das nicht weiter schlimm.

»Der Kellner fragte mich, ob ich zum Essen Wein bestellen wolle. Ich sagte ja, obwohl ich eigentlich nie Wein trank. Ich beobachtete Belinda aus den Augenwinkeln. Sie wirkte, als warte sie nur darauf, von mir beeindruckt zu werden. Als mir der Kellner die Weinkarte reichte, winkte ich ab und sagte ›Lassen Sie nur, bringen Sie einfach einen schönen Chateaubriand für zwei.‹«

Cliff hielt inne. Man hört nur die gedämpfte, doch krächzend-hohe Stimme von Leo Sayer. Es klang, als säße er im Armaturenbrett und versuchte sich daraus zu befreien.

Cliff schüttelte den Kopf. Plötzlich grinste er Trace an. »Also gut, Sie haben gewonnen. Dagegen war Giardi gar nichts.«

Kapitel 18

Am nächsten Morgen war die Wirkung von Traces Bemühungen zur Aufheiterung von Cliffs Stimmung verflogen. Es war Samstag, einer von den Tagen, an denen man aufwacht und einen Moment lang glaubt, die Welt sei in Ordnung, bis die Geschehnisse des Vortags erneut über einen hereinbrechen und man vor Augen geführt bekommt, was für ein elendes Jammertal die Welt doch ist. So jedenfalls stellte sich die Sache am 18. März 2000 für Cliff Cavanaugh dar.

Das Leben war ungerecht. Wieso hatten seine Eltern so viel Wert darauf gelegt, dass er Wörter wie »Daten« ordentlich artikulierte, wenn es doch nichts brachte? Es wäre etwas anderes, wenn dieser überlebensgroße Trottel ihn körperlich misshandelt hätte. Das hätte nie so schmerzen können wie die Wunden, die er seinem Ego zugefügt hatte.

Als Cliff den Vorabend gedanklich aufarbeitete, wurde ihm klar, dass zumindest eines der von Giardi konstruierten Szenarien einen Riesenbluff enthielt. Selbst wenn Giardi gewusst hatte, dass Lucky Sparks einen Saab fuhr, so konnte er doch nicht mit dem Hooperman-Mord in Zusammenhang gebracht werden. Sparks hatte sich den Wagen ja mit dem Erlös der URLybirds-Aktien gekauft, die er gerade einmal zwei Tage vor dem Mord verkauft hatte. Das Geld wäre keinesfalls rechtzeitig verfügbar gewesen. Beim Verkauf einer Aktie gibt es einen Abschlusstag und einen Abrechnungstag. Der Verkäufer erhält das Geld erst, wenn der gesamte Papierkram vom Tisch ist und der Trade abgerechnet werden kann, was in Amerika normalerweise drei Werktage in Anspruch nimmt.

Früher waren es sogar fünf gewesen. Und nicht nur das, noch Anfang der achtziger Jahre konnte man nicht bis zum 31. Dezember warten, wenn man aus steuerlichen Gründen Verluste aus Aktiengeschäften mitnehmen wollte, denn dann wäre der Trade erst Anfang des neuen Jahres abgerechnet worden. Mittlerweile gilt das Abschlussdatum als steuerlich relevanter Zeitpunkt, doch die fundamentale Tatsache, dass Trades nicht unverzüglich abgerechnet werden, bleibt bestehen. Das Geld bekommt man erst am Tag T + 3.

Außerdem war Lucky Sparks einfach nicht der Typ, der hingeht und jemanden ermordet. Wenn er Hooperman tatsächlich umgebracht hätte, müsste er ins Gefängnis. Wenn er ins Gefängnis müsste, würde er seine Beiträge für Wee Burn nicht mehr zahlen können. Wenn er seine Clubbeiträge nicht mehr zahlte, dann würde sein Name am schwarzen Brett ausgehängt, sodass ihn alle Clubmitglieder lesen konnten. Das würde er nie riskieren.

Und wie stand es mit Jeremy Nash? Die eBay-Unterlagen zeigten also, dass die Tickets um 17 Uhr gekauft worden waren. Na und? Die Firma saß in San Jose. Möglicherweise verwendeten sie dort pazifische Zeit. Ob Giardi so etwas übersehen könnte? Na ja, träumen ist schließlich nicht verboten.

Als Erstes suchte Cliff die Homepage von DeathNet auf, dem führenden Online-Todesanzeigendienst. DeathNet bietet die Möglichkeit, eine eigene Watchlist anzulegen. Man wird dann per E-Mail benachrichtigt, wenn jemand auf der Liste unerwartet dahinscheidet. Die am häufigsten angefragte Person war Donald Trump. Alternativ kann man Namen, Daten und eine Postleitzahl eingeben, die das System von DeathNet dann abgleicht, um Übereinstimmungen postwendend auszuspucken.

Es stellte sich heraus, dass in letzten 24 Stunden nur eine Handvoll Menschen im Gebiet von Long Island verstorben waren, deren Nachnamen mit »L« begannen. Dave Lenci war nicht dabei. Doch für alle Fälle setzte Cliff den Namen Lenci auf seine Watchlist. Er lehnte die von DeathNet Trademarkgeschützte FloraFirst-Option ab, über die automatisch ein Lilienbukett an die Hinterbliebenen versandt wird.

Cliff fragte sich, ob Mario Gabelli wohl DeathNet genutzt hätte, wenn es den Dienst zu seiner Zeit schon gegeben hätte. In den achtziger Jahren, als Gabelli noch Stammgast bei den jährlichen Treffen am runden Tisch in *Barron's* war, schien er stets über das Alter der betagteren CEOs in seinem Portfolio informiert. Sein Anlagegrundsatz war, dass ein Unternehmen unter Umständen übernahmereif wird, wenn ein Mehrheitsaktionär das Zeitliche segnet. Die nach ihrem Gründer mit der Reibeisenstimme benannte Autolackiererei Earl Scheib stand lange Zeit ganz oben auf Gabellis Favoritenliste. Als Scheib 1995 starb, machten die Aktien seines Unternehmens einen Sprung um zwei Punkte von vier auf sechs, wie Gabelli es vorhergesehen hatte. Ein Kurssprung von 50 Prozent über Nacht ist nicht zu verachten – wenn man nicht bereits acht Jahre zuvor investiert und erlebt hat, wie der Titel von 15 auf vier gesunken ist. Ein weiterer Haken an der Sache war, dass es nie zu einer Übernahme kam. Das Unternehmen geriet unter Druck durch steigende Rohstoffkosten und mangelnde Bereitschaft der Verbraucher, für Lackierarbeiten mehr zu bezahlen. 1999 war die Aktie auf gerade einmal 2 Dollar gefallen. Doch selbst eine statistisch betrachtet billige Aktie macht noch keinen guten Übernahmekandidaten, wenn es geschäftlich abwärts geht – es sei denn, man verlässt sich darauf, dass potenzielle Interessenten diesen Umstand übersehen.

Cliff ging zu einem Zeitungsstand am Columbus Circle, um zu sehen, wie die Regenbogenpresse das Attentat auf Lenci aufnahm. Bis in die *Times* hatte es die Geschichte nicht geschafft, genauso wenig wie die West Coast Night Games, doch die Schreiber der *Daily News* titelten »Double Trouble«, was die Situation gar nicht schlecht beschrieb. Die *Post* hatte sich für »St.-Patrick's-Day-Massaker« entschieden, was ein wenig übertrieben war. Doch schließlich sprach auch der Titel »Sherlock Holmes« dem gegenwärtigen Zustand von Cliffs Biorhythmus schallend Hohn. Er fühlte sich mehr wie »Detective Dumpfbacke«, was vielleicht nicht so geschmeidig über die Zunge rollte, doch für den Moment der Wahrheit einwandfrei näher kam.

Glücklicherweise waren sich die Zeitungen über die Geschehnisse weitgehend einig. Wie bei Kyle Hooperman war auch auf Lenci aus kurzer Entfernung geschossen worden. Diesmal war die Kugel allerdings knapp vier Zentimeter weiter rechts eingetreten und hatte Lencis Herz verfehlt. Bei dem Einschuss in den Brustraum war aber eine Arterie verletzt worden. Wenn er nicht so schnell gefunden worden wäre, wäre er ganz sicher ein Fall für DeathNet gewesen.

Lenci war von seiner Frau Suzanne entdeckt worden. Sie hatte gerade Sohn und Tochter zu Freunden gefahren, im Zuge einer Art von Austauschprogramm wegen der Zirkusveranstaltung. Als sie nach Hause kam, entdeckte sie im Licht der Scheinwerfer Lenci, der mitten auf der halbkreisförmigen Auffahrt lag, dieselbe Auffahrt, die Cliff am Freitagabend immer mal wieder über Giardis Schulterklappen hinweg gesehen hatte. Suzanne Lenci hatte sofort einen Krankenwagen gerufen. Sie war mit ihrem Mann zusammen in die Klinik gefahren, was erklärte, wieso Cliff zwei Wagen auf der Auffahrt gesehen hatte, einen Ford Suburban und dahinter einen silbernen Jaguar.

Genial.

Biorhythmisch erlebte Trace einen ähnlich trüben Tag wie Cliff. Unterm Strich hatte das gestrige Fiasko gezeigt, dass eine Internet-Datenbank mehr leistete als sie. Um das auszugleichen, musste sie folglich etwas tun, zu dem die Datenbank nicht imstande war.

Sie hatte ihre Mission bereits gestern Abend eingeleitet. Nachdem Cliff sie am Washington Square abgesetzt hatte, hatte sie sich einen Musikstudenten von der Tisch School geangelt, der sich gerade sein siebtes grünes Bier genehmigte. Trace überzeugte ihn davon, dass er die nächsten 24 Stunden jedwedes laute Geräusch unbedingt meiden sollte – ganz besonders Geräusche wie das Scheppern eines Beckens oder selbst das Wehklagen eines Kontrafagotts. Gerührt durch ihre Sorge um sein Wohlergehen überließ er ihr seine Karte für die New Yorker Philharmoniker.

Die Erlösung stand auf dem Spiel, und sie konnte es kaum erwarten bis 20 Uhr. Den Tag verbrachte Trace hauptsächlich damit, sich Zeilen einzuprägen, die sie bereits gelernt hatte – keine besonders fruchtbare Strategie. Wenn man seinen Text konnte, sollte man sich eigentlich mit Dingen wie Stimmmodulation, Mimik und all jenen Details beschäftigen, die eine echte Schauspielerin ausmachen. Doch Trace war gar nicht richtig sie selbst – so wenig, dass sie sogar zu früh fertig war. Es war noch nicht einmal 19.30 Uhr, als sie den U-Bahnhof am Astor Place betrat. Der Eingang war ein kleiner Pavillon, der aussah wie eine Skulptur aus dem 19. Jahrhundert. Sie nahm die Lex in Richtung Uptown bis zur Grand Central, fuhr dann Richtung West Side, wo sie in die Linie 1 nach Norden stieg. Ein paar Minuten später war sie bereits am Columbus Circle, ein paar Schritte vom Lincoln Center entfernt.

Auf dem Weg dorthin wurde sie von mehreren Walkern überholt, die dunkle Joggingkleidung mit reflektierenden Streifen an den Armen trugen. Eigenartigerweise musste sie dabei an Cliff denken. Vielleicht, weil er um keinen Preis der Welt zum Walker werden würde. Sie nahm ihr Handy und wählte seine Nummer, überlegte es sich aber mit dem ersten Klingelzeichen anders. Vielleicht sollte sie ihr Vorhaben heute Abend lieber für sich behalten. Wenn ihre Bemühungen Erfolg zeigten, konnte sie es ihm immer noch sagen. Jetzt stand die Avery Fisher Hall des Lincoln Center auf dem Programm.

Das Lincoln Center für darstellende Kunst war einer der Glanzpunkte Manhattans. Der Grundriss ist ein offenes Rechteck mit einem Arrangement von sechsstöckigen Säulen. Davor befindet sich ein Brunnen, umgeben von einem gepflasterten Platz. Wenn man die Avery Fisher Hall betritt, bekommt man unmittelbar einen Eindruck von der Architektur der fünfziger Jahre – Holzverkleidungen und orangefarbene Sitze. An Wänden und Decke finden sich verschiedene Bogenformen, die erst nachträglich eingefügt wurden, zweifelsohne auf Empfehlung eines hochbezahlten Akustik-Beraters.

Mit einem flauen Gefühl im Magen arbeitete sich Trace zu ihrem Platz vor. Zwar war sie im Theater mehr oder weniger zu Hause, doch sie war kein großer Fan von Orchesterkonzerten im Allgemeinen oder von den New Yorker Philharmonikern im Besonderen. Dabei waren die Solisten des Abends durchweg renommierte Künstler. Im Mittelpunkt stand der Pianist Leif

Ove Andsnes. Der Dirigent hieß Valery Gergiev und sah aus wie ein jüngere Ausgabe von John Belushi. Zu Trace' großem Glück hatten die Philharmoniker nur ein Kontrafagott, sodass Milton Koenig leicht zu erkennen sein würde.

Trace nahm das Opernglas aus ihrer Handtasche und blickte in Richtung der Holzblasinstrumente. Ihre Kenntnisse über das Kontrafagott beschränkten sich darauf, dass es größer war als ein normales Fagott. Natürlich war auch ein normales Fagott nicht gerade klein, und davon gab es eine ganze Menge. Doch bei näherem Betrachten hob sich eines von den übrigen ab wie eine Bienenkönigin. Dahinter erkannte Trace einen distinguiert wirkenden Gentleman mit grauweißem Spitzbart und goldfarbener Brille. Trace versuchte sich einzureden, dass sie ihn aus den übrigen Fagotten heraushörte. Zumindest konnte sie sich mit diesen Versuchen die Zeit vertreiben, denn sie musste ja noch das ganze Konzert durchstehen. Im Programm stand, dass das Konzert mit »Poem of Ecstasy« beginnen sollte, von jemandem mit Namen Scriabin. Danach kamen Werke bekannterer Komponisten. Auf das Klavierkonzert Nr. 3 von Prokofjew folgte Beethovens Symphonie Nr. 6, die Pastorale. Trace dämmerte plötzlich, dass sie für ihre Zwecke ohne weiteres erst nach der Pause hätte kommen können. Es lag ihr nicht, drei Stunden lang herumzusitzen. Doch sei's drum. Immerhin konnte man seinen Abend auch auf unangenehmere Art verbringen.

Zurück in seinem Arbeitszimmer überprüfte Cliff zum achten Mal die Liste von DeathNet. Immer noch kein Lenci. Doch da er gerade online war, wollte er noch eine Sache recherchieren, die ihm im Kopf herumging, seit er Traces letztes E-Mail gelesen hatte – was nun auch schon eine Weile zurücklag. Er suchte altavista.digital.com auf und gab den Titel *This Is Not Your Father's Stockpicking Book* ein.

Zehn Webseiten wurden ausgeworfen, darunter ein paar Rezensionen und mehrere Listen von Buchläden, doch nichts von Interesse. Am Ende der Trefferliste tauchte der Eintrag »Hörbücher« auf. Das klang schon besser. Vielleicht hatte Milton Koenig *tatsächlich* eine Audioversion des Buches angehört, selbst wenn eine solche den konservativen Quellen zufolge nicht existierte.

Leider erwies sich die Webseite über »Hörbücher« als ungefähr so nützlich wie eine Gegensprechanlage in einem Leichenwagen. Auf der Seite waren lediglich Titel von Büchern und Audiobüchern aufgelistet, die 1997 einer bestimmten Bibliothek hinzugefügt wurden. Die Titel waren sehr unterschiedlich: *Monsters of the Sea*, *Murderers and Other Friends*, *Letters of Robert Louis Stevenson* und rund 50 andere mehr. *This Is Not Your Father's Stockpicking Book* befand sich im unteren Drittel der Liste. Die URL für die Webseite war www.loc.gov/nls/tbt/1997-6-tbtmf.html. Soweit gut und schön, doch alles, was zwischen »www« und »html« stand, hätte genauso gut Serbokroatisch sein können. Cliff klickte auf die Adresse und begann von rechts Buchstaben zu löschen, bis nur noch www.loc.gov/nls übrig war, vermutlich die Ursprungsseite. Das sah schon verständlicher aus. Loc.gov könnte für »local government« stehen, also Lokalregierung. Und wenn es sich um eine Bücherliste einer Regierungsstelle handelte, stand nls möglicherweise für National Library Service, den nationalen Bibliotheksdienst. Cliff drückte die Return-Taste und wartete, bis eine neue Seite erschien. So ein altes Gerät war manchmal recht hinderlich, doch solange die Wartezeit immer noch Sekunden betrug, nicht

Minuten, war Cliff bereit, sich damit abzufinden. Er redete sich einfach ein, dass es ihm gefiel, wie sich aus einzelnen Pixeln Bilder formten. Endlich war die Seite vollständig.

»Ohmeingott«, stieß Cliff hervor.

Als das Konzert zu Ende war, begab sich Trace mit schmerzendem Hinterteil zum Musikereingang in der 65. Straße. Es hatte etwas Unheimliches, sich danach zu erkundigen, wo die Musiker ein- und ausgingen, etwas, das ganz deutlich an Hinckley erinnerte. Doch Trace hatte nichts Böses im Sinn, wenn man einmal unterstellte, dass ein paar Minuten mit Milton Koenig nichts Böses waren. Nach der Zahl der Musiker zu urteilen, die herausströmten, hatten die New Yorker Philharmoniker eine doppelt so große Besetzung wie die New York Giants. Sie hielt angespannt nach dem grauweißen Spitzbart Ausschau. Es wäre wirklich schade, wenn sie ihn nun verpassen würde, nach all dem Aufwand, den sie getrieben hatte. Doch Koenig zu verpassen sollte Traces geringste Sorge sein. Plötzlich stand er vor ihr, keine vier Meter entfernt. Und er hatte nicht nur sein Kontrafagott dabei, sondern noch etwas anderes. »Ohmeingott«, stieß Trace hervor.

Das zweite Utensil, das er bei sich trug, war ein weißer Stock.

Schnell zog sie ihr Handy aus der Tasche, dasselbe Handy, das sie für die Dauer des Konzertes in der Avery Fisher Hall hatte abgeben müssen. Was war sie doch für ein Trottel. Sie drückte die Wiederwahltaste und hoffte, dass die Sicherheitsleute während des Prokofjew-Stücks nicht auf ihre Kosten mit Madagaskar telefoniert hatten. Sie holte tief Luft, um Cliff die schlechte Nachricht mitzuteilen, und gleichzeitig ohrfeigte sie sich im Geiste, weil sie einen Vertrag unterschrieben hatte, der keine Abfindung vorsah.

»Cliff, ich muss Ihnen etwas sagen. Hinsichtlich Milton Koenig ist mir ein Umstand entgangen, der vielleicht für Sie wichtig wäre.«

»Sie meinen den Umstand, dass er blind ist?« fragte Cliff.

»Was? Das wissen Sie schon?«

»Seit einer halben Stunde. Erinnern Sie sich an das Buch, das er sich angehört hat – das, von dem ich behauptet habe, dass es keine Audioversion davon gibt?«

»Ja«, sagte Trace. Mit müdem Blick verfolgte sie, wie Milton Koenig in eine der wartenden Limousinen stieg.

»Nun, es ist nur in einem speziellen Format erschienen, das der National Library Service speziell für Blinde herausgibt. Auf einem normalen Kassettenrekorder könnte man es gar nicht abspielen.«

»Ich kann es mir wohl sparen, Ihnen zu versichern, dass man übers Telefon nicht merken konnte, dass er blind war«, sagte sie.

»Sie haben Ihre Aufgabe erfüllt, Trace. Wenn ich nicht so langsam gewesen wäre, hätten wir ihn schon lange von der Verdächtigenliste streichen können.«

»Wirklich?«

»Aber natürlich. Und Sie haben mir geholfen, auch Lucky Sparks zu streichen. Wir kommen voran.«

»Kommen wir? Ich meine, habe ich?«

Trace war zutiefst dankbar, dass Cliff ihre erneute Unterlassungssünde so gelassen aufnahm. Sie vermutete, dass er wohl mit sich zufrieden war, weil er voll ausgeschöpft hatte, was die Finanzdaten ihm verrieten. Vielleicht war die Verwandtschaft zwischen finanziellem und kriminalistischem Spürsinn tatsächlich enger, als sie angenommen hatte.

In Wahrheit war Cliff schlicht zu benommen, um verärgert zu sein. Vor seinem inneren Auge sah er nur Jack Giardis überhebliches Lächeln.

Kapitel 19

Zu Beginn der neuen Arbeitswoche zeigte sich Rutherford & Hayes in seinen Grundfesten erschüttert. Nach dem Mord an Hooperman hatte man es geschafft, wieder zur Tagesordnung überzugehen, doch ein zweiter Mordversuch war zu viel. Mit einem Schlag waren nicht mehr die Investments das wichtigste Thema. Intel und Cisco erreichten neue Höchstwerte, doch diese nahmen sich bescheiden aus gegen Sean Cummings' Blutdruck.

Dave Lenci befand sich auf dem Wege der Besserung. Er schwebte nicht mehr in akuter Lebensgefahr und es ging ihm den Umständen entsprechend gut. Ein Sprecher der Klinik deutete an, dass er wohl bald entlassen werden könnte. Das wenigstens stand am Montagmorgen in der Zeitung. Cliff dachte, er sollte zumindest so gut informiert sein wie die breite Masse. Wenn er aber seinen professionellen Vorsprung nicht verlieren wollte, war ein Ausflug nach Sands Point angesagt.

Leider war der Parkplatz des North Shore Hospital nicht gerade der angenehmste Ort, um einen Nachmittag zu verbringen.

Dabei hatte Cliff alles mitgebracht, was er seiner Ansicht nach für eine Überwachung benötigen könnte: seine komplette Sammlung von Lynyrd-Skynyrd-Kassetten, zwei Dosen Jolt Cola, ein paar Drake's Coffee Cakes und nicht zuletzt einen umfangreichen Schmöker über Schusswunden und deren Analyse in der forensischen Medizin. Der Autor des Ganzen, Vincent Di Maio, war der Chefgerichtsmediziner von Bexar County, Texas. Sein Buch las sich wie der *National Geographic*, in dem es ein Dutzend Seiten lang um Pandabären geht und man dann mit dem Foto eines grinsenden Fledertiers geschockt wird. Nur dass die Fotos in diesem Falle sämtlich mit der hauseigenen Kamera des Leichenschauhauses von San Antonio gemacht worden waren. Bonnie und Clyde waren noch glimpflich davongekommen, verglichen mit manchen dieser bedauernswerten Gesellen, die allesamt nicht mehr in der Lage gewesen waren, die Veröffentlichung ihrer Fotos zu genehmigen.

90 Minuten vergingen, ohne dass Suzanne Lenci auf der Bildfläche erschien. Cliff konnte nur hoffen, dass Sergeant Joe Friday und Officer Bill Gannon von der Abteilung für Glücksspielmanipulation ihre Überwachungstage anders verbrachten. Sein Vorteil war aber, dass sich – wenn nichts Unvorhergesehenes dazwischen kam – das Objekt seiner Neugier irgendwann zeigen würde. Cliff hatte es geschafft, fünf Autos von demselben Ford Suburban entfernt zu parken, den er in Lencis Einfahrt gesehen hatte. Mit einem Nummernschild mit der Aufschrift MUNNEY ist es schwer, unerkannt zu bleiben.

In der 123. Minute von Cliffs Wache kam eine Frau mit auffallend federnden Schritten durch die zweiflügelige Tür der Klinik. Cliff verließ seinen Lauerposten und ging in gemessenem Tempo auf das Krankenhaus zu, bis sie in Reichweite kam.

Die Frau trug einen olivfarbenen Trenchcoat und hatte ein leuchtend rotes Stirnband um, das eine Fülle dichten braunen Haars zurückhielt. Durch das Stirnband und die runde, perlmuttfarbenen Sonnenbrille war genug von ihrem Gesicht verdeckt, um selbst den Ayatollah zufrieden zu stellen. Doch sie war es, kein Zweifel. In der Welt der weiblichen Trophäen war

Suzanne Lenci eine Kreuzung zwischen Heisman und Conn Smythe, in der Ausführung einer 1,65 Meter großen Brünetten.

Seit Jahren kursierten viele Geschichten über die Lencis und ihre Ehe. Alle wussten, wie viele Stunden er täglich im Büro verbrachte, und niemand glaubte ernsthaft, dass sie sich die Zeit mit Häkeln und Stricken vertrieb. Besonders viel geredet wurde nach der berühmten Sommerparty in der Shore Road. Suzanne Lenci trug damals ein Emma-Peel-Outfit von Danskin und verdrehte der gesamten institutionellen Vertriebsabteilung den Kopf. Natürlich hatte sie nur harmlos geflirtet, doch selbst das blieb nicht ohne Folgen. In der darauffolgenden Woche sah man ansonsten gut erzogene Investmentbanker mit den Fäusten auf ihre Anschlagtafeln trommeln. Konsortialinitiativen kamen zum Stillstand. Wenn man bei Goldman Sachs auf Draht gewesen wäre, hätte man einfach im Folgejahr wieder eine solche Party organisiert. Doch Dave Lenci hatte daraus gelernt. Er zog seine Frau aus dem Verkehr, und wenn sie seither jemandem schöne Augen gemacht hatte, dann redeten sie jedenfalls nicht darüber.

Als sie noch zehn Schritte entfernt war, war Cliff ziemlich sicher, dass es wirklich Suzanne Lenci war. Er blieb stehen und hoffte, dass sie sich an ihn erinnern würde.

Er räusperte sich und sagte: »Verzeihung.«

»Oh, hallo«, entgegnete Suzanne Lenci und legte den Kopf zur Seite. Sie nannte ihn nicht beim Namen, doch Cliff hatte den Eindruck, dass sie ihn nicht für einen Unbekannten hielt.

Er streckte ihr die rechte Hand entgegen. »Cliff Cavanaugh. Ich bin ein ehemaliger Kollege Ihres Mannes. Ich hoffe, es geht ihm gut.«

Sie ergriff seine Hand mit beiden Händen, als müsste er sie stützen. »Sie sind mir gleich so bekannt vorgekommen. Danke der Nachfrage. Es geht ihm schon viel besser.«

Dann ließ sie ihn los. Sie nahm die Sonnenbrille ab und steckte sie in die Manteltasche. Cliff blickte zum trübgrauen Himmel und stellte fest, dass sie sie wirklich nicht brauchte. Aber in emotionalen Stresssituationen trugen Frauen eben Sonnenbrillen. Dabei war Suzannes Wimpertusche so makellos wie die Frisur von Senator Trent Lott. Vielleicht schminkte sie sich aber auch, um die Tatsache zu verbergen, dass sie *nicht* geweint hatte.

»Ich bin froh, dass es ihm gut geht«, sagte Cliff. »Im Büro stehen alle unter Schock.«

Suzanne Lenci seufzte. »Ich bin nur froh, dass die Kinder nicht mit ansehen mussten, was ich gesehen habe.«

»Das kann ich verstehen«, meinte Cliff. Selbst wenn es um die Ehe der Lencis nicht zum Besten stehen sollte, war das sicher kein angenehmes Erlebnis gewesen. Der Ehemann, wie er leblos dalag, ein See von Blut auf der Einfahrt und die Angst, dass der Killer vielleicht noch irgendwo lauerte.

»Das alles wäre nicht passiert, wenn er nicht darauf bestanden hätte, nach der Vorstellung noch einmal ins Büro zu gehen«, sagte sie.

»Nun, er hat eben eine verantwortungsvolle Position«, entgegnete Cliff. Bei sich dachte er, wenn Lenci es sich lieber mit dem Jahresbericht von General Electric gemütlich machte als mit dieser Frau, dann musste er hirntot sein, ganz egal, was die Ärzte sagten.

»Was mich wirklich beunruhigt an der ganzen Geschichte, ist, dass uns jemand auf Schritt und Tritt beobachtet haben muss«, sagte sie. »Wir leben in einer Privatstraße, und gerade deshalb habe ich mich dort immer sicher gefühlt. Doch jetzt kommt es mir dunkel und einsam vor. Verstehen Sie, was ich meine, Mr. Cavanaugh?«

Cliffs Augen weiteten sich. Hatte er recht gehört? Das

konnte doch wohl nicht wahr sein. Diese Frau war um ein Haar zur Witwe geworden. Doch sie lebte in einer Welt, in der eine Witwe im schwarzen Tennisdress auftrat. *Die schwarze Witwe.* So wurde sie von den Vertriebsleuten der institutionellen Abteilung bis heute genannt. Vielleicht war doch etwas dran an dem, was man sich von ihr erzählte. Für jemanden, der seit zwei Jahren aus der Übung war, spielte sie ihre Rolle gut. Es war gar nicht leicht, bei der Sache zu bleiben.

»Wer hätte denn wissen können, dass Sie im Zirkus waren?« fragte Cliff.

»Das ist ja das Unheimliche«, sagte sie und schüttelte den Kopf. »Wir haben seit Wochen darüber gesprochen, doch erst am Abend zuvor hat Dave entsprechend disponiert. Sicher hat er es seinen Mitarbeitern erzählt und ein paar Kunden vielleicht, aber sonst niemandem.«

Seine *Mitarbeiter.* Meine Güte, dachte Cliff. Litt Hannah Diehl womöglich an multipler Persönlichkeitsspaltung?

»Hat er sich um irgendetwas Sorgen gemacht in den Tagen vor dem Anschlag? Wirkte er nervös oder geistesabwesend oder sonst irgendwie ungewöhnlich?«

»Nun, vielleicht war er in letzter Zeit ein wenig nervös, doch das kommt häufiger vor, wenn die Märkte mehr Volatilität zeigen. Es war nicht weiter ungewöhnlich.«

»Würden Sie sagen, dass er deprimiert war?«

»Was für eine seltsame Frage, Mr. Cavanaugh.«

»Ich bin ein neugieriger Mensch«, meinte Cliff. »Zumindest behauptet man das von mir. ›Cliff Cavanaugh, was bist du doch für ein neugieriger Mensch‹ – das höre ich immer wieder.«

Suzanne Lenci lächelte. »Das sind Sie wirklich«, sagte sie. »Doch wir sprechen hier von versuchtem Mord, nicht von einem Selbstmordversuch. Eine Waffe wurde nicht gefunden, wissen Sie.«

»Das habe ich gehört«, sagte Cliff.

»Ach, jetzt weiß ich, wo ich Ihren Namen schon einmal gehört habe«, sagte sie und hob einen sorgfältig manikürten Zeigefinger. »Sie haben uns eine Nachricht hinterlassen an dem Abend, als auf Dave geschossen wurde, nicht wahr?«

»Wer, ich?« fragte Cliff.

»Ja, Sie. Haben Sie nicht gesagt, dass Sie uns an dem Abend aufsuchen wollten? Detective Giardi hat mich vor Ihnen gewarnt. Er sagte, Sie gehörten zu den Verdächtigen.«

»Oh ja. Und jetzt bin ich gekommen, um die Sache zu Ende zu bringen, aber vorher lege ich noch einen kleinen Zwischenstopp ein, um mich mit der Ehefrau zu unterhalten.« Cliff griff nach seiner Brieftasche und zog eine der Moribund-Stanley-Visitenkarten hervor. Mit einer offiziellen Dienstmarke konnte er leider nicht dienen.

Suzanne Lenci überflog die Karte und wirkte peinlich berührt. Unwillkürlich strich sie sich mit der rechten Hand durchs Haar. »Ich muss Sie also nicht nach Waffen abtasten, ist es das, was Sie mir damit sagen wollen?«

Schockschwerenot.

Sie sprach nicht nur von Leibesvisitation, sie hatte auch noch »das Zeichen« gegeben. Zumindest nannte es Cliffs alter Freund Oscar Bonaventure so. Oscar hatte es Cliff in seinen Anfangsjahren als begehrter Junggeselle verraten: Wenn dich eine Frau anschaut und sich durchs Haar streicht, dann ist sie interessiert. Hundertprozentig. Das war kein Börsenindikator mit einer Trefferquote von vielleicht 40 Prozent. Das traf immer zu – es sei denn, sie hatte Läuse.

Cliff versuchte sich einzureden, dass er sich das alles nur einbildete. Sicher beabsichtigte sie nicht, ihn mit nach Hause zu nehmen in die Shore Road zu ihrer Haushälterin und zwei kreischenden Kindern. Dann dachte er an den Ford Suburban. Mit verdunkelten Fenstern. Ob es das war, was sie im Sinn hatte? Ob sie wohl wenigstens so lange warten würde, bis er sein Testament gemacht hatte?

Höchste Zeit, wieder von ihrem Mann zu sprechen.

Schnell sagte Cliff: »Dave wird wohl bald nach Hause dürfen, nehme ich an?«

»Er wird morgen entlassen«, entgegnete sie. »Aber Sie kennen ja Dave. Der Markt ruht nie. Sicher geht er schon Donnerstagmorgen wieder ins Büro.«

»Hat er gesehen, wer auf ihn geschossen hat?«

»Ich fürchte nein. Es war dunkel. Wer es auch war, er hat sich wohl unbemerkt anschleichen können.«

Cliff rief sich die Szene in der Shore Road vom Freitagabend ins Gedächtnis. Lencis Blut war gleich an der Eingangstreppe gewesen. Der Angreifer hätte sich hinter einem der beiden in Entenform geschnittenen Büsche vorm Haus verstecken können. Vielleicht hinter dem linken. Wer es auch gewesen war, er hätte ziemlich nah herankommen können. Und das war er wohl auch, nach den Schmauchspuren auf Lencis Anzug zu urteilen. Dazu fiel Cliff ein, dass Lenci Anzüge von Brooks Brothers trug. Es war eines der großen Rätsel der Geschichte, dass alle vier ermordeten Präsidenten der Vereinigten Staaten in Anzügen von Brooks Brothers erschossen worden waren. Zufall oder hoher Marktanteil?

Doch er hatte noch mehr Fragen in diese Richtung. War Suzanne kurz nach dem Anschlag zurückgekommen? War der Killer vielleicht noch hinter dem Entenbusch, als sie hinzukam? Wenn ja, hatte er Fußspuren hinterlassen?

»Nun, ich muss wirklich hineingehen und mit ihm selbst sprechen. Sicher hat er einiges dazu zu sagen.«

»Wie Sie meinen, Mr. Cavanaugh«, sagte sie und ging auf ihr Auto zu.

Sie war keine zwei Meter weit gekommen, da rief ihr Cliff nach:

»Sagen Sie, darf ich Sie noch etwas fragen?«

Suzanne wandte sich um und nickte mit dem Kopf, in einer beinah schlangengleichen Bewegung.

»Sie fahren doch gewöhnlich einen Ford Suburban, oder?«

»Richtig«, sagte sie. »Er steht übrigens gleich da drüben.«

Cliff beeilte sich, mit geheucheltem Interesse in die angedeutete Richtung zu schauen.

»Ah ja«, sagte er.

»Warum fragen Sie? Interessieren Sie sich für Autos, Mr. Cavanaugh?«

»In der Tat«, sagte Cliff. »Aber hier geht es um etwas anderes. An dem Abend, als Ihr Mann angeschossen wurde, sind Sie da rückwärts in die Einfahrt hineingefahren?«

»Wieder so eine eigenartige Frage, Cliff Cavanaugh. Weshalb wollen Sie das wissen?«

»Nun, ich lese Zeitung«, sagte Cliff. »Ich habe ein Foto in der *Post* gesehen und bemerkt, dass der Jaguar hinter dem Suburban stand. Das ist mir aufgefallen.«

»Tja, ich enttäusche Sie ungern, aber Dave hatte gedacht, es würde den Kindern gefallen, mit dem Jaguar zu fahren. Sie haben nicht oft die Gelegenheit und sind fast so begeistert davon wie er.«

»Also hat er den Suburban genommen anlässlich des geplanten Ausflugs in den Zirkus?«

»Genau«, sagte sie. »Er ist schon morgens damit in die Stadt gefahren und hat ihn abends zurückgebracht. Nach dem Zirkus ist er noch einmal ins Büro gegangen, um vor dem Wochenende seine Anrufe zu erledigen. Der Kunde ist König, wissen Sie.«

»Ich weiß, ich weiß«, sagte Cliff. »Dave tut mehr für seine Kunden, als viele wissen.«

Dabei ließ er es bewenden und machte sich auf den Weg ins Krankenhaus. Diesmal war er es, der nur zwei Meter weit kam.

»Oh, Mr. Cavanaugh, eins noch.«

»Und das wäre?«

»Dave schläft jetzt. Die Besuchszeit ist vorüber.«

Kapitel 20

Wenn der Montag streckenweise frustrierend gewesen war, so ließ sich der Dienstag beinah noch schlimmer an. Nur wenige Privatschnüffler mit Selbstachtung würden sich in ein Zimmer voller »Red Herrings« begeben, wie falsche Spuren in Detektivkreisen umgangssprachlich bezeichnet wurden. Doch Cliff ließ sich davon nicht beirren.

Bei dem Zimmer handelte es sich um den Salon Beaumont im Meridien Hotel. Dorthin hatte Rutherford & Hayes im Namen und anlässlich des Börsengangs von Gumbegone geladen. Hinter den Aufzügen im ersten Stock lagen mehrere solcher Salons, die alle gleich ausgestattet waren: eine unaufdringliche Mischung aus beiger Tapete, burgunderfarbenen Vorhängen und dunkel gebeizten Holzleisten. Dort fand sich der Reigen der üblichen Verdächtigen ein – institutionelle Portfolio-Manager in weißen Hemden. Und an jedem Platz lag ein »Red Herring«.

Das war nicht anders zu erwarten, denn im Börsenjargon stand dieser Begriff für den vorläufigen Emissionsprospekt, weil dieser ganz oben in roter Tinte den Vermerk trug, dass er dem eigentlichen Emissionsprospekt vorausging. So ein »Red Herring« enthielt alle finanziellen Details, die man nur wissen wollte, und darüber hinaus noch Absätze zu Themen wie der beabsichtigten Verwendung des Erlöses durch das Unternehmen und besonderen Risikofaktoren. Einen der Risikofaktoren fand Cliff recht amüsant: Es gab bislang keinen öffentlichen Markt für die Papiere, doch gerade das war ja Sinn und Zweck dieser und ähnlicher Veranstaltungen im Zuge der Präsentation von Gumbegone. Der kollektive Eindruck aller, die gekommen waren, um sich über das Unternehmen zu informieren, würde sich im Emissionskurs der Aktie niederschlagen und möglicherweise auch in der Zahl der letztendlich verkauften Aktien.

Investoren gingen bei einem Essen wie diesem nach ganz verschiedenen Strategien vor. Manche drängten sich ums Kopfende des Tisches und versuchten, dem CEO mehr Antworten zu entlocken als Jeopardy-Moderator Alex Trebek. Andere bestürmten stattdessen den Finanzdirektor der Firma mit dem Hintergedanken, er gäbe möglicherweise freizügiger Auskunft, da er nicht so stark den Machenschaften der Maklerhäuser ausgesetzt war. Beide Strategien trugen überraschend oft Früchte, denn es kam durchaus vor, dass die besten Plätze am Tisch genauso verschmäht wurden wie der letzte Schokoladenéclair auf einer Dinnerparty bei Amy Vanderbilt. Der Umstand, das ihn alle gerne hätten, bedeutet noch lange nicht, dass ihn auch jemand nimmt.

Cliff war bei der Auswahl seines Platzes noch nie schüchtern gewesen. Im Laufe der Jahre hatte er neben Größen wie Jack Welch von GE, Jim Clark von Netscape und Jeff Bezos von Amazon gesessen. Bei diesem speziellen Anlass jedoch war er nur scharf auf einen Platz: den neben Constantine Dimitriades.

Constantine Dimitriades war Mitte 50, doch stets gut gebräunt. Er hatte die eingedrückte Nase eines Mittelgewichtsboxers und eine kleine Lücke zwischen den Vorderzähnen in einem breiten Gesicht mit so vielen Wülsten und Einbuchtungen wie ein Zierkürbis. Er war ein geselliger Mensch mit einem Hang zu Pomp und Protz und hatte zu allem eine Meinung.

Daher war er leicht ausfindig zu machen, und sobald die Glocke zum Essen rief, folgte ihm Cliff bis zu einem Tisch in der Ecke.

Trotz aller Vitalität, die Dimitriades ausstrahlte, fühlte sich Cliff unwohl neben ihm. Zu wissen, dass er bald seinen Job verlieren würde, war, als wüsste er, dass ihn seine Frau betrog. Cliff war der Mann, der zuviel wusste. Und es war nicht der Moment, um über Leslie Peterborough, goldene Fallschirme oder die faszinierenden Möglichkeiten der Jobsuche über Monster.com zu sprechen.

Doch wenn Dimitriades auf die Liste der bedrohten Arten gehörte, so zeigte er es zumindest nicht. Im Brustton der Überzeugung verkündete er seinen Tischnachbarn, der Dow würde innerhalb von zwei Jahren die 20 000er-Marke erreichen, und es wurde deutlich, dass er vorhatte, die Bewegung mitzumachen. Jemand merkte an, dass der Dow sich bereits diesem Wert nähern könnte, wenn Goodyear und Sears schon 1995 durch Microsoft und Intel ersetzt worden wären, nicht erst 1999. Dimitriades schien amüsiert über die Willkür der Geschehnisse. Er meinte, die Dow-Jones-Fraktion sei der traurigste Haufen von Anlegern, den er je gesehen habe. Sie nähmen eine Aktie erst dann auf, wenn sie mindestens zehn Jahre lang herausragendes Wachstum gezeigt hatte. Dann verdarb ihm jemand von der anderen Tischseite den Spaß und fragte lakonisch: Wenn das Dow-Portfolio wirklich so rückwärts gerichtet sei, wieso stieg und stieg es dann? Fred Gletz wäre stolz gewesen.

Dimitriades wechselte das Thema. Er deutete auf den Nachbartisch, an dem ein Analyst am Telefon hing und sich bemühte, Wichtigkeit auszustrahlen. Das genügte, um Dimitriades zu weiteren Auslassungen anzuregen, diesmal über seine Loyalität zu Motorola. Er habe die Aktie durch dick und dünn gehalten und am Ende triumphiert. Cliff musterte Dimitriades' Nachbarn zur Linken. Er war der typische aufstrebende junge Portfolio-Manager – ein Grünschnabel mit Kragenweite 37, der Hemden Größe 40 trug. Er sog jedes Wort in sich auf.

Im Jahr 1998, da war sich Cliff sicher, wäre kein Wort über Motorola gefallen. Damals enttäuschte die Firma ihre Anleger mit jedem Quartalsbericht aufs Neue. Die Aktie hatte sich gar nicht oder abwärts bewegt, und das drei Jahre lang. Ende 1996 stand sie bei 50, und Anfang 1999 ebenfalls. Doch die Anleger, die bei der Stange geblieben waren, wurden üppig belohnt. 1999 setzte die Handy-Branche zum Höhenflug an, noch zusätzlich angeheizt durch die überraschend große Nachfrage nach mobilem Internetzugang. Auch das Halbleitergeschäft des Unternehmens florierte. Und als im Januar 2000 die Fusion von AOL und Time Warner angekündigt wurde, folgerten die Investoren, dass Motorolas Modem-Sektor davon kräftig profitieren dürfte. Die Analysten korrigierten ihre Prognosen für 2001 und weitere Jahre deutlich nach oben. Angesichts der durchweg günstigen Bedingungen schaffte es die Aktie des Unternehmens bis auf 180. Wie Dimitriades sagte: »Das ist das Wesen des langfristig orientierten Investierens.«

Ein Besucher von einem fremden Planeten wäre vielleicht nicht sehr beeindruckt gewesen. Langfristige Geldanlage war ja ein eher leichtes Unterfangen, schon deshalb, weil man im Grunde einfach nichts tun musste. Genauer gesagt, man musste Zurückhaltung üben – insbesondere, was Panik- oder Frustverkäufe betraf. Doch das war viel leichter, wenn man Rip van Winkle hieß. Lag man – wie Dimitriades – täglich in den Schützengräben, war das wesentlich schwieriger. Das musste man ihm zugute halten, auch wenn er etwas zu dick auftrug. Dem Grünschnabel fielen fast die Augen aus dem Kopf.

Cliff verkniff sich die boshafte Bemerkung, dass Motorola

nicht besser abgeschnitten hatte als andere Unternehmen der Branche. Mit Qualcomm oder vielleicht Ericsson oder Nokia wäre man sogar noch besser gefahren. Im Zuge der Handy-Welle von 1999 hatte Nokia sogar BP Amoco hinter sich gelassen. Doch Cliff nahm an, dass Dimitriades diese Aktie nicht gekauft hatte – sonst hätte er sicher davon erzählt. Institutionelle Investoren sind bei der Auswahl ihrer Gesprächsthemen äußerst heikel. Womöglich lag das auch an der unterschwelligen Konkurrenz in der Branche. Cliff wusste sehr gut, dass Qualcomm und Nokia zu Kyle Hoopermans Vorzeigewerten gehört hatten. Wenn Michael Jordan für Coca Cola warb, warb Shaquille O'Neal für Pepsi. Das war das Yin und Yang des Rampenlichts.

Die Gumbegone-Präsentation brachte nicht viel Neues, doch Cliff konnte merken, dass die meisten Anwesenden die Geschichte zum ersten Mal hörten. Unglücklicherweise bildete ein Essen nicht den idealen Rahmen dafür. Die Menufolge war gewöhnungsbedürftig: Hühner-Cordon Bleu, ein Video über Kaugummiablagerungen, Tapioka-Pudding. Doch das Innovative an dem Unternehmen schien das Publikum zu faszinieren.

Der anvisierte Emissionskurs bewegte sich in der Größenordnung von 12 bis 14 Dollar je Aktie, wobei 8 Millionen Aktien ausgegeben werden sollten. Diese 8 Millionen Aktien stellten ein Drittel des Unternehmenswertes dar. Die gesamte Marktkapitalisierung lag damit in der Gegend von 300 Millionen Dollar, also keine besonders große Emission. Die Zahl der Aktien lag mit 8 Millionen ohnehin schon niedrig, doch der tatsächlich zum Handel zur Verfügung stehende Anteil – der so genannte »Float« – würde noch wesentlich geringer ausfallen. Wer sein Geld in Gumbegone investierte, würde seine Aktien nach dem Börsengang kaum sofort auf den Markt werfen – eine Unsitte, deren R&H mehr als überdrüssig war. Also würden die meisten Aktien zunächst zurückgehalten werden und durch den begrenzten Float würde die Aktie Volatilität zeigen.

Die Festsetzung des Ausgabekurses für eine Neuemission war kniffliger, als viele sich vorstellten. Die Emissionsübernahmestellen wollten einen Kurs mit einem geringfügigen Abschlag auf den so genannten Aftermarket-Wert des Unternehmens – den Preis, den es erzielte, wenn nach der Börseneinführung der Handel einsetzte. So war das Unternehmen zufrieden – es hatte ja sein Kapital bekommen – und auch die Anleger, was der *nächsten* Emission des Übernahmekonsortiums entgegen kam. Setzte das Konsortium den Ausgabekurs in Relation zum Unternehmensgewinn zu hoch an, konnte das die Anleger verprellen, möglicherweise so sehr, dass die gesamte Börseneinführung gefährdet war. Wurde der Ausgabekurs dagegen zu tief angesetzt, warf man damit praktisch das Geld des Kunden aus dem Fenster. Der Umstand, dass die meisten Investmentfirmen viel mehr zeichneten, als sie eigentlich wollten, kam erschwerend hinzu. Damit wollten sie sicherstellen, dass sie auch bei einer unvermeidlichen Kürzung der Zuteilung noch vernünftig bedient wurden.

Der Witz am Ganzen war, dass die IPOs die dicksten Schlagzeilen bekamen, deren Kurs am ersten Handelstag um 500 Prozent zulegte – obwohl das ja unterm Strich bedeutete, dass das Übernahmekonsortium vollkommen daneben gelegen hatte. Bei Gumbegone war mit einem solchen Run nicht zu rechnen, doch das veranschlagte Kursziel war für das Unternehmen durchaus zufriedenstellend. Auch nach Abzug der üblichen Konsortialprovision in Höhe von 7 Prozent würden stattliche 100 Millionen Dollar übrig bleiben, mit denen man seine Schulden begleichen und genügend Gumbegone-Geräte für die nächsten 25 Jahre bauen konnte.

Die Präsentation neigte sich ihrem Ende zu, als ein R&H-

Mann im Nadelstreifenanzug aufs Podium trat, um den Stand der Dinge zusammenzufassen. Freudig verkündete er, dass das Interesse an der Emission groß sei, sodass er mit einer vollständigen Zeichnung rechne. Dann erinnerte er die Anwesenden an die Green-Shoe-Option, die es dem Emissionskonsortium ermöglichte, über die vereinbarte Quote hinaus Aktien im ersten Handelsmonat zum Ausgabekurs zu übernehmen – und zwar in Höhe von bis zu 15 Prozent. So wurden Kauf- und Verkaufsorders im Handel nach Börseneinführung im Gleichgewicht gehalten.

»Wieso nennt man das eigentlich ›Green Shoe‹?« fragte der Grünschnabel. Flehend blickte er auf Dimitriades, der nur die Schultern zuckte. Allzu bereitwillig sprang Cliff ein.

Er erklärte, dass der Begriff bei einer Börseneinführung im Jahr 1960 geprägt worden war, und zwar von einem Unternehmen namens Green Shoe, das in den siebziger Jahren nach seiner erfolgreichen Kindermarke in Stride Rite umgetauft wurde. Als Green Shoe an die Börse ging, sicherten sich die Übernahmebanken vertraglich die Möglichkeit, weitere Aktien zum Ausgabekurs kaufen zu können, sobald der Handel eingesetzt hatte. Diese zusätzlichen Aktien ermöglichtem dem Übernahmekonsortium die Steuerung von Kauf und Verkauf im Markt nach der Börseneinführung. Es war die erste Vereinbarung dieser Art, die von da an praktisch bei jedem Börsengang nachgeahmt wurde. Es schien so gut zu passen, der Green Shoe im Zusammenhang mit dem Red Herring, doch in Wirklichkeit war es so gewesen, dass einer der Gründer von Stride Rite Philip Green geheißen hatte. Er hatte das Unternehmen jedoch schon lange vor dem Börsengang verlassen.

»Sehen Sie, eigentlich sollte es nicht Green Shoe heißen, sondern Slosberg Shoe«, schloss Cliff in Anspielung auf einen früheren Vizepräsidenten von Stride Rite. Mit diesem Ausspruch

hatte er die Lacher auf seiner Seite. Doch der Grüne Schuh war nicht der einzige Begriff mit humoristischem Beigeschmack, der im Salon Beaumont kursierte. In IPO-Kreisen sprach man eine eigene Sprache, die sich für einen Außenseiter anhören musste wie Esperanto. Da war der »Collar«, der niedrigste Emissionskurs, der für das emittierende Unternehmen noch akzeptabel war. Da war die »Lock-up-Periode«, die die Tatsache umschrieb, dass Unternehmens-Insider ihre Aktien eine bestimmte Zeit lang behalten mussten – üblicherweise 180 Tage –, bevor sie sie auf den Markt werfen durften. Daytrader und andere Geier der Märkte verfolgten routinemäßig die IPOs, die die 180-Tages-Marke erreichten, weil sie damit rechneten, dass der durch Insiderverkäufe ausgelöste Druck eine Kursschwäche verursachen konnte. Neben der »Lock-up-Periode« gab es noch die »Stillhaltezeit«, die Zeit nach der IPO, während der Konsortialmitglieder und Unternehmensführung sich nicht über die Zukunft des Unternehmens äußern durften.

Als die Präsentation beendet war, faltete Dimitriades seine Serviette zusammen und schickte sich an zu gehen. Auf diese Gelegenheit hatte Cliff nur gewartet.

Er hielt ihn auf mit den Worten: »Und, was denken Sie? Werden Sie die Aktie kaufen?«

»Wenn ich sie kaufen wollte, würde ich es Ihnen wohl kaum erzählen, oder?«

Aha, er gab also keine Tipps. Nur wenige Manager taten das. In ihrer Situation wirkte ein wenig Skepsis ja auch viel intelligenter als ungezügelter Optimismus – ganz egal, um welches Unternehmen es sich handelte. Was Cliff gegen den Strich ging, war Dimitriades unausgesprochene Andeutung, er, Cliff, sei nur gekommen, um die Meinung des Meisters zu hören und sich daran zu orientieren. Cliff war einen Moment lang versucht, ihn in ein kleines Wissensquiz über Gumbegone zu verwickeln, doch Dimitriades schien nicht gewillt, ihm dazu die Gelegenheit zu geben.

»Nun, ich werde kaufen«, schloss Cliff. »Ich denke, die Chancen liegen bei 70 Prozent, und das ist gut genug für mich.« Kurze Pause. »Sehen Sie, ich bin nun mal ein unverbesserlicher Optimist – vielleicht, weil ich ein Schüler von Kyle Hooperman war.«

»Von wem?«

Kapitel 21

Dunstig erhob sich der Mittwochmorgen über Manhattan. Die Luft war frisch und kühl. Aus seinem Wohnzimmerfenster konnte Cliff den ersten Schub der Central-Park-Jogger beobachten. Die meisten hatten sich mit Windjacken und Sporthandschuhen gegen die Kälte gewappnet. Wenige Stunden später war es schon wesentlich wärmer. Um zehn schien bereits die Sonne durch Cliffs Fenster und malte einen rechteckigen Lichtfleck auf den Wohnzimmerboden.

Mittwoch war auch der Tag, an dem sich mehrere alte Bekannte bei Cliff meldeten.

Der erste Anruf kam von Linda Greer, die so außer Atem war, als sei sie gerade beim Boston Marathon mitgelaufen.

»Cliff, ich hab da ein pikantes kleines Detail für dich.«

»Ich bin ganz Ohr«, entgegnete Cliff und fragte sich, ob Details auch groß sein konnten. »Aber immer mit der Ruhe. Kein Grund zur Hektik.«

»Für dich vielleicht nicht. Aber Ginny ist gerade mal wieder in den Handelssaal gestürmt.«

»Und da rufst du mich als Ersten an? Linda, du weißt doch, wie eifersüchtig Geraldo ist.«

»Lass mich doch mal ausreden«, sagte Linda. »Diesmal geht es ihr nicht um einen achtel Punkt hier oder einen sechzehntel Punkt dort, wie sonst immer.«

»Ich habe gar nicht gewusst, dass sie zu der Sorte gehört«, sagte Cliff. Portfolio-Manager, die sich selbst als langfristig orientiert bezeichneten und dann in helle Aufregung verfielen, wenn sie 6 Cent pro Aktie zu viel bezahlten, gaben ihm stets Anlass zur Heiterkeit.

»Wenn es um die Ausführung von Orders für niedrigpreisige Aktien geht, ist ihr nichts billig genug, doch das gehört jetzt nicht zur Sache. Sie hat gerade einen Trade auf den Bildschirm bekommen und ist förmlich explodiert. Ich dachte schon, sie springt gleich aus dem Fenster.«

»Kein Glück gehabt?«

»Cliff, es geht um 3-D Live! Sieben ihrer Klienten haben die Aktie jetzt im Depot, zu 5 Dollar das Stück.«

Cliff hielt den Atem an. Er hatte nebenbei versucht, mit seinen Fingern einen Schattenspielesel zu formen, doch nun genoss Linda seine volle Aufmerksamkeit.

»Die Frau, die geschworen hat, sie habe die Aktie nie gekauft und werde das auch nie tun?«

»Dieselbe. Du hast mich gebeten, dich anzurufen, falls sie ihre Meinung ändern sollte. Nun, und das hat sie gerade getan.«

»Dann muss ich also nur noch herausfinden, was das zu bedeuten hat, ja?«

»Immer noch besser als zu arbeiten, oder?«

»Ganz meine Meinung«, entgegnete Cliff.

Er legte auf und ging im Wohnzimmer auf und ab wie Hamlet. »So, so, dann hat Ginny also eine Kehrtwende gemacht«, dachte er bei sich. Er ging hinüber zum Frühstückstisch, wo er sein *Wall Street Journal* liegen hatte. Er schlug die Kurse der American Exchange auf. Da war sie, die gute alte TDL, zu 6½ Dollar. Das Timing war es also nicht, das Ginny Truesdale so aufgebracht hatte. Ihre Kunden waren damit sicher die einzigen 3-D-Live-Aktionäre, die sich in der Gewinnzone befanden.

Cliff hatte versucht, sich über 3-D Live auf dem Laufenden zu halten, was gar nicht so leicht war angesichts der rasanten Veränderungen. Das Unternehmen hatte praktisch eine eigene Spalte im *Journal* und wie es aussah, würde es zumindest noch einmal Erwähnung finden. Anfang April nämlich, wenn die Zeitung ihren regelmäßigen Überblick über die Gewinner und Verlierer des ersten Quartals veröffentlichte. Die neuesten Nachrichten, die auf Seite A3 zu finden waren, besagten, dass die Gründerväter des Unternehmens wohl nicht mehr so lang durchhalten würden.

Hubert Stanislaw war nach einer Sondersitzung des Vorstands geschasst worden. In der Pressemitteilung war die Rede von »Doppelspiel und Augenwischerei« – eine freundliche Bezeichnung dafür, dass er ein verlogener Hurensohn war. Diese Nachricht konnte man jedoch kaum als solche bezeichnen, denn Stanislaws Abtritt war so unvermeidlich wie *Jurassic Park 3*. Der Aktienmarkt musste die Dinge jedoch schwarz auf weiß sehen, bevor er sie glaubte. Daher der Kurssprung um 1 ½ Punkte.

Inoffiziell wurde eine solche Erholung als »dead cat bounce« – Sprung einer toten Katze – bezeichnet. Dahinter verbirgt sich die Vorstellung, dass auch eine tote Katze wieder hochspringt, wenn man sie nur aus großer Höhe fallen lässt. Isaac Newton hätte womöglich widersprochen, aber sei's drum. Im Grunde bedeutete die Redensart nur, dass es nicht unbedingt ein Lebenszeichen sein musste, wenn der Kurs einen einzigen Tag lang stieg. Sogar die Aktien von Boston Chicken hatten noch ein paar gute Tage in den Monaten, bevor das Unternehmen Konkurs anmeldete.

Das Gute an 3-D Live war, dass bei 5 Dollar je Aktie von Überbewertung keine Rede mehr sein konnte. Das Unternehmen war nur noch ein Schatten von Hubert Stanislaws Megaapparat, doch zumindest war der Teil übrig geblieben, der geringe Chancen auf künftige Gewinne hatte.

Um klarzustellen, dass das Unternehmen einen neuen Kurs einschlug, kündigte 3-D Lives Interimvorstand an, dass die gesamten Investitionen in dreidimensionale Sportübertragung abgeschrieben würden. Das hieß, dass der Buchwert von 3-D Live mit einem Federstrich von 8 Dollar je Aktie auf 2 Dollar je Aktie sinken würde, doch an der Wall Street war das nicht unbedingt schlecht. Die ungleich wichtigere Botschaft, die sich hinter einer Abschreibung von dieser Größenordnung verbarg, war, dass das Unternehmen nicht noch mehr Geld auf ein aussichtloses Unterfangen verschwenden würde. Sackte daraufhin der Buchwert ab, so konnte man argumentieren, dass er von Vornherein viel zu hoch angesetzt war.

Es war der dritte Abschnitt des Artikels, der Cliffs Aufmerksamkeit erregte. Das Unternehmen stellte darin ein Produkt namens Power Sneaker vor, das bis Mitte des Jahres auf dem Markt kommen sollte. Es war eine neu verpackte Variante des technisch durchführbaren Teils von ActivEnergy. Das Problem am ActivEnergy-Konzept war, dass ein normaler Mensch auf einem marktüblichen Fitnessgerät nicht genügend Strom erzeugen konnte, damit sich der Aufwand lohnte. Das Konzept hinter Power Sneaker beruhte darauf, das Problem eines wiederaufladbaren tragbaren Computers dadurch zu lösen, dass man einen so genannten piezoelektrischen Leiter in einen Spezialturnschuh integrierte. Allein durch die beim Gehen erzeugte Energie konnten zwar keine enormen Strommengen erzeugt werden, doch genug, um einen Computer damit zu betreiben. Dieses Produkt hatte zweifelsohne großes Potenzial. Ein dicker Haken an der Sache war nur, dass die Glaubwürdigkeit des Unternehmens stärker erschüttert worden war als San Francisco beim großen Erdbeben.

Das Ertönen von *Hawaii Fünf-Null* riss Cliff unsanft aus seiner Trance. Beim dritten Klingeln nahm er ab. Diesmal gehörte die Stimme am anderen Ende der Leitung Dash Quillen.

»Ich nehme an, du kennst die neuesten Neuigkeiten von R&H bereits?«

»Dash – 90 Minuten nachdem der Schuss gefallen war, stand ich vor Lencis Haus.«

»Ach, das doch nicht. Das ist doch oller Tobak.«

Da zeigte sich Dashs Alter, dachte Cliff bei sich. Niemand sprach heute mehr von ollem Tobak.

»Und was ist dann die neueste Neuigkeit?«

»Hughie Szabo singt wie ein Kanarienvogel.«

»Hallelujah«, sagte Cliff zu sich. Was auch immer Szabo da sang, »Over the Rainbow« war es bestimmt nicht.

»Kannst du dich noch an die schlechten Kurse erinnern, die er für die New Yorker Kommunalobligationen errechnet hat?« fragte Dash.

»Mich hat das seinerzeit ziemlich kalt gelassen«, meinte Cliff. »Aber, ja, ich erinnere mich.«

»Nun, Szabo gibt zu, dass er sich an Kundenkonten bereichert hat. Er sagt, er und Hooperman hätten den Coup gemeinsam durchgezogen.«

Ein paar Sekunden lang sagte Cliff gar nichts. Das tat er immer, wenn er seinen Gedanken nachhing, und ganz besonders, wenn er darüber nachdachte, was er doch für ein Idiot gewesen war. Wie jetzt, zum Beispiel. Die traurige Wahrheit war nämlich, dass seit Trace' Gespräch mit Lucky Sparks genügend Informationen auf dem Tisch gelegen hatten, um daraus zu schließen, dass Hooperman und Szabo mehr miteinander beredet hatten als die Attraktivität steuerfreier Anlagen.

Es war der verdammte Country Club in Connecticut. Weil Cliff angenommen hatte, dass Sparks in Connecticut lebte, hatte er jede Verbindung zwischen ihm und New Yorker Kommunalobligationen ausgeschlossen. Aber offensichtlich lebte er in *New York*. Trace hätte seinen und Sparks Wagen nie als Zwillinge oder Achtlinge oder was auch immer bezeichnet, wenn die Nummernschilder unterschiedliche Farben hätten. Die Kommunalanleihen, die Hooperman für Sparks gekauft hatte, konnte der auf freiem Fuß befindliche Kapitalverbrecher Hughie Szabo handverlesen haben.

Wenn Cliff sich recht erinnerte, hatte sich Sparks gefreut wie ein Schneekönig, als Hooperman für ihn statt zehnjähriger Staatsanleihen Kommunalobligationen mit gleicher Laufzeit gekauft hatte. Auf den ersten Blick war das ein reizvolles Geschäft. Zwar hatten die Kommunalpapiere lediglich 4,8 Prozent Rendite gebracht (weniger als die 6,1 Prozent der Staatsanleihen), doch bei einem Einkommensteuersatz von 39 Prozent entsprach eine Rendite von 4,8 Prozent einer Rendite vor Steuern von 7,9 Prozent – und damit zwei Prozentpunkte mehr als die Rendite auf Staatsanleihen.

Der Haken daran war, dass die Spanne eigentlich noch größer hätte ausfallen müssen, denn verglichen mit anderen festverzinslichen Papieren machten die Staatsanleihen lange keine so gute Figur mehr wie in früheren Jahren. Ihre Renditen sanken aus mehreren Gründen. Zunächst war da die »Flucht in die Qualität«, die 1998 einsetzte, gefolgt von mehreren Finanzkrisen, die vom Zusammenbruch ostasiatischer Währungen bis hin zum russischen Rubel reichten, gar nicht zu reden von dem Fiasko und der kostspieligen Rettung von Long-Term Capital Management. Hinzu kam der Umstand, dass die US-Regierung Überschüsse erwirtschaftet hatte, sodass sie wohl weniger neue Anleihen begeben würde. Wenn die Nachfrage steigt und das Angebot sinkt, dann können die Kurse nur steigen, was wiederum die Rendite solcher Anleihen drückt.

Kommunalobligationen wurden derweilen in großer Zahl begeben. Mancher Beobachter hatte den Eindruck, dass die Kommunen Mittel horteten, um Engpässen vorzubeugen, wenn das Jahr-2000-Problem zuschlug. Wie auch immer, jedenfalls führte das Überangebot an Kommunalanleihen zu einem Anstieg der Rendite gegenüber der von Staatsanleihen. Die tatsächliche Spanne vor Steuer zwischen den Renditen für Kommunalobligationen und Staatsanleihen hatte im Herbst 1999 wohl eher 2,5 Prozent betragen und nicht 1,8 Prozentpunkte wie bei Lucky Sparks. Hughie Szabo konnte zu ungünstigen Kursen ausführen und Kunden wie Sparks trotz alledem weismachen, dass das Geschäft in ihrem Interesse sei. Der faule Zauber funktionierte, weil der Markt für Kommunalobligationen unter Liquiditätsmangel litt. Die Papiere werden im Freiverkehr gehandelt, und das bedeutet, dass der Einzelanleger keinen Zugriff auf Kursdaten hat wie etwa bei Aktien. Lucky Sparks hatte also keine Ahnung, was da gespielt wurde. Zu Szabos Leidwesen traf das aber nicht auf alle Kunden zu.

Es stand viel auf dem Spiel. Die 0,7 Prozentpunkte Unterschied bei der Rendite machten, berechnet auf den Kurs, mehr als drei Punkte aus. Bei Anleihen im Gesamtwert von 5 Millionen Dollar konnte man mit einer einzigen solchen Transaktion 150 000 Dollar einstreichen.

Doch Hooperman konnte Szabo unmöglich getäuscht haben, denn der hatte Zugang zu den echten Kursdaten. Nein, nein, sie mussten beide die Finger im Spiel gehabt haben. Sie mussten die Papiere auf eigene Rechnung gekauft und dann weiterverkauft haben.

»Also hat Hooperman seinen Kunden miese Spannen berechnet, und er und Szabo haben den Differenzbetrag eingesteckt«, meinte Cliff schließlich.

»So muss es gewesen sein«, bestätigte Dash.

»Dash, ich darf doch davon ausgehen, dass das nie passiert wäre, wenn du noch in Amt und Würden wärst.«

»Exakt«, sagte Dash. »Schuld war nur der Bossa Nova.«

Cliff wusste nicht so recht, was er nun aus all den kleinen unschätzbaren Hinweisen machen sollte, die er erhalten hatte. Kyle Hooperman hatte krumme Sachen gemacht, so viel stand fest. Und Kyle Hooperman war zweifelsohne tot. Der Zusammenhang zwischen diesen Fakten war es, der sich Cliff nicht so ganz erschließen wollte. Und auch der Grund dafür, weshalb sich der Mörder noch ein weiteres Opfer gesucht hatte. Cliff zog einen weißen Baumwollpullover über und ging in Richtung Central Park.

Die Spaziergänge durch den Central Park mitten in der Arbeitszeit zählten zu den maßgeblichen Veränderungen in Cliffs Leben nach dem Weggang von Rutherford & Hayes. Ganz wohl fühlte er sich nicht so in Jeans und Turnschuhen, doch auf keinen Fall wollte er einen Anzug tragen, nur um Passanten zu beeindrucken. Er hatte eine ganze Weile gebraucht, bis er merkte, dass sich diese Passanten ohnehin nicht beeindrucken lassen würden. Noch länger brauchte er, bis er erkannte, dass es ihnen völlig schnuppe war, was er tat oder ließ. Schließlich lebte er in New York City, in der Stadt, die nie schlief, in der Stadt der unbegrenzten Möglichkeiten. Wenn er nun einmal am besten denken konnte, wenn er durch den Park lief, dann würde er genau das tun.

Etwas wollte ihm nicht aus dem Kopf gehen, etwas, das Hannah Diehl gesagt hatte und das damals nicht von Bedeutung schien. Geistesabwesend summte er ein altes Bugs-Bunny-Lied über ein übersehenes Kleeblatt: »I'm looking over a three-leaf clover, that I overlooked be-three....«

Dabei gab es an einem Märznachmittag gar nicht soviel Klee im Central Park. Ein paar Krokusse am Teich vielleicht. Übersehen hatte allerdings auch Cliff etwas. Als er die Ostseite des Parks erreicht hatte, fiel bei ihm der Groschen.

Er eilte ins Guggenheim-Museum, um zu telefonieren. Ein paar Häuser weiter war der Dutton-Mord verübt worden, mit dem alles angefangen hatte. Nun schloss sich der Kreis. Er wählte Trace' Handynummer und hoffte inständig, sie zu erreichen. Nach drei Klingelzeichen meldete sie sich.

»*Was* haben Sie?«

»Ich habe den Fall gelöst, habe ich gesagt. Ich weiß, wer Kyle Hooperman ermordet hat.«

»Sagen Sie schon!«

»Es war ...«

»Warten Sie«, sagte Trace. »Sagen Sie es mir nicht. Ich will sehen, ob ich selber draufkomme.«

»Trace, ich bin hier an einem Münztelefon. Ich habe nicht so viel Zeit.«

»Ich auch nicht. Ich bin im Theater und schlage mich mit der *Class of 2001* herum!«, sagte Trace.

»Ich rufe an, weil ich möchte, dass Sie mich morgen früh in der Lobby des Hauses 777 Fulton treffen. Um zehn. Werden Sie das schaffen?«

»Unter einer Bedingung.«

»Und welche wäre das?«

»Dass Sie mir sagen, aufgrund welcher Fakten Sie zu Ihren Schlussfolgerungen gekommen sind. Ich habe dann 17 Stunden Zeit, um zwei und zwei zusammenzuzählen.« Trace wedelte mit der Hand, um ihre Kollegen zu vertrösten. Sie brauchte noch ein paar Sekunden.

»Nun, da war allerhand, was bedacht werden musste«, meinte Cliff. »Die Gefahren von Finanzbetrügereien. Leute, die Aktien hielten, die sie ihrer eigenen Aussage nach gar nicht besaßen. Andere Leute, die Aktien lange hielten und unverschämt reich wurden damit. Die Möglichkeit, dass ein geschminkter Mann zu Hooperman gegangen war. Zugfahrten nach Madison Square Garden. Der Zirkus in der Stadt. Unternehmensübernahmen. Leute, die bei getürkten Internet-IPOs gelinkt wurden.«

»Ja, ja, aber gleich ist Ihr Geld zu Ende und meine Zeit auch. Welche dieser Umstände waren es, die Sie auf die Lösung gebracht haben?«

»Das glauben Sie nie«, sagte Cliff.

»Testen Sie mich.«

»Alle«, meinte Cliff.

Kapitel 22

Als Cliff und Trace die Lobby des Gebäudes 777 Fulton Street betraten, war auch Nicky, dem Wachmann von der Pinkerton-Agentur, klar, dass etwas im Busch sein musste.

»Was liegt an, Mr. Cavanaugh?«

Cliff hatte zwei Dutzend Luftballons dabei, rote, blaue, gelbe und sogar ein paar gestreifte. »Ach, ich versuch mich mal einen Tag lang als Hofnarr. Wenn Sie Lust haben, dann kommen Sie ruhig mit.«

»Oh nein, ich muss auf meinem Posten bleiben.«

»Ich lade Sie auch nicht zu einer Party ein«, meinte Cliff. »Ich brauche Sie in offizieller Mission. Als Arm des Gesetzes.«

Nicky war nicht eben der Hellste. Mit Müh und Not konnte er sagen, an welchem Fluss Croton-on-Hudson lag. Doch selbst er merkte, dass es Cliff durchaus ernst war.

»Ich rufe schnell jemanden, der die Lobby überwachen kann«, sagte er.

Nach 30 Sekunden war er wieder da und grinste breit. Der Arm des Gesetzes zu sein, das lag ihm. Bei 1,90 Metern Größe und 120 Kilo Gewicht hatte er muskelbepackte Arme wie Baumstämme, die wohl sogar auf Monica Lewinskis Busenfreundin Linda Tripp Eindruck gemacht hätten. Dabei fungierte er die meiste Zeit über lediglich als zwar imposantes, doch letztendlich rein dekoratives Standbild in der Lobby. Eine solche Abwechslung kam ihm gerade recht. Tatendurstig wog er seinen Gummiknüppel in der Hand.

Mit Cliff, Trace, Nicky und Cliffs Miniaturausgabe von Macy's Thanksgiving-Parade war der Aufzug gut gefüllt. Die Fahrt in den 21. Stock verlief nonstop. Cliff hatte gerade Zeit genug, Trace ein unerwartetes Kompliment zu machen.

»Sie hat was?« rief Trace.

»Sie haben schon recht gehört. Ginny Truesdale hat ein paar Übernahmekandidaten gekauft.«

»Woher wissen Sie das?«

»Linda hat es mir gesagt«, entgegnete Cliff. »Sie sagte, Ginny sammele gerade Versicherungswerte und auch ein paar Bankaktien.«

»Was für ein hinterhältiges Luder«, meinte Trace.

»Der schlimmsten Art«, bekräftigte Cliff. »Und rechnen Sie bloß nicht mit einem Dankeschön. Linda sagt, dass Ginny ein Memo an ihre Kunden rausgeschickt hat, in dem steht, dass es durch die Aufhebung des Glass-Steagall Acts – Sie wissen schon, das Gesetz, das eine strikte Trennung zwischen Geschäfts- und Investmentbankwesen vorschrieb – zu einer Konsolidierung bei den Finanzdienstleistern kommen dürfte. Außerdem seien die Aktien nach den Zinsanhebungen von 1999 und Anfang 2000 billig zu haben.«

»Und darauf hat mich eine potenzielle Kundin gebracht, die ich noch nicht einmal zurückgerufen haben«, ergänzte Trace.

»Denkste«, meinte Cliff. »Ihr Anteil an der Sache wird unerwähnt bleiben, bis Ginny die ganze Sache um die Ohren fliegt.« Er wollte noch etwas hinzufügen, wurde jedoch durch das helle Klingen des Aufzugsignals unterbrochen. Jetzt war Showtime.

»Das Reden übernehme ich«, sagte Cliff, als sich die Türe öffnete. Trace und Nicky nickten zustimmend. Sie hatten ohnehin nichts zu sagen.

Wie Cliff vorhergesehen hatte, erleichterten ihnen die Ballons den Zutritt zum 21. Stock. Selbst im abgestumpften Manhattan zauberten Luftballons immer noch ein Lächeln auf die Gesichter der Menschen. Die Empfangsdame ließ sie ohne jede Überprüfung durch. Nicht einmal Nicky bemerkte sie, und das wollte wirklich etwas heißen, denn Nicky war in etwa so unauffällig wie der sagenhafte Holzfäller Paul Bunyan mitsamt seinem blauen Ochsen. Die drei marschierten den Gang hinunter auf das Büro von Theodore D. Lenci zu. Hannah Diehl strahlte, als sie an ihrem Tisch vorbeikamen. Im Hintergrund konnten sie durch die Glasscheibe Dave Lenci am Schreibtisch sitzen sehen. Eigenartig. Lenci lächelte gar nicht.

Cliff betrat das Büro als Erster.

»Hallo, Dave. Ich dachte, Ihr Büro könnte ein wenig Farbe vertragen.«

»Ich werde den Sicherheitsdienst rufen«, sagte Lenci.

»Sparen Sie sich die Mühe.« Cliff trat beiseite, damit die Ballons Lenci nicht mehr die Sicht nahmen. Förmlich aus dem Nichts stand da plötzlich Nicky, wie einer der weißen Tiger von Siegfried und Roy. »Sehen Sie, Dave, ich habe Ihnen das abgenommen. Dürfen wir hereinkommen?«

Lenci konnte schlecht ablehnen. Also winkte er sie herein.

»Sagen Sie, Dave, Sie haben doch nichts dagegen, wenn ich die Ballons hier irgendwo festmache? Die sind nämlich schwerer, als sie aussehen«, begann Cliff.

»Ich kann sie halten«, bot Nicky in aller Unschuld an.

Doch Cliff nahm das Schild mit der Aufschrift »Theodore D. Lenci, Anlageberater« vom Tisch, zog einen Streifen Tesafilm aus dem Spender und klebte die Ballons an das Namensschild. Der Erfolg war, dass sie unverzüglich an die Decke segelten.

»Na so was …«, sagte Cliff. »Haben Sie das gesehen, Dave? Wie die Ballons mit Ihrem Namensschild abgesegelt sind?«

»Cliff, ich war mehrere Tage nicht da und habe jede Menge Arbeit. Würden Sie mir bitte sagen, was das alles soll?«

»Ich wollte nur meinen Freunden Trace und Nicky hier demonstrieren, wie Sie es geschafft haben, sich selbst anzuschießen und die Waffe verschwinden zu lassen.«

»Das ist nicht Ihr Ernst.«

»Oh, aber sicher«, sagte Cliff. »Die Aluminiumausführung des Colt Government wiegt nicht mal 500 Gramm. Pocketlite nennt man sie, glaube ich. Aber das haben Sie bestimmt gewusst, Dave, oder?«

Lenci sagte kein Wort.

Cliff fuhr fort: »Oh, aber natürlich wussten Sie das. Ich Dummerchen. Sie hatten Sie ja neulich abends dabei, nicht wahr? Sie sind im anderen Wagen zum Zirkus gefahren. Sie haben Ihrer Frau sogar Ihren kostbaren Jaguar überlassen, damit die Kinder noch mehr Spaß haben. Wirklich ein feiner Zug, Dave. In Wahrheit brauchten Sie den Suburban, weil in den Jaguar nie und nimmer genügend Ballons gepasst hätten. Sie haben sie gekauft, nachdem Sie den Zirkus verlassen hatten. Sie haben die Waffe daran gebunden. Dann haben Sie sich angeschossen und die Waffe segelte gen Himmel. Leider haben Sie etwas zu gut gezielt und sich um ein Haar selbst getötet. Sie unterbrechen mich doch, wenn etwas nicht den Tatsachen entspricht, nicht wahr, Dave?«

»Sie können nicht ein Wort davon beweisen«, fauchte Lenci mit zusammengebissenen Zähnen, als liefere er einen Gastauftritt als Bösewicht in *Mord ist ihr Hobby.*

Trace und Nicky verfolgten die Unterhaltung wie ein Ping-Pong-Spiel. Bei jeder neuen Wendung wurden ihre Augen größer. Doch wie verabredet verhielten sie sich so still wie Marcel Marceau bei der Pantomime.

»Vielleicht doch«, behauptete Cliff. »Nehmen wir an, ich

würde Ihnen sagen, dass die Waffe am Ufer des Long-Island-Sundes angespült wurde, mit zwei Dutzend Ringling-Brothers-Ballons im Schlepptau?«

Es war der älteste Trick der Welt, so unbestreitbar wie die Ringling Brothers die beste Show der Welt boten. Doch bei Leuten, die gerade ihr Leben an sich vorbeiziehen sahen, zeigte er offensichtlich Wirkung.

»Hören Sie, ich habe Kyle Hooperman nicht umgebracht, wenn Sie darauf hinauswollen.«

»Warum waren dann Ihre Initialen auf dem Bildschirm von Hoopermans Computer?« fragte Cliff.

Lenci sah zum Telefon.

»Daran sollten Sie nicht einmal denken, Dave«, warnte Cliff. »Wenn Sie jemanden anrufen wollen, dann Ihre Frau oder Ihren Anwalt, sonst niemanden. Es sei denn, Sie möchten beim Chinesen etwas zu essen bestellen. Hätten Sie gern etwas Chinesisches zum Mittagessen, Nicky? Vielleicht ein paar Dim-Sum-Klößchen?«

Cliff sah wieder zu Lenci hinüber. »Oh, wie unhöflich von mir. Dave, darf ich Ihnen Nicky vorstellen? Er wird auf Sie aufpassen, bis die Polizei hier ist. Und das ist Trace.«

»Freut mich, Sie wiederzusehen«, sagte Trace. Sie winkte mit der Hand und ließ dabei ihren Nagellack »Russisches Roulette« aufblitzen, den schon Sandy Steinbach getragen hatte.

Doch Nagellack war so ungefähr das Letzte, das Dave Lenci jetzt beschäftigte.

»Man hat mich reingelegt, wissen Sie«, rief Lenci mindestens so laut wie die Lautsprecheranlage von R&H.

Und seine Worte fanden mehr Publikum, als ihm lieb war. Es liefen immer mehr Zuschauer zusammen, die in Lencis Goldfischglas-Büro hineinspähten. Die Szene erinnerte Cliff an die Menschenmassen, die auf der Fifth Avenue durch das Fenster von Crazy Eddies Szenen eines Giants-Spiels erhaschen wollten.

Die Geschichte vom betrogenen Betrüger war bis in die letzten Reihen zu hören.

»Reingelegt, Dave? Das ist ein starkes Wort. Ich denke mal, Sie werden uns sicher erklären, wie Sie das meinen?«

»Sie wissen ganz genau, wie ich das meine. Nicht Hooperman hat meine Initialen auf seinem Bildschirm hinterlassen, sondern *sie*.«

»Zu ihr kommen wir gleich«, meinte Cliff. »Aber könnte es nicht sein, dass Hooperman lediglich Recherchen durchgeführt hat?«

»Auf keinen Fall«, protestierte Lenci. »Hooperman hatte klar und deutlich gesagt, was er von 3-D Live hielt. Er hatte gesagt, jeder, der die Aktie gekauft habe, sollte gefeuert werden.«

»Darf ich davon ausgehen, dass Sie die Aktie nicht mehr haben?«

»Das dürfen Sie.«

»Nun, dann rate ich Ihnen, sich noch einmal zu vergewissern«, sagte Cliff.

Lencis Gesicht war noch fahler als sonst, als er sich vor seinen Computer setzte und ein paar Befehle eintippte. Das Big Brother genannte Portfolio-Tracking-System von R&H war eingeführt worden, um es den Portfolio-Managern zu ermöglichen, ihre Bestände jederzeit zu überprüfen. Sie mussten nur ein Tickersymbol eingeben, und schon sahen sie, welche Kunden die betreffende Aktie im Depot hatten. War die Aktie in keinem Depot, lieferte das System eine entsprechende Meldung. Doch es erfolgte keine solche Nachricht von Big Brother über 3-D Live. Cliff drehte den Monitor, sodass er und seine Kavallerie alles verfolgen konnten. In einem der von Lenci betreuten Portfolios fanden sich 5 000 Aktien von 3-D Live, die zu einem Kurs von 5 Dollar je Aktie gekauft worden waren.

»Das verstehe ich nicht«, stammelte Lenci.

»Was gibt es da zu verstehen, Dave? Mir scheint, Sie sind stolzer Besitzer von 5 000 Aktien.«

»Aber ich habe meinen Bestand vor über einem Monat komplett abgestoßen. Da stimmt etwas nicht.«

»Da stimmt alles, Dave«, sagte Cliff. »Diese Aktien wurden am Montag gekauft.«

»Am Montag war ich noch im Krankenhaus«, sagte Lenci. »Und ganz bestimmt habe ich nicht mit zweifelhaften Aktien wie 3-D Live spekuliert.«

»Das habe ich auch gar nicht behauptet«, sagte Cliff. »Hooperman hat die Aktien gekauft, nicht Sie.«

Lenci sagte kein Wort, doch die Rädchen in seinem Gehirn arbeiteten ganz offensichtlich auf Hochtouren. Cliff brachte es nicht über sich, dieses historische Ereignis zu unterbrechen.

Allmählich dämmerte auch Lenci, was Cliff am Tag zuvor aufgegangen war. Angefangen hatte es damit, dass Hooperman 3-D Live ablehnte, weil die Werbung unseriös war und eine Umsatzbasis praktisch nicht existierte. Seiner Ansicht nach sollte die Aktie keinesfalls 59 oder 49 Dollar, ja nicht einmal 28 Dollar kosten.

Doch Hooperman war nicht der Mann, der sich von Gefühlen leiten ließ – jedenfalls nicht, wenn es um Geldanlage ging. Was Hooperman unternommen haben musste – das hatte Cliff erkannt –, war die Platzierung einer Kauforder für 3-D Live im Handelssaal von R&H. Er hatte jedoch keine *Markt*order erteilt, die unverzüglich zum aktuellen Kurs ausgeführt worden wäre, sondern ausdrücklich einen *Limit*-Auftrag, der den Broker anwies zu kaufen, sobald die Aktie die 5-Dollar-Marke erreichte. Wenn 3-D Live nie auf dieses Niveau gefallen wäre, so wäre der Auftrag auch nie ausgeführt worden. Für den Fall, dass die Aktie auf 5 Dollar fiel, würden Hoopermans handverlesene Kunden bedient.

Natürlich war es möglich, dass der Kurs noch weiter nachgab. Eine Panik ist per definitionem unberechenbar, und der Einstiegskurs von 5 Dollar war sicher nur ein Schätzwert – ein guter Schätzwert allerdings, wie sich herausstellen sollte. Waren die Verluste erst einmal abgeschrieben, so hatte das Energiegewinnungskonzept von 3-D Live eine Erfolg versprechende Zukunft, sei es durch die bestehenden Fitness-Verträge oder durch den Power Sneaker.

Dieser Geschäftsbereich, und nur das zählte, war nämlich angesichts des Getöses um die 3-D-Bildtechnik mehr als vernachlässigt worden. Sobald die Firma der Energiegewinnung mehr Aufmerksamkeit und Mittel widmete, waren hier sicherlich 50 Cents je Aktie oder mehr Gewinn drin – nicht übel für eine 5-Dollar-Aktie. Unter neuem Management konnte 3-D Live möglicherweise auch Profit ziehen aus anderen Patenten, die die Firma besaß – Patente, die der Aktienmarkt im Moment billig verschleuderte. Ein Geschäft mit vielen Wenns und Abers, doch es zahlte sich aus. Innerhalb einer Woche war die Aktie von 5 auf 8 Dollar gestiegen, ein Plus von 60 Prozent.

Dave Lenci gefiel das gar nicht, und es war nicht schwer zu erkennen, warum: Selbst aus dem Jenseits brachte es Kyle Hooperman noch fertig, den S&P 500 zu schlagen.

Und nun sah es so aus, als würden die Wunden in Lencis Brustkorb hinter Gittern heilen müssen – seine persönliche Stillhaltezeit, die sicher sehr ruhig verlaufen würde.

»Wie wäre es denn, wenn Sie uns jetzt erzählen würden, wer Sie reingelegt hat«, sagte Cliff.

»Ich will meinen Anwalt anrufen«, war Lencis Reaktion.

»Nein!« schrie Cliff.

Doch Lenci griff trotzdem zum Hörer.

»Aaahhhhh!«

Die Scherzbolde von der Lachsmafia hatten wieder zugeschlagen.

Kapitel 23

Das Four Seasons ist eine der besten Adressen in der Gastronomieszene von New York City. Es befindet sich im Seagram Building an der 52. Straße und liegt daher günstig in Reichweite jedes Spesenkontos an der Madison Avenue. Am Tage ist es das Eldorado des 3-Martini-Lunchs, am Abend der Ort, um zu sehen und gesehen zu werden. Für den 22. März um 20 Uhr hatte der Maître d' eine Reservierung für zwei Personen auf den Namen Cavanaugh.

Cliff war zu früh da, was von schlechter Zeitplanung zeugte, doch für jemanden, dessen Adrenalin fünf Oktan mehr aufwies als Raketentreibstoff, sicherlich verzeihlich war. Schließlich löste man nicht jeden Tag einen Mordfall. Und Doppelgeständnisse sind noch seltener. Weitaus besser nahm sich aber aus, was erst bevorstand. Zunächst war da der saftige Scheck von Rutherford & Hayes, der ein besonderes Bonbon versprach: Im Kleingedruckten des Vertrages stand nämlich, dass er von Sean Cummings persönlich zu überbringen war. Und dann der Anruf bei Jack Giardi, den er seinem Berufsethos einfach schuldig war. Solcherlei Gedanken tanzten durch Cliffs Kopf, während er an der Garderobe stand.

Mochte das Four Seasons auch berühmt sein, so war es dennoch ein seltsamer Ort. Geplant hatte es der renommierte Architekt Philip Johnson, der – wenn man von der Länge des orridors, der vom Speisesaal zur Herrentoilette führte, ausging – auch den Terminal C des Bostoner Flughafens entworfen haben musste. Den Speisesaal zur Rechten, auch Grill Room genannt, zierten üppige Nussbaumvertäfelungen. Über einer Bar im hinteren Teil des Raumes hing eine Plastik aus Kupferstalaktiten. Vielleicht waren es auch Stalagmiten. Cliff konnte sich nie merken, welche nun nach oben und welche nach unten zeigten. Der linke Flügel des Restaurants, der Pool Room, den Cliff heute mit Trace anzusteuern gedachte, beherbergte New Yorks größten unbenutzten Whirlpool. Beide Räume hatten himmelhohe Fenster. Davor hingen Messingketten, die wie Bühnenvorhänge im Wind schlackerten. Zwischen den Fenstern und dem Jugendstilmotiv blitzte mehr Glas und Chrom als bei einem Hyundai-Händler.

Endlich traf auch Trace ein, und Cliff konnte nur den Kopf schütteln über ihren Auftritt. Wäre er zu spät dran gewesen, er wäre fünf Minuten nach acht schweißgebadet hereingehetzt. Sie dagegen schwebte 15 Minuten nach acht herein – so makellos und frisch wie das Model vom Estée-Lauder-Plakat. Wenn ihre Ankunft an sich schon Aufsehen erregte, dann um so mehr, als sie den schwarzen Leinenmantel ablegte. Darunter trug sie ein purpurrotes Kleid mit Blumen aus schwarzen und roten Pailletten, ein hautenges Modell, das sie in mindestens 43 Bundesstaaten ins Gefängnis gebracht hätte. Der 75 Jahre alte Garderobier war wie vom Donner gerührt – derselbe Mann, der noch vor zwei Minuten damit geprahlt hatte, dass er schon Ava Gardner ihre Nerzstolen abgenommen hatte.

Einzig die Falte auf ihrer Nase beeinträchtigte Trace' perfekte Erscheinung.

»Ich komme einfach nicht dahinter«, klagte sie, nachdem sie den Mantel abgegeben hatte. »Warum in aller Welt hat sich Lenci selbst angeschossen, wo er doch gar nicht der Killer war?«

»Weil er ein Jasager ist, deshalb. Man kann ihn zu so ziemlich allem überreden, wenn man ihm nur den richtigen Köder hinwirft.«

»Und was war der richtige Köder?«

»Nun, zunächst ein ordentlicher Anteil am Kundenstamm von Hooperman.«

»Und was noch?«

»300 000 Intel-Aktien«, sagte Cliff. »Damit verdient er mal eben 400 000 Dollar im Jahr mehr. Das war sein Lohn.«

»Ich kann Ihnen nicht ganz folgen«, sagte Trace. »Ich dachte, Shari Beck sei hier die Intel-Expertin.«

»Das stimmt«, bestätigte Cliff. »Und sie ist es auch, die Kyle Hooperman auf dem Gewissen hat.«

»Aber ...«

»Kein Aber. Sie hat schon gestanden.«

Endlich glättete sich Trace' Nase und ein strahlendes Lächeln erhellte ihr Gesicht. »Also war es doch eine Frau?«

»Mehr oder weniger«, meinte Cliff. Da mischte sich eine dritte Stimme ein.

»Guten Abend, die Herrschaften. Wenn Sie mir bitte folgen wollen?«

Der Maître d' hatte Cliff gerettet.

Sie betraten den Pool Room, und Cliff genoss ungemein, wie sich die Leute nach Trace den Hals verrenkten, um anschließend verstohlen ihn zu mustern. Zweifelsohne war sie es, die die Blicke auf sich zog, doch damit hatte er kein Problem. Schließlich ließ niemand eine atemberaubende Rothaarige passieren, ohne zumindest einen Blick auf ihren Begleiter zu werfen. Dabei wusste niemand hier, dass er und Trace am nächsten Tag auf dem Titelblatt der *Daily News* zu sehen sein würden.

Sie wurden zu einem der dutzend Fenstertische geführt, die Philip Johnson eingeplant hatte. Als sie sich setzten, fühlte sich

Cliff wie in einem *Perry-Mason*-Film. Wenn Perry einen Fall gelöst hatte, saß er danach mit Della entweder im Büro oder in einem der schicken Bistros von L. A. zusammen, um die letzten losen Enden zu verknüpfen. Perry erklärte dann immer, wie er zu seinen Schlussfolgerungen gekommen war. Sie lachten viel und genossen ihren Triumph. So war das zumindest in den Fünfzigern gewesen. Das Four Seasons aber hatte dem noch etwas voraus: Es war echt, es war jetzt und – was noch besser war – es würde kein Paul Drake auftauchen und die Stimmung verderben.

Doch Cliff hatte sich schon immer gefragt, wieso dieses klärende Gespräch nicht schon eher stattfand. Sicher, es war nur ein Film. Aber trotzdem, was dachten sich die Produzenten dabei? Waren Perry und Della vom Gericht mit dem Taxi ins Büro gefahren, ohne ein Wort miteinander zu wechseln, weil sie warten wollten, bis es endlich dunkel wurde? Oder hatte er stattdessen Ratespielchen mit ihr veranstaltet?

Bei Trace hatte das Ratespiel gezogen, allerdings nicht für lange.

»Also gut«, sagte sie. »Ich geb's auf. Warum hat sie ihn umgebracht?«

»Wollen Sie wirklich, dass ich es Ihnen verrate?«

»Solange Sie dabei nicht vergessen, dass ein dickes fettes *Aber* über Ihrer Beweisführung schwebt.«

»Dicke fette *Abers* vergesse ich nie«, sagte Cliff. »Zunächst müssen Sie wissen, dass Shari Beck Hooperman dazu erpresste, sie bei IPOs vorrangig zu bedienen.«

»Klingt mir sehr nach Mutmaßung.«

»Nun, ursprünglich war es das auch«, sagte Cliff. »Aber das gilt ebenfalls für den großen Fermatschen Satz, und der wurde ja bekanntlich bestätigt.«

»Ja, aber doch erst nach 300 Jahren.«

»Nun, da bin ich besser«, meinte Cliff. »Erinnern Sie sich noch an das, was ich Ihnen über Hoopermans Erfolge mit McDonnell-Douglas-Optionen erzählt habe?«

»Sie reden ja oft genug davon. War das denn das einzige Mal, dass er Optionen oder dergleichen gekauft hat?«

»Nun, er hat auch Philip-Morris-Optionen gekauft, aber nur zu Hedging-Zwecken. Ansonsten hat er sich tatsächlich nicht mit Optionen befasst, und ich glaube nicht, dass er sich ohne Sicherheitsvorkehrungen in McDonnell-Optionen engagiert hätte, wenn er nicht ganz genau gewusst hätte, dass die Übernahme bevorstand.«

»Und was hat das mit Shari Beck zu tun?«

»Verstehen Sie nicht? McDonnell Douglas wurde von Boeing gekauft. Und Shari Beck sitzt im Vorstand von Boeing. Sie muss es Hooperman gesteckt haben. Und als Hooperman prompt anbiss, hatte sie ihn in der Hand.«

»Insidergeschäfte.«

»Genau. Er sollte ihr zum großen Geld verhelfen. Andernfalls hätte sie seine Karriere beendet.«

»Aber sie war doch mitschuldig, oder nicht?«

»Nicht so wie er«, erklärte Cliff. »Die Börsenaufsicht ist in erster Linie daran interessiert, diejenigen zu fassen, die die Gewinne einstreichen. Wer lediglich Informationen durchsickern lässt, wird nicht so streng verfolgt. Shari Beck hätte nur dann wirklich Probleme bekommen, wenn sie sich an dem Insidergeschäft beteiligt hätte. Außerdem hätte Hooperman sie nicht ans Messer liefern können, ohne sich dabei selbst zu schaden. Und so viel verlangte sie ja gar nicht von ihm. Er musste sie lediglich bevorzugt bedienen bei allen IPOs von Rutherford & Hayes, an denen sie interessiert war.«

»Und bei URLybirds hat sie sich aus der Affäre gezogen?«

»Natürlich. Sie bekam stets die Papiere, die sie wollte. Im

Umkehrschluss hieß das, dass sie die Papiere nicht bekam, die sie nicht wollte.«

»Gut, aber ich dachte immer, dass es die Erpresser sind, die um die Ecke gebracht werden, nicht die Erpressten. Was ist dann passiert?«

»Hughie Szabo erschien auf der Bildfläche.«

»Und er hängt da mit drin?«

»Nur insofern, als er mit Kyle Hooperman gemeinsame Sache gemacht hatte. Sobald das schmutzige Spiel mit den Kommunalobligationen ans Licht gekommen wäre, wäre es mit Hoopermans Karriere ohnehin vorbei gewesen. Deshalb riss er sich auch nicht um den Job beim Earhart Fund.«

»Sie meinen, er wusste, dass er ausgespielt hatte?«

»Genau das meine ich. Und damit hatte Shari Beck ihre Trumpfkarte verloren. Hooperman muss ihr gesagt haben, dass er die IPO-Masche aufdecken wollte, weil er nichts mehr zu verlieren hatte. Sie hatte jedoch allerhand zu verlieren, denn nun steckte sie genauso tief drin wie er. Also hat sie ihn aus dem Weg geräumt und dann mit Lencis Hilfe ein Ablenkungsmanöver inszeniert.«

»Aber woher wissen Sie, dass sie ihn mit den Intel-Aktien geködert hat?«

»Ganz einfach. Fakt ist, dass Shari Beck zwar genügend Intel-Aktien besaß, um Leona Helmsley auszukaufen, doch sie hatte sie nie Hooperman anvertraut. Das wissen wir, weil ihr Konto Hooperman 40 000 Dollar im Jahr einbrachte, etwa so viel wie alle anderen Kunden, die wir überprüft haben. Das Konto war also rund 4 Millionen Dollar schwer. Kinkerlitzchen.«

»Aha«, sagte Trace so gedehnt wie jemand, der tief in Gedanken versunken ist. »Was zu beweisen wäre, Schlaukopf.«

»Was ich übersehen hatte, war, dass mir Hannah Diehl

erzählt hatte, sie bearbeite ein Übereignungsformular. Aktien von Kunden, die ihr Kapital bereits von Hooperman hatten verwalten lassen, wären unter dem Namen von Rutherford & Hayes registriert gewesen.«

»Unter Rutherford & Hayes?«

»Genau. Was die Unternehmen betrifft, so fungiert Rutherford & Hayes als Aktionär, nicht der jeweilige Klient. Die Vollmachten und das ganze Zeug werden bei R&H ausgefertigt. Ein Kunde musste also nur dann ein Übereignungsformular unterzeichnen, wenn es sich um Bestände handelte, die sich vorher noch nicht in den Händen von R&H befunden hatten.«

»Wie Intel.«

»Korrekt. Und indem sie die Intel-Aktien in ihr R&H-Depot überführte, konnte sich Shari die bevorzugte Behandlung bei IPOs sichern, die ihr zur lieben Gewohnheit geworden war, denn dadurch wurde ihr Konto mit einem Schlag zehnmal so schwer. Mit dem Unterschied, dass ihre Sonderbehandlung diesmal legitim war.«

»Aber wenn Lenci ihr Komplize war, heißt das denn nicht, dass sich die beiden schon gekannt haben müssen, bevor er ihr Portfolio übernahm?«

»Ich vermute, es wird sich erweisen, dass Lenci ihr Konto schon betreute, während Hoop in der Betty-Ford-Klinik auf Entzug war.«

»Es wird sich erweisen?«

»Mit Perry Mason gesprochen«, sagte Cliff. »Doch es gibt noch einen weiteren Hinweis. Wie es sich darstellt, hat Lenci Shari Beck von 3-D Live erzählt, als Hooperman noch quicklebendig war. Sie ging prompt zu Hooperman und sprach ihn darauf an, woraufhin er ihr schallend ins Gesicht lachte. Dann hat er Lou Battaglia beim Analystentreffen zur Schnecke gemacht. Als Shari erzählte, dass Lenci ihr die Aktie empfohlen hatte, war das wohl ein Ausrutscher, doch sie nahm an, der Zeitpunkt dieses Gesprächs würde nie publik werden, da Hooperman ja tot war. Was sie nicht bedacht hatte, war, dass Hooperman eine Limit-Order für TDL platzieren würde.«

»Und woher haben Sie gewusst, dass er sie auch auf Shari Becks Rechnung gekauft hat?«

»Von Linda Greer. Als sie mir sagte, dass Ginny Truesdale die Aktie geordert habe, dachte ich erst, Ginny habe ihre Ansicht womöglich geändert. Dabei kann man sie beim besten Willen nicht als besonders flexibel bezeichnen, zumindest nicht im Vergleich zu Hooperman. Kyle war der flexibelste Investor, den ich je erlebt habe. Und da dämmerte mir, dass er die Aktie vermutlich auch für die Kunden angefordert hatte, die nicht an Truesdale, sondern an Lenci übergegangen waren.«

»Wie Shari.«

»Volltreffer. Sie müssen wissen, wenn ein Portfolio-Manager eine Aktie kauft, dann kauft er sie üblicherweise für alle Kunden, zu deren Strategie sie passt. Der Umstand, dass sie die einzige von Lencis Neukunden war, für die das Papier geordert wurde, macht stutzig, nicht wahr? Man sollte doch annehmen, dass Kunden mit ähnlicher Strategie an ein und denselben Manager gehen, oder? Das ist noch ein Indiz dafür, dass die Verbindung zwischen Beck und Lenci nicht rein zufällig zustande kam. Außerdem hatte sie, wie ich ja bereits vermutete, bereits mit ihm über 3-D Live gesprochen. Es passte alles zusammen.«

»Und was hat sie auf Lenci gebracht?«

»Der Zirkus«, sagte Cliff. »Lenci ist einfach nicht der Mann, der seine Geschäfte im Stich lässt, um die Ringling Brothers zu sehen. Nicht, wenn er sie bereits bei ihrem Auftritt im Nassau Coliseum hätte sehen können, was für ihn viel bequemer gewesen wäre. Und ganz sicher ist er nicht der Mann, der eine Horde zuckerwatteverschmierter Kinder in seinen Jaguar lässt. Dafür musste es einen Grund geben. Der letzte, zwingende Hinweis war aber, dass er zum Madison Square Garden *gefahren* ist. Das macht man einfach nicht, wenn man eine direkte Verbindung mit der Linie 2 hat. Er musste es aber, weil er ja die Ballons besorgen wollte. Dafür war der Suburban ideal. Er bot genügend Platz und hatte getönte Fenster, sodass es niemandem auffallen würde.«

Cliff unterbrach sich kurz.

»Wissen Sie, das muss man Lenci wirklich lassen. Das mit den Ballons war eine ausgesprochen clevere Idee, auch wenn er nicht selbst darauf gekommen ist. Die Mordwaffe verschwindet, und jeder Verdacht, der auf einen fällt, ist unhaltbar. Der Umstand, dass sich Lenci versehentlich fast selbst erschoss, machte die Geschichte noch glaubwürdiger.«

»So weit, so gut, Cliff. Aber Sie waren doch dabei, als Jack Giardi ausdrücklich erwähnte, dass Eric Beck an jenem Abend mit seiner Mutter gegessen hat, und zwar genau hier in *diesem* Raum.«

»Beides richtig«, sagte Cliff.

»Wie kann sie dann Kyle Hooperman getötet haben?«

»Ihr Alibi bestand nur in unseren Köpfen. Giardi sagte nicht, dass Shari Beck an jenem Abend mit ihrem Sohn gegessen hat. Er sagte, Eric Beck habe mit seiner Mutter gegessen.«

»Das ist jetzt nicht der Zeitpunkt für dumme Spielchen, Cliff.«

»Das ist kein Spiel, glauben Sie mir. Wissen Sie, wann Intel an die Börse gegangen ist?«

»Keine Ahnung.«

»Am 13. Oktober 1971«, erklärte Cliff. »Und sie hat die Aktien gekauft, als sie gerade das College abgeschlossen hatte. Wollen Sie noch etwas wissen?«

»Was denn?«

»Zur damaligen Zeit gab es noch keine weiblichen Studenten in Princeton. Als ›Shari‹ 1971 ihre Abschlussprüfung machte, war sie schlicht und ergreifend ein Mann.«

»Wollen Sie sagen, Shari Beck habe ihr Geschlecht verändert?«

»Genau das. Shari Beck ist Eric Becks *Vater.*«

»Aber sind nicht beide Eltern in Princeton gewesen?«

»Sind sie. Shari muss ein paar Jahre älter gewesen sein. Als sie Schrägstrich er ihren Abschluss machte, gab es noch keine Frauen, doch ein paar Jahre später wimmelte es nur so von Studienanfängerinnen.«

Cliff und Trace sahen sich an und wussten genau, was der andere gerade dachte. Ihre kleine Wette würde wohl keiner von beiden gewinnen. Trace würde behaupten, eine Frau habe den Mord begangen, Cliff dagegen, dass es ein Mann gewesen sei. Und keiner würde nachgeben.

Maurice, der Kellner, kam an den Tisch zurück. Er informierte sie so sicher über die Spezialitäten des Tages, als habe er sie auf seine Handflächen tätowieren lassen.

»Und möchten Sie heute Abend gerne Wein trinken, Monsieur?«

Cliff warf Trace einen verschwörerischen Blick zu und wandte sich dann wieder an Maurice.

»Wir nehmen das Übliche.«

»Das Übliche, Monsieur?«

»Genau. Ihren besten Chateaubriand für zwei.«

Danksagung

Ob ich mir das nur einbilde? Oder wird die Liste meiner Danksagungen tatsächlich immer kürzer? Nehmen Sie es als Zeichen der Zeit. Dieser Tage finde ich die Antworten auf die meisten meiner Fragen im Internet und bin dafür ebenso dankbar wie die Menschen, die ich sonst damit belästigt hätte. Trotzdem gibt es da eine ganze Reihe von Personen, die mir beim Zusammentragen der in diesem Buch verarbeiteten Details zur Hand gegangen sind. Und ihnen möchte ich an dieser Stelle danken.

In diesem Sinne ziehe ich den Hut vor Tim Ryan, Colin Widen, Skip Parker, David Provost, Dick Wood, Bob Quist, Jamie Fagan, Mike Salameh, Noelle Sadler, Mark Panarese, Steve Woodsum, Jeff Sawyer, Russell Miller, Denise Selden, Bob Malloy, Miles Slosberg, Hank Ridless, Tim Everitt, Jay Nelson und Bob Durkee. Euch ist es zu verdanken, dass das Manuskript an Qualität gewonnen hat.

Mein besonderer Dank gilt Stephen Maughan, dessen Firma »Gumbuster« als Vorbild für »Gumbegone« diente, ein Unternehmen, das ein Produkt meiner Phantasie ist. Dir und deiner Firma von Herzen alles Gute.

Danken möchte ich mich auch allen meinen Freunden bei John Wiley & Sons. Es ist schon ein paar Jahre her, dass Myles Thompson mir den Anstoß gab, dieses Buch zu schreiben, und ich hoffe, das Warten hat sich gelohnt. Mina Samuels, Jennifer

Pincott, Pamela van Giessen und Claudio Campuzano haben mit Bravour alle redaktionellen Probleme gelöst. Was die Produktion angeht, so bin ich Mary Daniello zu Dank für ihre Arbeit verpflichtet. Nicht zu vergessen auch Nancy Land und Maryan Malone von der Publications Development Company, die mich mit vereinten Kräften vor diversen Fettnäpfchen bewahrt haben.

Mein Agent Charles Everitt hat meine tausend Fragen stets gut gelaunt pariert und klaglos über sich ergehen lassen. Wenn das Projekt ins Stocken kam, hat er es wieder flott gemacht. Dass das Buch nun vor dem geplanten Termin erscheinen kann, ist sein Verdienst.

Nun noch ein letzte Dankeswort, das mir besonders am Herzen liegt. Wie weit wäre ich wohl gekommen ohne Peggy? Nicht sehr weit, so viel steht fest. Danke, P., dass du immer für mich da warst.

Derrick Niederman

Glossar

Aktiensplitt Spaltung von Aktien, deren Börsenkurs zu stark gestiegen ist, in zwei oder mehrere Teile. Wird beispielsweise der Nennwert einer Aktie halbiert, so erhält der Aktionär für jede Aktie in seinem Besitz eine weitere ohne Gegenleistung. Es handelt sich somit nicht um eine Kapitalerhöhung. Ziel eines Aktiensplitts ist es, die Aktie optisch zu verbilligen und damit leichter handelbar zu machen.

Aus-dem-Geld-Option → Option, die bei sofortiger Ausübung einen Verlust erbringen würde, also einen inneren Wert von Null aufweist. Das ist der Fall, wenn der aktuelle Kurs des → Basiswerts unter dem → Ausübungspreis (einer → Kaufoption) beziehungsweise über dem Ausübungspreis (einer → Verkaufsoption) liegt.

Ausübungspreis Auch Basispreis einer → Option genannt; bei einer → Kaufoption (→ Verkaufsoption) der Preis, zu dem der Optionsverkäufer den → Basiswert, beispielsweise eine Aktie, liefern (abnehmen) muss

Basispreis → Ausübungspreis

Basiswert Handelsobjekt, auf das sich eine → Option oder

ein → Futures-Kontrakt bezieht; beispielsweise eine Aktie, ein Aktienindex, ein Zinssatz, eine Währung oder ein Rohstoff

Blue Chips Angloamerikanische Bezeichnung für Standardaktien, also Anteilscheine großer und bekannter Unternehmen, die meist in den Hauptbörsenindizes wie dem → Dow Jones Industrial Average vertreten sind. Sie gelten als vergleichsweise sichere Geldanlage und zeichnen sich in der Regel durch ein niedriges → KGV sowie eine niedrige → Volatilität aus.

Collar Bei der Ausgestaltung einer geplanten → Neuemission gehört die Festlegung des → Emissionskurses zu den schwierigsten Verhandlungspunkten zwischen → Konsortium und ausgebendem Unternehmen. Als Collar bezeichnet man den niedrigsten Emissionskurs, der für das emittierende Unternehmen noch akzeptabel ist.

Derivative Instrumente (Derivate) Handelsobjekte wie → Optionen oder → Futures-Kontrakte, die von → Basiswerten abgeleitet sind. Der Preis eines Derivates hängt vom Preis des zugrunde liegenden Basiswertes ab.

Dow Jones Industrial Average (DJIA) Ältester Aktienindex der Welt; enthielt bei seiner Einführung im Jahre 1886 durch Charles H. Dow zwölf Aktien von großen US-Industrieunternehmen. Seit 1928 beinhaltet der »Dow Jones« 30 Aktien, er gilt heute als weltweit wichtigster Börsenindikator. Marktbreiter und damit letztlich aussagekräftiger ist jedoch der → S&P 500.

Duration Die Duration gibt an, in welcher Zeit das in eine Anleihe investierte Kapital durchschnittlich zurückgezahlt wird. Sie zeigt damit die durchschnittliche Kapitalbindungsdauer an.

So erhält beispielsweise der Besitzer einer Anleihe mit einem Zinskupon von 8 Prozent und einer Laufzeit von zehn Jahren jährlich 8 Prozent seines Kapitals zurück. Er muss somit deutlich weniger als zehn Jahre auf die volle Rückzahlung seines Kapitals warten. Der Zeitraum vom Kauf einer Anleihe bis zum Rückerhalt von 100 Prozent des investierten Kapitals entspricht der Duration. Bei → Nullkuponanleihen (Zero-Bonds) ist die Duration gleich der Laufzeit, da vor deren Ablauf keine Zinszahlungen erfolgen.

Emissionskurs Kurs, den der Konsortialführer (→ Konsortium) für eine → Neuemission festsetzt und zu dem die Erstanleger die Papiere beziehen

Fannie Mae Landläufige Bezeichnung für die Federal National Mortgage Association, die größte Hypothekenbank in den USA. Fannie Mae, ausgestattet mit einer quasi-staatlichen Garantie, wurde 1970 privatisiert und an der Börse eingeführt. Die Hypothekardarlehen werden dabei nicht direkt von der Gesellschaft begeben, sondern es werden die Darlehen der Hypothekargesellschaften aufgekauft. Durch diese Vorgehensweise wird dafür gesorgt, dass genügend Geld zu moderaten Bedingungen jederzeit erhältlich ist. Die Refinanzierung erfolgt durch Ausgabe von Anleihen in den USA und im Ausland.

Feindliche Übernahme Übernahme der Mehrheit aller Aktien einer Aktiengesellschaft ohne Zustimmung des betroffenen Managements. Eine solche Übernahme kann verdeckt durch allmählichen Zukauf von Aktien des zu übernehmenden Unternehmens an der Börse oder offen durch ein entsprechendes Abfindungsangebot an dessen Aktionäre erfolgen.

Float → umlaufende Aktien

Freddie Mac Landläufige Bezeichnung für die Federal Home Loan Mortgage Corporation, ebenso wie → Fannie Mae für die Schaffung eines liquiden Marktes für Eigenheimhypotheken in den USA zuständig

Freiverkehr Die Zulassung von Wertpapieren zum Freiverkehr unterliegt weniger strengen Voraussetzungen als die Zulassung zum amtlichen Handel. Der Markt unterliegt aber der Missbrauchsaufsicht durch die → Securities and Exchange Commission. In der Regel entscheidet ein besonderer Ausschuss an der Börse auf Antrag eines Börsenmaklers über die Zulassung. Im Freiverkehr findet man überwiegend Aktien mit geringen Umsätzen.

Futures Standardisierte Terminkontrakte, bei denen es sich je nach Kontraktgegenstand entweder um Warenterminkontrakte (Commodities) oder um Finanzkontrakte (Financial Futures) handelt. Im Rahmen eines Futureskontrakts verpflichtet sich die eine Vertragspartei, eine definierte Menge einer »Ware« (Rohstoff oder Finanztitel) einer festgelegten Qualität zu einem festgesetzten Preis an einem bestimmten Ort zu liefern. Die andere Vertragspartei verpflichtet sich zur Abnahme. Finanz- und Warenterminkontrakte werden an eigens dafür eingerichteten Terminbörsen gehandelt.

Geschlossene Investmentfonds Bei diesem Fondstyp werden im Gegensatz zu → offenen Investmentfonds von vornherein nur eine bestimmte Anzahl von Anteilen verkauft. Eine spätere Rückgabe der Anteile an die Investmentgesellschaft ist zumeist nicht möglich. Die Anteile werden nach

Schließung des Fonds im Regelfall ähnlich einer Aktie am Markt gehandelt.

Glass-Steagall Act US-Bundesgesetz von 1933, das eine strikte Trennung zwischen Banken-, Versicherungs- und Wertpapiergeschäft einführte. Jede Bank musste sich zwischen einer Geschäftstätigkeit als Commercial Bank oder Investment Bank entscheiden. Anlass für dieses Gesetz war der Börsenkrach von 1929. Im Verein mit anderen Regulierungsmaßnahmen sollte das Trennbanksystem dafür sorgen, dass nicht noch einmal das Platzen spekulativer Blasen die ganze Wirtschaft in eine Abwärtsspirale zog. Der Glass-Stegall Act wurde 1999 weitgehend aufgehoben.

Green Shoe Auch als Mehrzuteilungsoption bezeichnet. Der Green Shoe ist eine Sondervereinbarung im Rahmen einer → Neuemission, die der Emissionsbank die Platzierung zusätzlicher Aktien über das vorgesehene Volumen hinaus gestattet. Üblich sind etwa 15 Prozent des Emissionsvolumens. Die Mehrzuteilungsoption hat sich bei stark nachgefragten Neuemissionen eingebürgert.

Hebelwirkung 1. Bezeichnet die Tatsache, dass sich der Wert einer → Option stärker ändert als derjenige des zugrunde liegenden → Basiswertes (beispielsweise einer Aktie)
2. Erhöhung der finanziellen Schlagkraft eines Unternehmens durch Ausdehnung des Verschuldungsgrades (Aufnahme von Fremdkapital)

Hedge-Fund Entgegen der wörtlichen Bedeutung (hedge = absichern) kein Instrument zur Absicherung von Vermögenswerten, sondern ein hochspekulativer Investmentfonds. Hedge-

Funds setzen → Derivate aggressiv ein und kaufen Wertpapiere und Derivate auf Kredit. Hinzu kommen → Leerverkäufe und Wechselkursspekulationen.

Hedging Bezeichnung für das Absichern von Risiken. Es können einzelne Wertpapiere oder auch ganze Wertpapier-Portfolios abgesichert werden. So lässt sich beispielsweise ein Portfolio aus Aktien, die im → S&P 500 gelistet sind, durch den Erwerb einer → Verkaufsoption auf diesen Index absichern, da der Wert der → Option bei einem Rückgang der Kurse steigt und so einen Teil der Verluste des Aktienportfolios kompensiert. Siehe auch → Index-Optionen

Im-Geld-Option → Option, die bei sofortiger Ausübung einen Gewinn erbringen würde, also einen inneren Wert >0 aufweist. Das ist der Fall, wenn der aktuelle Kurs des → Basiswerts über dem → Ausübungspreis (einer → Kaufoption) beziehungsweise unter dem Ausübungspreis (einer → Verkaufsoption) liegt.

Index-Optionen → Optionen auf Börsenindizes, erhältlich als → Kaufoptionen oder → Verkaufsoptionen. Die Wertentwicklung hängt von der Entwicklung des zugrunde liegenden Index ab. Der Kauf solcher Derivate dient entweder der Absicherung eines Wertpapierdepots (→ Hedging) oder aber Spekulationszwecken. In den USA werden insbesondere Optionen auf den → S&P 500 gehandelt.

Industrieanleihen Anleihen (Schuldverschreibungen) großer und bekannter Unternehmen, die an der Börse gehandelt werden. Die Emission einer derartigen Anleihe dient dem Unternehmen zur Aufnahme von langfristigem Fremdkapital.

Die Höhe der Rendite hängt davon ab, wie der Markt die Bonität des Unternehmens beurteilt, das heißt seine Fähigkeit zur Rückzahlung seiner Schulden einschließlich der Zinslast.

IPO → Neuemission

Junk Bonds Wörtlich »Müll-Anleihen«; Bezeichnung für Anleihen von Schuldern, die eine zweifelhafte Bonität aufweisen. Als Bonität bezeichnet man dabei die Einschätzung der Marktteilnehmer hinsichtlich der Fähigkeit eines Schuldners, seine Schulden einschließlich der Zinslast zurückzuzahlen. Junk Bonds werden an der Börse mit entsprechend niedrigen Kursen bewertet und weisen stets hohe Zinskupons aus, die nicht selten 20 bis 40 Prozent und höher betragen. Dieser Verzinsung steht das hohe Ausfallrisiko entgegen.

Kaufoption (Call-Option) → Option, die ihren Erwerber berechtigt, aber nicht verpflichtet, innerhalb einer bestimmten Frist oder zu einem festgelegten Zeitpunkt vom Verkäufer eine festgesetzte Menge des → Basiswerts zum → Ausübungspreis zu erwerben.

KGV → Kurs-Gewinn-Verhältnis

Kommunalobligationen Langfristige und in der Regel fest verzinsliche Schuldtitel, die von US-Bundesstaaten oder Kommunen emittiert werden.

Konsortialabteilung Geschäftsbereich einer Investmentbank, der sich insbesondere mit Emissionsgeschäften befasst. Siehe auch → Konsortium, → Neuemission

Konsortium Gruppe von Emissionsbanken, die eine → Neuemission vertreiben. Neuemissionen sind oft sehr groß und erfordern mehrere Konsortialmitglieder. Das Konsortium wird vom Konsortialführer geleitet, in der Regel eine der beteiligten Banken. Es fungiert zumeist als Übernahmekonsortium, das heißt, die Emission wird gegen eine entsprechende Vergütung fest übernommen. Anschließend wird die Emission dann am Markt untergebracht. Im Falle von Schwierigkeiten werden Restbestände zunächst in den Eigenbestand genommen und später platziert.

Kurs-Gewinn-Verhältnis (KGV) Setzt den Jahresüberschuss pro Aktie (= Jahresüberschuss geteilt durch die Gesamtzahl der Aktien) ins Verhältnis zum Kurs der Aktie. Bei einem angenommenen KGV von 10 liegt der Kurs um das 10fache über dem Jahresüberschuss pro Aktie. Die Analyse des KGV dient zur Beurteilung der Frage, ob der Kurs einer Aktie angemessen ist. Entscheidend ist dabei nicht das aktuelle, sondern das erwartete KGV für die Folgejahre. Die Höhe des marktüblichen KGV variiert von Land zu Land und von Branche zu Branche. Im Allgemeinen weisen Aktien aus traditionellen Branchen ein eher niedriges, Aktien aus jungen Branchen dagegen ein höheres KGV auf. Wenn ein Unternehmen Verluste schreibt, ist das KGV nicht zu berechnen.

Leerverkauf (Short) Verkauf von Wertpapieren oder Waren, ohne dass sich diese im Besitz des Verkäufers befinden. Der Verkäufer hegt dabei die Erwartung, dass die Kurse sinken werden und er seine Position später zu einem niedrigeren Kurs liquidieren (glattstellen) kann. Dem möglichen Gewinn aus einem tatsächlichen Kursrückgang steht eine ebenso hohe Verlustgefahr entgegen für den Fall, dass die entgegengesetzte Entwicklung eintritt, der Kurs des Wertpapiers oder der Ware also steigt.

Leverage → Hebelwirkung

Leveraged Buyout Übernahme einer Aktiengesellschaft unter starkem Einsatz von Fremdkapital, das oft durch Ausgabe von → Industrieanleihen beschafft wird.

Limit Bei Aufträgen zum Kauf oder Verkauf von Wertpapieren an Effektenbörsen jener feste Kurs, der nicht über- beziehungsweise nicht unterschritten werden darf. Limitierte Aufträge müssen ausgeführt werden, wenn der limitierte Kurs an der Börse festgestellt wird. Limits gelten im Allgemeinen bis zum letzten Handelstag eines Monats, können aber auch auf einen einzelnen Tag beschränkt werden.

Limit-Order Im Gegensatz zur → Marktorder ein Auftrag zum Kauf oder Verkauf von Wertpapieren unter Beachtung eines festgelegten → Limits.

Lock-up-Periode Sperrfrist über 180 Tage, innerhalb derer Führungskräfte und Insider hinsichtlich des Verkaufs ihrer Aktien aus einer → Neuemission Einschränkungen unterliegen.

Marktorder Auftrag zum Kauf oder Verkauf von Wertpapieren an Effektenbörsen zum nächsterreichbaren Kurs

Neuemission (Initial Public Offering, IPO) Erstplatzierung von Unternehmensaktien an einer Börse. Der Erlös fließt entweder in das Unternehmen oder an die Altaktionäre, oder beide Verwendungsmöglichkeiten werden kombiniert. Ziel einer Neuemission ist die vollständige, risikofreie und kostengünstige Unterbringung von Wertpapieren zur Kapitalbeschaffung. In der Regel wird dazu ein Bankenkonsortium (→ Konsortium) eingeschaltet, das über die notwendige Platzierungskraft verfügt und die Details des Aktienangebots, einschließlich des → Emissionskurses, mit dem emittierenden Unternehmen aushandelt.

Nullkuponanleihe (Zero-Bond) Festverzinsliche Anleihe ohne laufende Zinszahlungen, die abgezinst ausgegeben und bei Fälligkeit zum Nennwert (= zu 100 Prozent) getilgt wird. Die Differenz zwischen dem Ausgabepreis und dem Nennwert stellt den Ausgleich für die laufenden Zinszahlungen dar.

Offene Investmentfonds Investmentfonds mit unbegrenzter Laufzeit und Größe, deren Anteilswert börsentäglich festgestellt wird. Dabei werden die im Fonds enthaltenen Aktien immer mit ihrem tatsächlichen Kurs berücksichtigt. Investoren können eine beliebige Zahl von Anteilen täglich kaufen oder an die Fondsgesellschaft zurückgeben. Siehe auch → geschlossene Investmentfonds

Option Eine Option berechtigt den Käufer, verpflichtet ihn aber nicht, gegen Zahlung einer Prämie (Optionsprämie) eine bestimmte Menge (Kontraktgröße) eines → Basiswerts zu einem festgesetzten → Ausübungspreis innerhalb einer festgelegten Periode (amerikanische Option) oder zum Ende der Optionsfrist (europäische Option) zu kaufen (→ Kaufoption) oder zu verkaufen (→ Verkaufsoption). Der Verkäufer der Option, der sogenannte Stillhalter, verpflichtet sich, bei Ausübung der Option durch den Käufer zu den vereinbarten Konditionen jederzeit zu liefern oder abzunehmen. Für diese eingegangene Verpflichtung erhält der Stillhalter eine Prämie. Die Höhe der Optionsprämie richtet sich nach Angebot und Nachfrage, wird aber maßgeblich vom Kurs des Basiswertes und seiner → Volatilität, der Restlaufzeit, der Entwicklung der Zinssätze und bei Aktienoptionen von anstehenden Dividendenausschüttungen beeinflusst. Der Optionshandel vollzieht sich an speziellen Börsen. Diese legen einzelne Monate fest, in denen bestimmte Optionen auslaufen, und geben die jeweilige Handelsmenge vor (zum Beispiel 50 oder 100 Aktien pro Option).

Red Herring → vorläufiger Emissionsprospekt

S&P 500 Der Standard-&-Poor's-500-Index ist neben dem → Dow Jones Industrial Average der am meisten beachtete amerikanische Börsenindex und gilt aufgrund seiner Marktbreite als besonders aussagekräftig. Er berücksichtigt 400 Industriewerte, 40 Versorgungswerte, 40 Finanzwerte und 20 Transportwerte.

Schatzwechsel (Treasury Bills) Festverzinsliche Anleihen mit einer Laufzeit von drei, sechs, neun oder zwölf Monaten, die vom US-Schatzamt emittiert werden.

Securities and Exchange Commission (SEC) US-Bundesbehörde, die den Wertpapierhandel kontrolliert, etwa → Neuemissionen oder Insidergeschäfte.

Short → Leerverkauf

Spread Im Zusammenhang dieses Buches die Differenz (Spanne) zwischen zwei Preisen oder Zinssätzen (beispielsweise Zinsspanne; Spanne zwischen Devisenankaufs- und Devisenverkaufskurs)

Stillhaltezeit Der Zeitraum von der Einreichung der Emissionsunterlagen für eine → Neuemission bis 25 Tage nach Notierungsaufnahme. In dieser Phase darf das Management keine Aussagen publizieren, die nicht bereits im Emissionsprospekt enthalten sind, um ein künstliches Hochtreiben des Kurses zu unterbinden.

Tickersymbol Bei der Zulassung an eine US-Börse wird jeder Aktiengesellschaft ein ein- bis vierstelliges Börsenkürzel zugeordnet, das in vielen Kurs- oder Chartdarstellungen den Klarnamen ersetzt.

Übernahmekonsortium → Konsortium

Umlaufende Aktien (Float) Aktien im Streubesitz, die an der Börse frei gehandelt werden, im Gegensatz zu Aktien, die von Insidern (meist den Unternehmensgründern) gehalten werden. Je höher die Quote der umlaufenden Aktien am gesamten Aktienbestand, desto effizienter vollzieht sich die Kursbildung im entsprechenden Marktsegment und desto geringer ist in der Regel auch die → Volatilität der Aktie.

Umsatz Anzahl der von einem Wertpapier oder an einer Effektenbörse in einem bestimmten Zeitraum gehandelten Stücke; auch Volumen oder Trading-Volumen genannt.

Verfalltermin Der Tag, an dem eine → Option zum Kauf oder Verkauf eines bestimmten → Basiswerts ausläuft. Optionen, die an diesem Tag → aus dem Geld sind, verfallen wertlos.

Verkaufsoption (Put-Option) → Option, die ihren Erwerber berechtigt, aber nicht verpflichtet, innerhalb einer bestimmten Frist oder zu einem festgelegten Zeitpunkt eine festgesetzte Menge des → Basiswerts zum → Ausübungspreis zu verkaufen.

Volatilität Als Volatilität wird die Schwankung eines Kurses, zum Beispiel eines Aktienkurses, bezeichnet. Marktenge Papiere mit einem geringem Anteil an → umlaufenden Aktien sind typischerweise hoch volatil. Ob eine Aktie eine hohe oder eine geringe Volatilität aufweist, hat für die Festlegung von → Limits beim Kauf oder Verkauf eine große Bedeutung. → Wertaktien sind typischerweise durch eine vergleichsweise niedrige Volatilität gekennzeichnet, während die von spekulativ orientierten Anleger stark nachgefragten → Wachstumsaktien oft eine deutlich höhere Volatilität zeigen.

Volumen → Umsatz

Vorläufiger Emissionsprospekt (Red Herring) Wichtiges Dokument im Rahmen einer → Neuemission; wird der → Securities and Exchange Commission eingereicht, bevor der vollständige Emissionsprospekt vorliegt. Es heißt im angelsächsischen Sprachraum »Red Herring«, weil dort die Titelseite mit roter Tinte beschriftet ist und unter anderem auf die Unvollständigkeit des Prospekts hinweist. Im vorläufigen Emissionsprospekt fehlt insbesondere die Angabe des endgültigen → Emissionskurses.

Wachstumsaktien Aktien von Unternehmen, denen Anleger und Analysten ein hohes Gewinnpotential zuschreiben. Spekuliert wird dabei in der Regel auf mögliche Unternehmenszusammenschlüsse, die zu starken Synergieeffekten mit entsprechenden Kosteneinsparungen führen können, oder auch auf technologische Neuentwicklungen durch das betreffende Unternehmen. Oft erwirtschaften derartige Unternehmen in der Gegenwart keinen oder nur einen geringen Gewinn. Das Gegenstück zu Wachstumsaktien sind → Wertaktien.

Wachtumsorientierte Anleger Kapitalanleger, die zugunsten verbesserter Renditechancen bereit sind, ein erhöhtes Verlustrisiko ihres Depots in Kauf zu nehmen. Bei der Aktienanlage bevorzugen solche Anleger in der Regel → Wachstumsaktien.

Wertaktien Aktien von Unternehmen, deren Gewinnentwicklung aufgrund der verfügbaren Unternehmenskennzahlen vergleichsweise zuverlässig prognostiziert werden kann. Die Unternehmen von Wertaktien weisen in der Regel solide Bilanzen, einen hohen Cashflow und eine nachvollziehbare Ertragsprognose auf. Das Gegenstück zu Wertaktien sind → Wachstumsaktien.

Wertorientierte Anleger Kapitalanleger, die eine konservative, risikoarme Struktur ihres Depots bevorzugen und dafür bereit sind, auf die höheren Renditechancen eines spekulativ ausgerichteten Portfolios zu verzichten. Bei der Aktienanlage bevorzugen solche Anleger in der Regel → Wertaktien.

Zero-Bond → Nullkuponanleihe